शानी

जन्म : 16 मई, 1933, जगदलपुर (मध्यप्रदेश)।

पूरा नाम : गुलशेर ख़ान शानी। समकालीन कथाकारों में विशेष रूप से समादृत।

शिक्षा पूरी करने के बाद वर्षों तक मध्यप्रदेश शासन के अन्तर्गत कार्य। मध्यप्रदेश साहित्य परिषद, भोपाल के सचिव पद पर रहे। 'साक्षात्कार' के संस्थापक-सम्पादक। तत्पश्चात दिल्ली आकर 'नवभारत टाइम्स' में सहायक सम्पादक रहे। बाद में साहित्य अकादमी, नई दिल्ली से सम्बद्ध। अकादमी से प्रकाशित 'समकालीन भारतीय साहित्य' के संस्थापक-सम्पादक।

सम्प्रति : उसी का सम्पादन। अनेक भारतीय भाषाओं के अलावा रूसी तथा लिथुवानी भाषा में रचनाएँ अनूदित।

प्रकाशित पुस्तकें : साँप और सीढ़ी, फूल तोड़ना मना है, एक लड़की की डायरी, काला जल (उपन्यास); बबूल की छाँव, डाली नहीं फूलती, छोटे घेरे का विद्रोह, एक-से मकानों का नगर, युद्ध, शर्त का क्या हुआ ?, बिरादरी, सड़क पार करते हुए (कहानी-संग्रहन) तथा शालवनों का द्वीप (संस्मरण)।

निधन : 10 फरवरी, 1995

प्रतिनिधि कहानियाँ

शानी

राजकमल पेपरबैक्स

राजकमल पेपरबैक्स में
पहला संस्करण : 1987
छठा संस्करण : 2019

राजकमल पेपरबैक्स : उत्कृष्ट साहित्य के जनसुलभ संस्करण

राजकमल प्रकाशन प्रा. लि.
1-बी, नेताजी सुभाष मार्ग, दरियागंज
नई दिल्ली-110 002
द्वारा प्रकाशित

शाखाएँ : अशोक राजपथ, साइंस कॉलेज के सामने, पटना-800 006
पहली मंजिल, दरबारी बिल्डिंग, महात्मा गांधी मार्ग, इलाहाबाद-211 001
36 ए, शेक्सपियर सरणी, कोलकाता-700 017

वेबसाइट : www.rajkamalprakashan.com
ई-मेल : info@rajkamalprakashan.com

बी.के. ऑफसेट
नवीन शाहदरा, दिल्ली-110 032
द्वारा मुद्रित

मूल्य : ₹75

PRATINIDHI KAHANIYAN
Representative Stories of Shani

ISBN : 978-81-267-0199-5

शानी : एक मुस्लिम हिंदी लेखक

लोठार लुत्से

हज़ हमारी गोमती तीर
जहाँ बसे पीतांबर पीर
वाह-वाह किया खूब गावता है
हरि का नाम मेरे मन भावता है ।

नारद-सारद करे खवासी
पास बैठी बीबी कमला दासी
कंठे माला, जिह्वा राम
सहस नाम ले-ले करूँ सलाम ।

कहत 'कबीर' राम गुन गाऊँ ।
हिंदू तुरक दोऊ समझाऊँ ।।

हर चीज़ ··· रातों-रात बदल जाती है
सदियों में कुछ नहीं बदलता है ।

(लेबनान पर फ्रेंच राजनीतिक क्लॉड चेसन)

ऊपर उद्धृत पद उत्तर भारत के मध्यकालीन रहस्यवादी और कवि कबीर का है । यह हिंदू-मुस्लिम विरोध से मुताल्लिक उनके, न केवल उनके, रवैये का निदर्शन करता है बल्कि उसके सार को भी प्रस्तुत करता है । इसमें कोई

अतिरिक्त आयाम या दावा नहीं है, न ही उसकी उपेक्षा का भाव है और न ही उसे नजरअंदाज कर सपाट तरीके से प्रस्तुत किया गया है बल्कि कवि उसे स्वीकार करता है, भोगता है; तब विरोधाभासों की एक श्रृंखला के रूप में उनमें सामंजस्य की खोज करता है ।[1]

ऐसा क्यों है कि एक संदर्भ विशेष के सृजन का प्रयास करते हुए कोई व्यक्ति यदि अपने दौर के एक मुस्लिम हिंदी लेखक का शब्द-चित्र खींचना चाहता है तो उसके जेहन में सबसे पहले कबीर का नाम आता है ? यह किसलिए कि समकालीन भारतीय कवि और लेखक बार-बार कबीर का हवाला देते हैं, उनकी तरह सृजन करना चाहते हैं और होना चाहते हैं ? स्पष्टतः, कबीर बहुत-से भारतीयों, कम-अज-कम उत्तर भारत में निवास करनेवालों के उस यथार्थ का प्रतिनिधित्व करते हैं जो कि रोज़मर्रा की चिंताओं और क्षुद्र राजनीति से अनछुआ रह जाता है और जिसकी जड़ें कहीं बहुत गहरे में हैं ।

कबीर की भाँति यह दृष्टिकोण 'दोनों में से एक' के बजाय 'दोनों साथ-साथ' की प्राथमिकता पर आधारित है, इसमें एक गहन तन्मयता का भाव है और एक निष्पक्ष एवं फक्कड़ किस्म की उदारता से मिली शक्ति निहित है ।[2] 'कबीरवाद' का प्रसार-प्रचार उस समाज-व्यवस्था में हुआ, जहाँ उसकी बहुस्तरीय व्याप्ति के द्वारा सांस्कृतिक स्तरीकरण मूर्त होकर सामने आया और उस पर सवाल भी खड़े किए गए ।

इस दृष्टिकोण से, अल्पसंख्यकों की शर्तों में सोचना और उनका निर्माण करना, चाहे संबंधित लोगों के भले के लिए हो या बुरे के लिए, एक बाहर से आरोपित कार्य लगता है, यह एक तरह का सांस्कृतिक भूगर्भशास्त्र है, यह प्रवृत्ति समाज के धरातल पर नहीं बल्कि ऊपरी परतों में पाई जाती है । रातों-रात हुए परिवर्तन, जिनके बारे में क्लाड चेसन ने एक भिन्न संदर्भ में कहा है, स्पष्ट रूप से सतही परिवर्तन हैं, जिनसे एक समाज की अपेक्षाकृत अधिक गहरी परतें निष्प्रभावित रहती हैं ।

इस सतह को तोड़ते हुए आंदोलनकर्ता, प्रायः राजनीतिक नेता, एक समाज के भीतर गहरे में निहित तत्वों के भंडार का सहारा लेते हैं । (जैसे भारत में बौद्ध परंपराएँ और विश्वास), अपने उद्देश्य के लिए उनका इस्तेमाल करते हैं और अपने अनुकूल बना लेते हैं । इतिहासीकरण, राजनीतिकरण या संस्कृतिकरण की भाँति प्रक्रियाएँ, सभी तरह के संगठन, बार-बार उद्धृत की जानेवाली 'अस्मिता की तलाश'—सभी को एक साथ इस संदर्भ में देखा जाना चाहिए ।

तथापि यह गहरी सांस्कृतिक परतें ही हैं जिनसे एक 'आम आदमी'

सामूहिक और व्यक्तिगत स्तर पर रोज़मर्रा की राजनीति द्वारा पैदा किए गए एक अभावग्रस्त अस्तित्व के संकट में जीने की शक्ति प्राप्त करता है । और शायद यह देख पाना कला-कर्म का एक महत्वपूर्ण कार्य है कि इन पर्तों का जीवंत संपर्क कहीं से टूटा हुआ नहीं है । इतना ही नहीं बल्कि यह भी देखना है कि पश्चिम की अपेक्षा भारत में कला-कर्म और धार्मिक कार्य व्यापक एवं अविच्छिन्न रूप में एक-दूसरे से जुड़े रहे हैं । महान साहित्य इस कार्य में सफल भी हुआ है । निश्चित रूप से यह बात हम कबीर के बारे में कह सकते हैं । तुकाराम के बारे में भी । शायद ग़ालिब को लेकर भी । शायद यहाँ तक कि यही बात हम अपेक्षाकृत व्यापक अर्थों में—और हर व़क्त नहीं—शानी-जैसे समकालीन लेखक के बारे में कह सकते हैं ।

शानी (गुलशेर ख़ाँ, जन्म 16 मई, 1933) का यह शब्द-चित्र मुख्यतः लेखक द्वारा उपलब्ध कराई गई सामग्री पर आधारित है । इसे आत्म-चित्र भी कहा जा सकता है । जैसाकि आमतौर पर होता है, यह सामग्री स्वयं लेखक के 'प्रत्यक्ष' और 'अप्रत्यक्ष' कथनों से सुसज्जित है । पहली तरह की सामग्री उसके आत्मकथात्मक लेखन तथा साक्षात्कार आदि से तथा दूसरी तरह की सामग्री उसके कथा-साहित्य से ली गई है, जोकि वस्तुतः साहित्य में उसका स्थान निर्धारित करती है ।

शानी स्वयं को एक हिंदी लेखक तसलीम करते हैं । इस सिलसिले में यह जान लेना जरूरी होगा कि उनकी भाषा कौन-सी है ? उनके द्वारा प्रयुक्त हिंदी वास्तव में 'हिंदी' कितनी है ? इस प्रश्न को हिंदी और उसकी सहोदरा भाषा उर्दू के विवादास्पद संबंधों की पृष्ठभूमि में देखने की जरूरत है । यह आम धारणा है कि उर्दू का मुसलमानों तथा एक गौरवशाली सामंती अतीत से संबंध रहा है तथा हिंदी का हिंदुओं से और मध्य वर्ग के टूटे-थके किसानों से । लेकिन यह बात बहुत साफ है कि इस धारणा को समकालीन भारतीय यथार्थ के चरण में समर्थन प्राप्त नहीं हो सका है, जिससे शानी-जैसे रचनाकार अपनी विषय-वस्तु और भाषा का चयन करते हैं । लेकिन यहाँ तक कि शब्द-गणना से हासिल की गई सांख्यिकीय साक्ष्य पर आधारित दोनों भाषाओं का भाषावैज्ञानिक अंतर किसी समाधान के बजाय समस्याएँ पैदा करता है । एक अन्य संदर्भ में मैंने इस ओर संकेत किया है :[3]

"हिंदी, उर्दू, हिंदी-उर्दू, हिंदुस्तानी की भाषावैज्ञानिक पहचान के प्रश्न का उत्तर महज एक भाषावैज्ञानिक आधार (जैसे संस्कृतनिष्ठ या फ़ारसी-अरबी की शब्दावली के प्रयोग का सुपरिचित आधार) पर नहीं दिया जा सकता ।

भारतीय संदर्भ में, शायद अन्य किसी जगह की अपेक्षा, न्यूनाधिक रूप से यह भाषा के प्रयोक्ता (लेखक सहित) के 'स्व-बोध', उसकी भाषा-निष्ठा तथा, उतना ही अधिक उसकी लिपि के चुनाव से जुड़ा हुआ प्रश्न है । भाषावैज्ञानिक अर्थों में यदि कहें तो, दक्षिण एशिया के भीतर एवं बाहर से इस मुद्दे के इर्द-गिर्द मँडराते हुए विवादों को सही तथ्यों की जानकारी के अभाव में नहीं समझा जा सकता ।"

22 मार्च, 1985 को नई दिल्ली में लिए गए साक्षात्कार में इस प्रश्न को लेकर शानी की प्रतिक्रिया इस दृष्टिकोण की पुष्टि करती है :

"मुझे कोई ज्यादा फ़र्क़ नजर नहीं आता । अलबत्ता इसके कि यह दो विशिष्टताओंवाली भाषा है—मैं यहाँ जाति की बात नहीं बल्कि दो विशिष्ट संस्कृतियों की बात कहना चाहूँगा । इसकी पैदाइश निःसंदेह हिंदुस्तान है । एक स्याह हो सकती है और दूसरी सफेद, इन्हें भिन्न-भिन्न रंग दिए जा सकते हैं । आँखों में फ़र्क़ हो सकता है, लहजे में फ़र्क़ हो सकता है—लेकिन वे बहनें हैं । वे इसी मिट्टी से उपजी हैं । यह बात जुदा है कि उनकी लिपि में फ़र्क़ है, उनके व्यवहार के भिन्न शेड्स हैं । प्रत्येक भाषा, प्रत्येक जनसमुदाय और प्रत्येक मानसिकता का एक अपना विन्यास होता है । इन दोनों भाषाओं में यह विन्यास मौजूद है, यह मेरी अपनी समझ है ... लेकिन ये एक-दूसरे के बहुत समीप हैं ।"[4]

शानी की संकलित कहानियाँ 'सब एक जगह'[5] शीर्षक के अंतर्गत दो भागो में 1982 में प्रकाशित हुईं । इनके आरंभ में एक 'आत्मकथ्य' दिया गया है जिसकी शुरुआत, बड़े ही काव्यात्मक रूप में, उनकी दिवंगत माँ की एक स्मृति के साथ होती है :

किसी छोटे-से कस्बे में अमरूद का एक पेड़ था, जिसके नीचे चट्टान-जैस भूरा पत्थर पड़ा हुआ था । उस पर एक दिन, एक औरत बैठी रो रही थी ।

वह एक बहुत बड़े हवेलीनुमा मकान का सामंती अहाता था, जिसकी दीवार के किनारे-किनारे लगे जमीकंद के पौधे धूप में अक्सर चिलचिलाया करते थे ।

पता नहीं वह दिन का कौन-सा वक़्त था । पाँच या छः बरस का मैं अपनी माँ को ढूँढ़ता हुआ उस औरत के पास जा पहुँचा था और बेंत से उधड़ी हुई उसकी पीठ देखते ही उसकी गोद में मुँह छुपाकर मैं अचानक रोने लगा था । न तो मैंने कुछ पूछा था और न ही उसने कुछ बताया था, लेकिन फिर भी मेरी आँखों के आगे अपने अब्बा का रौबीला और गुस्सैल चेहरा उभर आया था । मैं अब्बा से बहुत डरता था । वह औरत भी डरती थी । लिहाजा हम दोनों

एक-दूसरे से चिपटकर खूब रोए और देर तक रोते रहे ।

वह औरत मेरी माँ थी ! एक हैसियतदार और रियासती पठान अमीर की छोटी बहू और अब्बा के हरम की दूसरी बेगम ···[6]

स्पष्टतः, 'एक हैसियतदार और रियासती पठान अमीर' से लेकर शानी के पिता तक जो पीढ़ियों का बदलाव है, उससे बहुत कुछ आर्थिक साथ ही नैतिक ह्रास जुड़ा रहा है । बहरहाल, दस वर्ष की अवस्था में शानी ने स्वयं को मध्यप्रदेश के एक छोटे-से कस्बे जगदलपुर के एक हाईस्कूल की कक्षा में पाया । दौरे पर आए हुए एक शाला निरीक्षक के पूछने पर कि अपने जीवन में उसकी उच्चतर आकांक्षाएँ क्या हैं, वह एकदम निरुत्तर रहा :

"पता नहीं सर !" मैंने धीरे-से जवाब दिया ।

"खूब," उस अफसर ने सारी क्लास को संबोधित करते हुए हँसकर अंग्रेजी में कहा–"भई, अपने दोस्त मियाँ गुलशेर खाँ से मिलो । कहते हैं कि उनके जीवन में कोई महत्त्वाकांक्षा नहीं है । क्या सब्जैक्ट्स लिए हैं ? खूब, खूब ··· क्यों मियाँ, मेल-नर्स बनोगे ··· ?"

चालीस लड़कों का एक मिला-जुला ठहाका उठा था और क्लास की छत से टकराकर सब-का-सब, एकदम मेरे भीतर उतर गया था ।

वह आवाज इतने वर्षों बाद आज भी मेरे भीतर बाकी है ।[7]

बाद में युवा गुलशेर खाँ, अब भी एक अच्छा और नेक लड़का–सौ फीसदी मजहबी और जन्नती,[8] स्वयं से आयु में पाँच साल बड़ी एक विवाहित महिला, एक बच्चे की माँ से प्रेम करने लगा । इस प्रसंग का अंत उसका पहला बड़ा मोहभंग था । इसकी परिणति से मिले एकांत ने जैसाकि वह महसूस करता है उसे लेखक बना दिया ।

उनका आरंभिक जीवन, जैसाकि उन्हें आज भी लगता है, उपन्यासकार उपेंद्रनाथ अश्क (जन्म 1910) से उनके संबंधों से निर्धारित था और उस पर उनके संबंधों का धुँधलका छाया हुआ था । उस दौर को लेकर सोचते हुए वे महसूस करते हैं कि "यह अश्क-संसर्ग, जिसे कभी अपने जीवन की एक सुखद और भाग्यशाली घटना समझ रहा था, मेरी साहित्यिक जिंदगी की सबसे बड़ी भूल थी ।"[9] शानी जब उनसे मिलने दूसरी बार इलाहाबाद गए तो उनसे पूछा गया :

"यार, तुम तो बड़े तेज निकले ! इतने दिनों में तुमने यही मालूम नहीं होने दिया कि तुम्हारा असली नाम क्या है ? वो तो मुझे ···"

"उससे क्या फ़र्क़ पड़ जाता ?" मैंने पूछा ।

''पड़ता तो नहीं, लेकिन मालूम होना चाहिए था ।''

''आपने पूछा कब था ?''

''नहीं पूछा होगा, लेकिन तुम भी तो बता सकते थे ?''

''कोई ऐसा जिक्र नहीं आया'' मैं बोला, ''फिर जरूरत भी क्या थी ?''

मुझे याद नहीं कि उनसे जवाब क्या मिला था, अब याद रखने की जरूरत भी नहीं रही ।[10]

ऐसा केवल एक बार नहीं हुआ कि लेखक के उपनाम ने भ्रम पैदा किया हो । उनके द्वारा प्रयुक्त 'शानी' (अरबी : दुश्मन) में आत्म-व्यंग्योक्ति से ज्यादा नाम की स्पष्टता को छुपाने का प्रयत्न तथा एक विशेष समुदाय के सदस्य के रूप में नाम से होनेवाली पहचान के प्रतिकार का भाव निहित था । इस प्रकार जब वह अपने परिवार के साथ ग्वालियर गए तब उनके नए साथी उनके वास्तविक नाम से परिचित नहीं थे । उन्होंने कहा कि वे गैर मुस्लिम पड़ोस में रहने को प्राथम्किता देना चाहेंगे—''क्योंकि मैं घोर धार्मिक वातावरण और कट्टरपंथी माहौल से दूर रहना चाहता था ।''

''क्यों ?'' उन्होंने चौंकते हुए पूछा—''मान लें, अगर वैसे ही महल्ले में मकान मिल गया तो क्या बुराई है ?''

कहकर एकाध पल वे मुझे घूरते रहे । फिर मेरे कान के पास झुकते हुए और मुझे पूरी तरह कॉनफिडेंस में लेकर वह धीरे-से बोले—''सुनिए, डरने की कोई बात नहीं । आप बिलकुल मत डरिए । यहाँ साले मियाँ लोगों को इतना मारा है, इतना मारा है कि अब तो उनकी आँख उठाने की भी हिम्मत नहीं रही . . . ''[11]

अंततः उन्होंने एक खालिस मुस्लिम पड़ोस में एक मकान खोज लिया । नए घर में तीसरी या चौथी सुबह उन्होंने देखा कि उनकी चौखट के पास गाय का गोश्त और कुछ हड्डियाँ फैलायी गई हैं—''यह सिर्फ शरारत नहीं थी, मोहल्ले के कुछ उत्साही लड़कों के द्वारा विरोध और गुस्से का प्रदर्शन था कि मैं मकान छोड़कर भाग जाऊँ ।''[12] उन्हें गलती से साहनी नाम का पंजाबी हिंदू समझ लिया गया था ।

शानी एक ओर तो पाखंड के शिकार रहे, दूसरी ओर कट्टरवाद के । उनके ही शब्दों में :

''घोर नास्तिक न सही, मैं सौ फीसदी संदेहवादी बन गया था और जाहिर है कि संदेह या तर्क का इस्लाम में कभी कोई मौका नहीं होता । मेरा घर धर्म या संस्कार नहीं, सांस्कृतिक अर्थों में मुस्लिम था और वह आज भी है ।''[13]

अपने आत्मकथात्मक रेखाचित्र में शानी ने पहले भारत-पाक युद्ध (1965) के निजी अनुभवों को प्रस्तुत किया है–

मेरी ट्रेजडी यह थी कि युद्ध ने मुझे खामोश और उदास कर रखा था, न तो मेरे मन में तमाशबीनों-जैसा जोश और उत्साह था और न युद्ध में रस लेनेवाली मुखरता । अगर यह सब न होता और मेरी जेब में उफनती हुई राष्ट्रीयता और देश-प्रेम का झुनझुना होता तो भी काफ़ी होता, लेकिन बदक़िस्मती, वह भी नहीं था । अगर आप भारतीय मुसलमान हैं और चाहते हैं कि आपकी बुनियादी ईमानदारी पर शक न किया जाए तो यह झुनझुना बहुत जरूरी है । मैंने देखा कि इसका असर आपके हिंदू दोस्तों के कानों पर नहीं उनकी जुबान पर होता है ।"[14]

इन अनुभवों को उनकी 'युद्ध'[15] शीर्षक कहानी में अभिव्यक्ति मिली है । युद्ध इसमें एक सामान्य भय और विषाद के काल के रूप में चित्रित किया गया है, बल्कि ऐसे दौर के रूप में भी दिखाया गया है जबकि सच्चाइयाँ रोशनी में खुलकर सामने आती हैं । इनमें से एक सच्चाई ऐसे अवसर पर भारतीय मुसलमानों के दमन को लेकर है :

"दरअसल, आम मुसलमान झाड़ियों में दुबके खरगोश की तरह अजीब सकते के आलम में डरा हुआ और चौकस हो गया था । लोग दरवाजे-खिड़कियाँ बंद करके धीमी आवाज में रेडियो पाकिस्तान की न्यूज सुनते और जब भी दो या चार आपस में मिलते, खरगोशों के अंदाज में बातें करते ।"[16]

इन हालात में आत्म-सुरक्षा का एक संभव उपाय यह था कि आम गैर मुस्लिम समुदाय के लोगों की तुलना में स्वयं को कुछ अधिक देशभक्त दिखाया जाए । परिणामस्वरूप एक रात शहर के सम्भ्रांत मुसलमानों की एक आम सभा हुई और दूसरे दिन शहर के बीचोंबीच की एक इमारत पर देवनागरी लिपि में हिंदी का एक बोर्ड लटक रहा था, जिस पर लिखा था–'राष्ट्रीय मुस्लिम संघ,' यह राष्ट्रीय मुस्लिम संघ का नया खुला दफ़्तर था । इस संगठन ने इस समुदाय के लोगों से राष्ट्रीयता की शपथ लेने की अपीलें कीं और उन्हें प्रेस तथा अखबारों तक पहुँचाने की व्यवस्था की ।

कहानी में एक रिजवी नामक अनायक है जोकि भारतीय मुसलमान है–बहुत कुछ अपने सर्जक की तरह । वह अपने दफ्तर के साथियों की देशभक्तिपूर्ण बड़ी-बड़ी बातों में शरीक होने से इनकार कर देता है और जब वह बिना किसी की ओर देखे चुपचाप बाहर चला जाता है तब उसके बारे में कहा जाता है :

''अभी परसों जब मैं राष्ट्रीय मुस्लिम संघ की अपील लेकर गया था, तो हजरत कहने लगे, काहे की अपील और क्यों ? पट्ठे ने दस्तखत करने से साफ इनकार कर दिया ! कहने लगा मैं क्या बेईमान हूँ जोकि ईमानदारी का सुबूत पेश करता फिरूँ ?''[17]

रात के ब्लैक आउट का उसका अपना अनुभव देखिए :

''शाम होते ही सारा शहर उसी ठंडे और अँधेरे गार में उतर जाता था । चाहे नागरिकता के फर्ज के नाते हो, या प्राणों के डर से, लोग बेहद चौकस और समझदार हो गए थे । ब्लैक आउट बनाए रखने के लिए हर मोहल्ले में स्वयं सेवकों के जत्थे तैयार थे ।''[18]

रिजवी उस स्थिति में पड़े बिना नहीं रहता जब वह अपनी बत्ती नहीं बुझाता जिसकी मध्यम रोशनी खिड़की के पर्दे के ज़रा-सा सरक जाने के कारण सड़क पर पड़ रही थी । मुसलमानों के मकानों पर विशेष नजर रखे हुए युवा देशभक्तों की एक टोली आई, 'जासूस' को पीटने की धमकी दी, बड़ी देर बाद जिसे उसके हिंदू दोस्त शंकरदत्त ने बचाया । इतना ही नहीं, यह दृश्य लेखक की पीढ़ी के एक जर्मन के जेहन में बहुत हद तक ऐसी ही अप्रिय स्मृतियों को जगा देता है ।

निस्संतान शंकरदत्त अपनी ज्यादातर शामें रिजवी परिवार के साथ ही बिताता था । रिज़वी का बेटा अप्पू उसे अंकल कहता था । अप्पू ने एक बालक की सहज बुद्धि से इस सबकी अर्थहीनता को उघाड़कर रख दिया । एक शाम बमबारी की भयानक आवाजों के बीच उसने शंकरदत्त से पूछा :

''अंकल, आपको डर नहीं लगता ?''

''लगता है बेटे !''

''आपको भी ?''

''हाँ, हमें भी ।''

''यह जहाज लड़ाकू था न अंकल ?''

शंकरदत्त ने सिर हिला दिया ।

''यह बम गिराने जा रहा है ?''

''अप्पू अब अंदर चलो ।'' बीच में रिजवी ने टोक दिया था ।

''लड़ाई में लड़ता कौन है अंकल ?''

''सैनिक लड़ते हैं, बेटे !''

''सैनिक कैसे होते हैं ?''

''जो फौज में होते हैं, वे सैनिक कहलाते हैं ।''

''अच्छा समझ गए । जैसे हमारे पाकिस्तानवाले मम्मा सैनिक हैं । हैं न ।''

''हाँ, बेटे ! वे भी लड़ रहे होंगे !''

''बंदूक से ?''

''हाँ, बंदूकों से, हथगोलों से, टैंकों से ।''

''इन्हें फौज में भेजता कौन है, अंकल ?''

''देश भेजता है, बेटे !''

''देश ? देश कौन है ?''

''बेटे ··· देश ···'' शकरदत्त को एक पल सोचना पड़ा था, ''देश वो है जिसमें लोग रहते हैं, जैसे हम-तुम, हमीं देश हैं, बेटे !''

''लेकिन अंकल ! आप तो कह रहे थे कि आपको लड़ाई से डर लगता है । फिर उन्हें क्यों भेजा ?''[19]

कहानी एक ऐसे ही 'नोट' पर खत्म होती है । पुनः दोनों मित्र रिजवी की बैठक में बैठे हुए हैं । अप्पू अपने दोस्तों के साथ खेल रहा था । अचानक खेल छोड़कर अंदर आ गया और दोनों पर टूट पड़ा । उसके मस्तिष्क पर एक प्रश्न का दबाव बना हुआ था । इस बार उसने अपने पिता से तर्क किया :

''पापा, हम हिंदू हैं कि मुसलमान ?''

''क्यों ?'' बेतरह चौंकते हुए भी रिजवी ने उसे टालना चाहा था, ''बाहर खेलो बेटे ! हमें बात करने दो ।''

''नहीं, पहले बताइए,'' अप्पू मचल गया था, ''हम हिंदू हैं कि मुसलमान ?''

''लेकिन क्यों ?''

''बताइए !''

''अच्छा, मुसलमान !''

''अल्ला मियाँ कहाँ रहते हैं, पापा ? ऊपर आसमान में न ?''

''हाँ ।''

''और भगवान ?''

''वे भी वहीं ।''

''वहीं ?'' कहते हुए अप्पू की आँखों में बहुत गहरा प्रश्न तैर रहा था । वह और आगे सवाल न पूछे इसलिए डरकर रिजवी ने कहा, ''जाओ बाहर खेलो ···'' पर अप्पू कोई अगला सवाल पूछने के लिए उतावला था और वे दोनों अपनी जान बचाने के लिए ··· रिजवी ने निगाह बचाने के लिए दालान की तरफ देखा ··· ।

दालान में टँगे आइने पर बैठी एक गौरैया हमेशा की तरह अपनी परछाईं पर चोंच मार रही थी ।[20]

केवल इस विलक्षण अंत के लिए ही नहीं, 'युद्ध' कहानी शायद भारत में हिंदू-मुस्लिम संबंधों के सर्वाधिक प्रामाणित और मार्मिक साहित्यिक दस्तावेजों में से एक है । इस कथानक से जुड़ी हुई और बहुत-सी कहानियाँ हैं जिनमें इसी ईमानदारी के साथ अंतर-साम्प्रदायिक संबंधों के नाजुक सवाल को उठाया गया है–जिसको लेकर शानी स्वयं तत्ववाद और कट्टरतावाद के विरुद्ध सदैव सौम्यता और उदारता का पक्ष लेते रहे हैं ।[21]

अंत में, किंतु उतना ही महत्वपूर्ण, उनका 'काला जल' उपन्यास है, 1981 के संस्करण[22] में दिए गए अपने परिचयात्मक लेख में राजेंद्र यादव ने जिसकी प्रशंसा की है । इस उपन्यास में शानी की महानतम उपलब्धि शायद यह है कि यह रचना इस्लामी संस्कृति से संपृक्त है, लेकिन लेखक, पाठक को इस तथ्य का अहसास नहीं होने देता । पाठक की स्मृति में जो बच रहता है वह दक्षिण मध्य प्रदेश के एक जन-समूह ··· वस्तुतः मुसलमान लेकिन इससे कहीं ज्यादा भारतीयों, और भी, उन मनुष्यों के जीवन (और मृत्यु) की जीवंत झाँकी है जिनसे उपन्यास के अंत में हम स्वयं को अलग नहीं करना चाहते । इसमें दो राय नहीं कि यह प्रामाणिकता इन पात्रों ने अपनी सामाजिक और सांस्कृतिक पृष्ठभूमि से अर्जित की है । ऐसे ही विश्वसनीय चरित्र शानी की कहानियों में भी मौजूद हैं । स्वयं लेखक के अनुसार :

''यह महज़ एक संयोग नहीं है कि कुछ कहानियों को छोड़कर मेरी अधिकांश कहानियाँ विभाजन के बाद के भारतीय मुस्लिम समाज के भय, तकलीफों, भीतरी अंतर्विरोधों, यंत्रणाओं और असंगतियों की कहानियाँ हैं ··· मैं आज भी सृजनरत हूँ और मैं इसी दिशा में बेहतर रचना करना पसंद करूँगा ··· मैं बहुत गहरे में मुतमईन हूँ कि ईमानदार सृजन के लिए एक लेखक को अपने कथानक अपने आसपास से और खुद अपने वर्ग से उठाना चाहिए ···''

शानी का संकेत यहाँ कुछ इस ओर है कि वह स्वयं और उन-जैसे रचनाकार–अपनी तमाम आधुनिकता के बावजूद–परिवार, समाज, धर्म और इतिहास के दाय को ग्रहण करते हैं और जोकि उनमें बहुत गहरी जड़ें जमाए हुए हैं । मौजूदा संदर्भ में, सचेत रूप से, यह दाय उन्हें संकट में डालता है और अनजाने में, उनके जीवन को नियंत्रित करता है ।

यह एक अजीब, मारक लेकिन फ़ितरी जद्दोजहद होती है । आप उसी से

लड़ते हैं जो आपकी शक्ति होती है क्योंकि यही और यही बिडंबना शायद मानवीय नियति है ![23]

संदर्भ

1. गुरु ग्रंथ साहब, आसा 13
2. लुत्से : हिंदी राइटिंग्स इन पोस्ट कालोनियल इंडिया, 1985, पृष्ठ 168-69 पर गोविंद मिश्र का लेख 'कबीर का फक्कड़पन' देखिए ।
3. लुत्से : 1985, पृष्ठ 212
4. शानी से लुत्से का साक्षात्कार, 22 मार्च, 1985
5. शानी : सब एक जगह (1), 1982, आत्मकथ्य, पृष्ठ 1 से 12 पर है ।
6. वही, पृष्ठ 1
7. वही, पृष्ठ 3
8. वही, पृष्ठ 4
9. वही, पृष्ठ 6
10. वही, पृष्ठ 9
11. वही, पृष्ठ 7
12. वही, पृष्ठ 7
13. वही, पृष्ठ 8
14. वही, पृष्ठ 8
15. वही, पृष्ठ 220-229
16. वही, पृष्ठ 221
17. वही, पृष्ठ 222
18. वही, पृष्ठ 224
19. वही, पृष्ठ 227
20. वही, पृष्ठ 228-229
21. मिसाल के लिए देखिए कहानी 'दोजखी' : शानी, जहाँपनाह जंगल, 1984, पृष्ठ 14-31
22. शानी : काला जल, 1981
23. शानी : सब एक जगह (1) 1982, पृष्ठ 11-12

—मूल अंग्रेजी से अनुवाद : डॉ. जानकीप्रसाद शर्मा

क्रम

जली हुई रस्सी

अपने बर्फ-जैसे हाथों से वाहिद ने गर्दन से उलझा मफलर निकाला और सफिया की ओर फेंक दिया । पलक-भर वाहिद की ओर देखकर सफिया ने मफलर उठाया और उसे तह करती हुई धीमे स्वर में बोली, ''क्या मीलाद में गए थे ?''

वाहिद ने बड़े ठंडे ढंग से स्वीकृति-सूचक सिर हिलाया और पास की खूँटी में कोट टाँग खिड़की के पास आया । खिड़की के बाहर अँधेरा था, केवल सन्नाटे की ठंडी साँय-साँय थी, जिसे लपेटे बर्फीली हवा बह रही थी । किंचित सिहरकर वाहिद ने खिड़की के पल्ले लगा दिए और अपने बज उठते दाँतों को एक-दूसरे पर जमाकर बोला, ''कितनी सर्दी है ! जिस्म बर्फ हुआ जा रहा है, चूल्हे में आग है क्या ?''

प्रश्न पर सफिया ने आश्चर्य से वाहिद की ओर देखा । बोली नहीं । चुपचाप खाट पर लेटे वाहिद के पास आई, बैठी और उसके कंधे पर हाथ रखकर स्नेह-सिक्त स्वर में बोली, ''मेरा बिस्तर गर्म है, वहाँ सो जाओ ।''

वाहिद अपनी जगह लेटा रहा, कुछ बोला नहीं । थोड़ी देर के बाद उठकर पास ही पड़ी पोटली खींची, उसकी गाँठें खोलीं और कागज की पुडिया रूमाल से अलग कर बोला, ''शीरनी है, लो, खाओ ।''

''रहने दो,'' सफिया बोली, ''सुबह खा लूँगी । क्या मीलाद में बहुत लोग थे ? किसके यहाँ थी ?''

''वकील साहब के यहाँ । एक तो ग्यारहवीं शरीफ की मीलादें और दूसरे इतनी सर्दी ।''

वाहिद ने रजाई गर्दन तक खींच ली । अनायास भर उठनेवाली झुरझुरी से

एक बार सिहरकर अपना जिस्म समेटा और एक कोने में हो रहा । बंद किवाड़ों को धक्का मारकर अँधेरे और शीत में ठिठुरती हवा लौट गई और किवाड़ों की दराज से सिमटकर हवा दोशीजा की नटखट छुअन की तरह गर्म रजाई में भी वाहिद को छूकर कँपा गई ।

पासवाले मकान से एक शोर उठ रहा था, एक बड़ी मीठी चहल-पहल, जिसमें पुरुष-स्त्रियों के स्वर और हँसी-मजाक के फव्वारे, देगों की उठा-पटक बल्लियों और कफ़गीरों के टकराने और झनझनाने की आवाजों के साथ घुले-मिले थे ।

सफिया ने कहा, ''मुनीर साहब के यहाँ कल सुबह दावत है ।''

वाहिद ने सुन-भर लिया और आँखें बंद कर लीं ।

मुनीर साहब वाहिद के घर के पास ही रहते थे । आज से कोई छह साल पहले मुनीर साहब किसी सेठ के यहाँ मुनीम थे, पर बाद में उन्होंने नौकरी छोड़ दी और गल्ले का व्यापार शुरू कर दिया । किस्मत अच्छी थी, अतः दो साल के अंदर ही उन्होंने हजारों रुपए कमाए और अपना पुराना माटी का कच्चा मकान तुड़वाकर पक्का और बड़ा मकान बनवाया ।

उस दावत की चर्चा वाहिद पिछले कई दिनों से सफिया से सुन रहा था । मुनीर साहब की पत्नी ने, जो अक्सर वाहिद के यहाँ दोपहर में आ जाया करती थीं, दो सप्ताह पहले ही अपने यहाँ होनेवाली दावत की घोषणा कर दी थी । जब कभी सफिया से भेंट हुई, थोड़ी इधर-उधर की चर्चा के पश्चात् बात ग्यारहवीं शरीफ के महीने, मीलादों और दावतों पर पलट आई और उसने बातों-ही-बातों में कई बार सुनाया कि उनके यहाँ की दावत में कितने मन का पुलाव, कितना जर्दा और कितने बकरे कटने को हैं और इतने दिन पहले ही उनके रिश्तेदार चावल-दाल चुनने-बीनने और दूसरे कामों के लिए आ गए हैं । इस जरूरत से ज्यादा इंतजाम करने के लिए उन्होंने सफाई दी कि मीलाद, तीजा और किसी धार्मिक काम में चाहे लोग न आएँ, पर खाने की दावत हो, तो एक बुलाओ, चार आएँगे । जब मामूली दावतों का यह हाल होता है, तो फिर यह तो आम दावत है ।

सफिया को बुरा न लगा हो, ऐसी बात नहीं, पर उसने कभी कुछ नहीं कहा ।

वही दावत कल होने जा रही थी ।

बड़ी देर से छा गई चुप्पी को सहसा तोड़कर बड़े निराश स्वर में सफिया बोली, ''मुनीर साहब की बीवी के पाँव तो जमीन पर ही नहीं पड़ते । इतनी उम्र

हो गई, फिर भी जेवरों से लदी पीली-उजली दुल्हन बनी फिरती है । भला बहू-बेटियों के सामने बुढ़ियों का सिंगार क्या अच्छा लगता है ?"

वाहिद ने करवट बदली और एक लंबी साँस लेकर कहा, "जिसे खुदा ने दिया है, वह क्यों न पहने ? अपने-अपने नसीब हैं, सफिया !"

सफिया को संतोष नहीं हुआ । थोड़ी देर चुप रहकर बड़े भरे हुए स्वर से बोली, "एक अपने नसीब हैं ! खुदा जाने, तुम्हारे मुकदमे का फैसला माटी मिला कब होगा ?" और सफिया के भीतर से एक बड़ी लंबी और गहरी साँस निकली जो सीधे वाहिद के कलेजे में उतर गई ।

वाहिद एक ढीला-ढाला, मझोले कद का आदमी था । गरीबी और अभाव से उसका परिचय बचपन से ही था । बड़ी आर्थिक कठिनाइयों के बीच आठवीं तक की शिक्षा प्राप्त कर सका था । आठवीं के बाद किसी तरह कोशिश कर-कराके उसे फारेस्ट डिपार्टमेंट में फारेस्ट गार्ड की नौकरी मिल गई और आठ साल के भीतर ही वह डिप्टी रेंजर तक पहुँच गया । जंगल महकमेवालों को भला किस चीज की कमी । चार साल के अंदर ही वाहिद के नाम पोस्ट ऑफिस में डेढ़ हजार की रकम जमा हो गई, जिसमें से सात सौ उसके ब्याह में खर्च हुए । पर सफिया का भाग्य शायद अच्छा नहीं था । पूरे दो साल भी सुख से नहीं रह पाई थी कि वाहिद रिश्वत के आरोप में मुअत्तल कर दिया गया । वाहिद ने बहुत हाथ-पाँव मारे । पोस्ट ऑफिस से तीन सौ और निकल गए । हेड क्लर्क की कई दावतें हुईं । रेंज आफिसर साहब (जिनके सर्किल में वाहिद आता था और जिसने रिपोर्ट आगे बढ़ायी थी) के यहाँ उसने कई बार मिठाई, फलों की टोकरियाँ और शहर के भारी-भरकम आदमियों से ढेर सारी सिफारिशें भिजवाईं और डी.एफ.ओ. साहब की बीवी के पास (हालाँकि उसके पहले एक बार भी वहाँ जाने का अवसर नहीं आया था) सफिया को दो-तीन बार भेजा, पर हुआ कुछ भी नहीं । केस पुलिस को दे दिया गया और वाहिद पर मुकदमा चलने लगा ।

पहले कुछ महीने तो वाहिद को काफी सांत्वनाएँ मिलीं कि केस में कोई दम नहीं, खारिज हो जाएगा । यहाँ वाले ज्यादती और अन्याय करें, पर ऊपर तो सबकी चिंता रखनेवाला है और वाहिद के केस के साथ अकेले वाहिद का नहीं, दो और जनों का भाग्य जुड़ा है । अगर वाहिद दोषी भी है, तो वे लोग तो निर्दोष हैं, इत्यादि ।

जब एक साल का अर्सा बीत जाने पर मुकदमा तय नहीं हुआ, पोस्ट ऑफिस से पूरे पैसे निकल गए और सफिया के जिस्म पर एक भी जेवर बाकी न रहा, तो वाहिद की हिम्मत टूट गई और पहले जुम्मे के अलावा कभी भी मस्जिद की ओर रुख न करनेवाला वाहिद पाँचों वक़्त नमाज पढ़ने लगा ।

लगभग दो साल के बाद फैसला हुआ और आशा के विपरीत, अच्छे-से-अच्छे वकील लगाने के बावजूद, वाहिद को साल-भर की सज़ा हो गई ।

वैसे तो अकस्मात् टूट पड़नेवाली मुसीबत पहाड़ से कम न थी, पर रिश्तेदारों और दोस्तों ने मिलकर हाईकोर्ट में अपील करने का किसी-न-किसी तरह प्रबंध कर दिया और पूरे डेढ़ बरस से वाहिद हाईकोर्ट के फैसले का इंतजार कर रहा है, भले उस प्रतीक्षा में एक जून के खाने के बाद दूसरे जून की चिंता की चिड़चिड़ाहट, सफिया की शिकायतें, दिन-प्रतिदिन टूटता उसका स्वास्थ्य और उस दुर्दिन में माँ बनने के पहले की एहतियात, आवश्यक दवाई व देखभाल की सारी समस्याएँ शामिल थीं ।

मुनीर साहब के यहाँ से देगों में भारी कफगीरों के फेरने-टकराने का स्वर गूँजा, बड़े जोर से छनन-छन् की आवाज हुई और फिर घी में पड़े ढेर सारे मसालों की मीठी-सोंधी खुशबू फैल गई ।

घी अब वाहिद के लिए ख्वाब है । जब तक लोअर कोर्ट से फैसला नहीं हुआ था, ऑफिस से मुअत्तली का एलाउंस मिल जाया करता था, उसका ही सहारा कम न था । पर अब कहीं का कोई आसरा नहीं । उन कड़वे दिनों को वाहिद और सफिया मिलकर झेल भी लें, लेकिन उस मासूम जान का क्या होगा, जो वाहिद के दुर्दिन में ही सफिया के भाग्य में आने को थी ? प्रोविडेंट फंड की जो भी थोड़ी-बहुत रकम जमा थी और वापस मिलने को थी, उसके जाने के बहुत-से रास्ते पहले से तैयार थे, अतः उसका क्या भरोसा ?

एक दिन झिझकती हुई सफिया बोली, "एक बात कहूँ !"

पल-भर के लिए वाहिद डर-सा गया, पता नहीं, सफिया कौन-सी बात कहेगी । तुरंत जवाब देते नहीं बना । क्षण-भर उसकी ओर देखता रहा, फिर पास जाकर अपनी हथेलियों में उसका चेहरा बड़ी उदास आँखों से देखने लगा, "क्या कहती हो ?"

सफिया बोली, "प्राविडेंट फंड के पैसे मिलेंगे, तो घी ला दोगे ? बहुत दिनों से अपने यहाँ पुलाव नहीं बना ।"

वाहिद के भीतर जैसे किसी ने हाथ डालकर खंगाल दिया हो । अपने को किसी तरह संयत कर पहले वह धीरे-से मुस्कराया, फिर ज़रा जोर से बनाई हुई हँसी हँसता हुआ बोला, "बस ?"

सफिया संकोच से लाल होकर मुस्कराती हुई वाहिद के सीने में छिप गई ।

वहाँ से हटकर वाहिद जब दूसरे कमरे में आया, तो निढाल-सा खाट में पड़ गया । भीतर से उफनती रुलाई का आवेग पलकों और ओंठों पर बिछल रहा था । मुँह पोंछने के बहाने रूमाल से उसने आँखें पोंछीं और अपने लरज रहे ओंठ बाज़ू में भींच लिए ।

उस बात को भी तीन माह हो गए । सफिया ने एक-दो बार अप्रत्यक्ष रूप से पूछने की कोशिश की और चुप रह गई । उस रकम की वाहिद को आज भी प्रतीक्षा है ।

वाहिद ने करवट बदली । मुनीर साहब के यहाँ का शोर थम गया था और इक्की-दुक्की आवाजें आ रही थीं । सफिया थककर सो गई थी ।

सर्दी की सुबह वाहिद के लिए आठ से पहले नहीं होती । पर उस रात देर से सोने पर भी सुबह आँख जल्दी ही खुल गई । वैसे काम होने या न होने पर भी वह चाय आदि से निबटकर नौ से पहले ही बाहर निकल जाता है, लेकिन उस दिन उसकी चाय दस बजे हुई ।

बाहर मुनीर साहब के यहाँ भीड़ इकट्ठी हो रही थी । साइकिल और पाँवों की रौंद से उभड़-उभड़कर उठती धूल का बादल फैल-बिखर रहा था । और दिनों की तरह चाय देते समय आज सफिया ने न तो राशन के समाप्त होने की बात कही और न ही पूछा कि आज वाहिद कहाँ से क्या प्रबंध करेगा । पिछली रात भी कुछ नहीं था । सुबह का बच रहा थोड़ा खाना वाहिद और सफिया ने मिलकर खा लिया था । रात की मीलाद की शीरनी नाश्ते का काम दे गई थी ।

वाहिद ने पूछा, "क्यों,.क्या मुनीर साहब के यहाँ से कोई आया था ?"

सफिया ने थोड़ा झिझकते हुए जवाब दिया, "नहीं, हजाम आया था, आम दावत की खबर दे गया है ।"

वाहिद ने और कुछ नहीं पूछा और बाहर निकल आया । मुनीर साहब के घर के सामने से लेकर सड़क के दूसरे मोड़ तक लोगों का आना-जाना लगा था । रंगीन धारीदार तहमद लपेटे, सफेद और काली टोपियाँ लगाए, सिर में रूमाल बाँधे लोग मुनीर साहब के घर की ओर बढ़ रहे थे । एकाएक सामने से रिजवी

साहब दिखाई दिए । वाहिद उनसे कतराना चाहता था, पर जब सामने पड़ ही गए, तो बरबस मुस्कराकर आदाब करना ही पड़ा । रिजवी साहब के साथ नौ से लेकर तीन साल तक के चार बच्चे चल रहे थे, जिनके सिरों पर आड़ी-टेढ़ी, गंदी और तेल में चीकट, मुड़ी-मुड़ाई टोपियाँ थीं ।

रिजवी साहब ने मुस्कराकर पूछा, ''क्यों भाई, मुनीर साहब के यहाँ से हो आए क्या ?''

वाहिद ने झिझककर कहा, ''जी, नहीं ।''

वाहिद से रिजवी साहब बोले, ''तो फिर चलो न !''

वाहिद क्षण-भर चुप रहा । फिर सँभलकर बोला, ''आप चलिए, मैं अभी आया ।''

रिजवी साहब आगे बढ़ा गए ।

कोई दो घंटों के बाद जब वाहिद लौटा, तो मुनीर साहब के घर के सामने से भीड़ छँट गई थी, पर महफिल अभी भी चल रही थी । कोई पूछे या न पूछे, स्वागत करे या न करे, लोग आते, सामने के नल पर हाथ धोते और बैठ जाते थे ।

एक ओर से कंधे पर कपड़े से ढँका तश्त लिए, चिचोड़ी गई हड्डियों के गिर्द फैले ढेर सारे कुत्तों को हकालती हमीदा की माँ निकली । हमीदा की माँ पिछले पाँच बरसों से मुनीर साहब के यहाँ नौकर थी । अक्सर तीज-त्यौहार के मौके पर मुनीर साहब के यहाँ से शीरनी लेकर हमीदा की माँ ही वाहिद के यहाँ आया करती थी । उससे बात करने की न तो कभी वाहिद को आवश्यकता ही पड़ी और न अवसर ही आया । फिर भी वाहिद ने आज रोककर पूछा, ''हमीदा की माँ, क्या लिए जा रही हो ?''

हमीदा की माँ ने पल्लू सँभालकर कहा, ''खाना है, भैया, सिटी साहब के यहाँ पहुँचाने जा रही हूँ ।''

''भला वह क्यों ?''

''अब पता नहीं, सिटी साहब आम दावत में आना पसंद करें, न करें, सो बेगम साहबा भिजवा रही हैं ।''

और हमीदा की माँ आगे बढ़ने लगी, तभी एकाएक चौंककर, (जैसे कोई विशेष और महत्वपूर्ण बात छूटी जा रही हो) ज़रा आवाज ऊँची करके, रोकने के अंदाज में वाहिद ने पूछा, ''और कहाँ-कहाँ ले जाना है, हमीदा की माँ ?''

हमीदा की माँ ने थोड़ा रुककर कहा, ''पता नहीं, भैया ! फिर भी इतना जानती हूँ, अभी मेरी जान को छुटकारा नहीं ।''

वाहिद ओंठों में ही मुस्कराया और मुनीर साहब के घर की ओर बढ़ा । सामने आँगन में दो-तीन बड़ी-बड़ी दरियाँ (जो संभवतः हर दावत में पहुँच-पहुँचकर गंदी हो चली थीं) बिछी हुई थीं, जिन पर साफ, नए कपड़े पहने कुछ बच्चे खेल रहे थे । पास के नल से क्षण-प्रतिक्षण बह रहे पानी से आँगन के आधे हिस्से में कीचड़ फैल चुका था । पास ही दो-तीन चारपाइयाँ डाल दी गई थीं । चारपाइयाँ शायद उन उम्मीदवारों के बैठने के लिए थीं, जो देर से आने के कारण चल रही पाँत समाप्त होने और दूसरी पाँत के प्रारंभ होने की प्रतीक्षा करते हैं । उन्हीं लोगों में से क्या वाहिद भी है ? वह बड़े फीके ढंग से मन-ही-मन हँसा । रस्सी भले ही जल गई हो, पर उसका बल क्या इतनी जल्दी निकल जाएगा ?

वाहिद थोड़ी देर वहीं खड़ा रहा । वहाँ बैठने-बिठाने अथवा पूछने के लिए किसी की आवश्यकता नहीं थी । लोग आते थे, जाते थे ।

भीतर के कमरे से, जहाँ खाना चल रहा था, बर्तनों की टकराहट के स्वर के साथ पुलाव की महक आ साँसों के साथ वाहिद के फेफड़ों में भर गई । मुँह भर आया, घूँट हलक के नीचे उतारकर वाहिद एक ओर खड़े दाँत खोदते और थूकते दो-तीन दाढ़ीवाले बुजुर्गों के पास जा खड़ा हुआ । दाँत के अंतरों में फँस गए गोश्त के टुकड़ों को तीली से निकाल फेंकने की जी-तोड़ कोशिश करते हुए उन लोगों ने केवल वही सवाल किया, जिसका जवाब वाहिद पिछले डेढ़ बरस से प्रायः हर मिलनेवाले को दिया करता था कि उसके केस का क्या हुआ, किस वकील को लगाया है, कितनी पेशियाँ हो गईं और अपील के फैसले में और कितनी देर है ? आदि ।

वाहिद ने सैकड़ों बार कही बात एक बार फिर अनमने ढंग से दोहरा दी । तभी दरवाजे के पास मुनीर साहब दिखाई दिए । इधर से ध्यान हटाकर वाहिद ने मुनीर साहब के चेहरे की तरफ अपनी आँखें जमा दीं । पर लगातार कई मिनटों तक मुनीर साहब की ओर मुस्कराकर देखते रहने पर भी उनका ध्यान वाहिद की ओर नहीं लौटा और वह अपने किसी नौकर को कुछ हिदायतें देकर लौटने लगे, तो अपनी जगह से एकदम आगे आ, पुकारकर वाहिद ने कहा, "मुनीर साहब, आदाब अर्ज है !"

मुनीर साहब जाते-जाते पल-भर को रुके, आदाब लिया, वाहिद की ओर देखकर मुस्कराए और तेजी से भीतर चले गए ।

एकदम पीछे अपनी जगह पर लौटने के पूर्व वाहिद ने सुना, पास के दाढ़ीवाले सज्जन उसका नाम लेकर पुकार रहे थे । लौटकर देखा, तो उन्होंने

कहा, "वाहिद मियाँ, पान लीजिए।"

एक कम उम्र का लड़का वाहिद के आगे पान की तश्तरी बढ़ाए खड़ा था। क्षण-भर रुककर वाहिद ने अपने गिर्द देखा, सामने खड़े लड़के पर एक निगाह डाली, तश्तरी से एक पान उठाकर मुँह में रखा और लौट रहे लोगों के पीछे हो लिया।

घर पहुँचकर देखा, सफिया तकिए में मुँह डाले चुपचाप पड़ी थी। बावर्चीखाने की ओर निगाह गई, चूल्हा लिपा-पुता साफ था और धुले-मँजे बर्तन चमक रहे थे। वाहिद को देखकर सफिया उठ बैठी और अपनी ओर घूरकर देख रहे वाहिद की आँखों में केवल निमिष-भर के लिए देखकर ठंडे-से स्वर में पूछा, "कितने लोग थे दावत में ? हमीदा की माँ तो नहीं आई ?"

वाहिद के जले पर जैसे किसी ने नमक छिड़क दिया हो। तिलमिलाकर तीखे स्वर में उसने कहा, "हमीदा की माँ की ऐसी की तैसी ! मैं ऐसी दावतों में नहीं जाता, यह जानकर भी तुम ऐसे सवाल करती हो ? हमने क्या पुलाव नहीं खाया ? जिसने न देखा हो, वह सालों के यहाँ जाए !"

नंगे

और उपाय ही क्या था ? जब किसी करवट चैन न आया तो मैं मजबूरन उठकर बैठ गया और हारकर पत्नी की खाट की ओर देखने लगा। लगा, रूबीना सो नहीं रही, शायद बैठी थी और वैसी ही लुढ़क गई। आधा धड़ जरूर बिस्तर पर है, लेकिन दोनों टाँगें पाटों के नीचे ऐसे झूल रही हैं कि पाँव अधर टँगे हैं। सिर के नीचे तकिया नहीं है, दोनों मुड़ी हुई बाँहें अंग्रेजी अक्षर 'ड्ब्ल्यू' की आकृति बनाती हुई चेहरे के अगल-बगल पड़ी हैं और बंद मुट्ठियों में गीली मेहँदी भरी हुई है।

'यह मेहँदी रचाने का भी अजीब शौक है कि उसके लिए इतनी सज़ा भुगती जाए !' शायद मैं कहना चाहता था, लेकिन एक तो कमरे में कोई दूसरा सुननेवाला न था, दूसरे रूबीना का जागता हुआ चेहरा याद आ गया। दोपहर में इसी मेहँदी को लेकर वह कितनी उदास हो गई थी। लगा था, ईद के लिए

नए-नए कपड़े, पैसे या दूसरे सारे इंतजाम चाहे जरूरी न हों, मेहँदी जरूरी है और उसके बगैर कहीं कुछ नहीं होगा।

लेकिन हर ईद-बकरीद के मौके पर यही होता है। घर या आसपास मेहँदी के दरख्त नहीं, सारे मोहल्ले में सिर्फ जमीला के यहाँ एक पेड़ है। ईद के दो-एक दिन पहले उस पर भी ऐसी लूट-खसोट चलती है कि वह रुंड-मुंड होकर रह जाता है। इस बार भी यही हुआ। रूबीना ने ज़रा देर कर दी और नतीजा यह हुआ कि मेहँदी लेनेवाला आदमी पेड़ की ठूँठ टहनियाँ देखकर लौट आया। दोपहर तक रूबीना बड़ी निराश थी। रह-रहकर अफसोस करती कि और-तो-और, माटी मिली मेहँदी की पत्तियाँ तक नसीब में नहीं; पर शाम-शाम तक जाने छोटी खाला ने कहाँ से क्या किया कि मेहँदी की ढेर पत्तियाँ इकट्ठी हो गईं।

रूबीना ने जल्दी-जल्दी रोज का काम निपटाया, बच्चों को खिला-पिलाकर जबरन सुला दिया और दूसरी सुबह की सारी तैयारियाँ कर डालीं —मसलन, सिर-खोरमा और सेंवई के लिए मेवा काटना, पुलाव के लिए मसाला पीसकर तैयार करना, टोपियाँ, कपड़ों की देखभाल और पुराने बक्सों में इत्र-सुरमे की तलाश...

यह सब कर चुकने के बाद जब वह कत्था, कोयला, इमली की खटाई और मेहँदी के पत्ते लिए सिल-बट्टे के पास आई तो रात के दस बज रहे थे। अपनी खाट पर बैठे-बैठे मैंने उसका झुक-झुककर मेहँदी पीसना देखा था। जब तैयार हो गई तो उसे एक सासर में लेकर बैठ गई, और बड़ी देर तक लगाती रही। जब एक-एक करके दोनों पाँव और हथेलियाँ भर गईं तो बड़ी देर तक उनके रचने की प्रतीक्षा में चुप बैठी ऊँघती रही। इधर पता नहीं, कब से आँख लग गई है...

मैं धीरे-से उठकर खड़ा हो गया। बगलवाले कमरे में बत्ती जल रही थी और दरवाजे पर पर्दा पड़े रहने के बावजूद रोशनी का एक चौकोर टुकड़ा रूबीना की चारपाई के नीचे आ गया था। उस कमरे से दूल्हे भाई के खर्राटे की आवाज बदस्तूर आ रही थी। वे थके हों या न हों, उनके खर्राटे ऐसे ही होते हैं कि नए आदमी की नींद अचानक खुल जाए।

धीरे-धीरे दरवाजे तक पहुँचकर सोचा कि रूबीना को जगाकर ठीक से सोने के लिए कह दूँ, लेकिन फिर याद आया कि शायद वह इतनी जल्दी मेहँदी धोने के लिए तैयार न हो। दिन-भर की थकी-माँदी भी है और सुबह जल्दी भी उठना है। चलो हटाओ, सोने दो उल्टे-सीधे...

यह दूल्हे भाई अब हमारे कोई नहीं, फिर भी कैसे इतने अपने-से बन गए हैं कि उन्हें हटाकर कुछ सोचा भी नहीं जा सकता ! कई बरस हुए, मेरी एक बदनसीब आपा के पल्लू से बँधकर रिश्तेदार बने थे पर बीच में ही आपा क्षय से उठ गईं । रिश्ता टूटा । उनका दूसरा ब्याह हुआ लेकिन बीमारी और अभाग्य से उनकी नौकरी भी जाती रही और दूसरी बीवी अपने बच्चे को लेकर पिछले दो बरस से मायके जा बैठी है । इधर तभी से दूल्हे भाई ने पुराने रिश्ते को नया कर लिया है; हालाँकि अम्मी को उनका रहना कभी पसंद नहीं आया । जब बेटी ही नहीं रही तो दामाद से क्या रिश्ता ?

कई महीने बेकार पड़े रहने के बाद, पिछले दिनों इन्हें कहीं कुछ काम मिला था । अपना सारा सामान-आमान समेट, महीने-भर का उधार राशन ले वह एक दिन घर से निकले थे । दो-तीन माह, जिन जंगलों में भी रहे हों, कोई चिट्ठी खबर नहीं दी और एक दिन राशन के खाली डिब्बे लेकर लौट आए तो फिर कहीं नहीं गए । तब से बगलवाले कमरे में दिन-रात उनकी खाट बराबर बिछी रहती है । सुबह नाश्ते के बाद जो निकलते हैं तो रात से पहले नहीं लौटते और घर में किसी को पता नहीं कि वह कहाँ-कहाँ भटकते या क्या करते हैं । एक तरह से अच्छा है कि उनके लौटने के समय प्रायः मैं सामने नहीं पड़ता ...

झन्न्न्न् !

अचानक बावर्चीखाने के फर्श पर ऊपर से कोई थाली गिरी और उसके साथ ही खाली पड़ी शीन पर कंकर-मिट्टी गिरने की आवाज हुई । बगल के कमरे में दूल्हे भाई का खर्राटा सहसा रुका और एक क्षण बाद खखारकर उन्होंने करवट बदली ।

चूहों ने कितना उत्पात मचा रखा है ! रूबीना कई दिनों से चिल्ला रही है कि इन कमबख्त चूहों के लिए मैं कुछ करूँ । सोचता मैं भी हूँ, लेकिन हर रात के गुजर जाने और सुबह होने के बाद फिर याद नहीं रहता । कई दिनों से लग रहा था कि फन्दों-वन्दों से कुछ नहीं होगा । सीधे मारने की दवा देनी चाहिए; लेकिन इसी डर के मारे कि दवा खाकर चूहे कहीं ऊपर के कोने-अंतरों में मरने लगे तो दुर्गंध के मारे रहना कठिन हो जाएगा, अब तक टालता रहा हूँ । सोचा, अब कल ईद हो जाए तो इधर ध्यान देना ही होगा ।

कहीं रूबीना जाग रही होती और यह उससे कहता तो जरूर हँस देती । पाँच बरसों से साथ-साथ रहते हुए शायद मुझे अच्छी तरह पहचान लिया है । जानती है कि आज का काम कल पर टालने के लिए किसी-न-किसी बहाने की तलाश अब मेरे स्वभाव का अंग बन गई है और ईद के आने या निकल जाने की

बात भी वैसी ही हैं ।

गए बरस की ईद में क्या हुआ था ? क्या हुआ था ?

शादी-ब्याह के बाद रूबीना के लिए पहली बार साटिन का सूट सिला था । बच्चों के लिए उधार कपड़े आए थे, अपनी सादी और हल्की साड़ी देखकर अम्मी का मुँह सूज गया था और मेरी गैरहाजिरी में वह रोई थीं कि मैंने उन्हें बेवा-जैसे कपड़े लाकर दिए और अब्बा नाराज होकर अपने कमरे में जा घुसे कि रिटायर हुए उन्हें साल नहीं हुआ और उन लोगों की दुर्गति शुरू हो गई ।

सचमुच, ईद क्या हुई थी ! किसी तरह ईदगाह तक शरमा-शरमी गए और लोगों की नजरें बचाकर आखिरी सफ में चुपचाप जा बैठे और उल्टे-सीधे सिजदे करके घर भाग आए । न किसी से मिलना-जुलना, न कहीं आना-जाना । इतना होने पर भी कुछ लोग अब्बा से मिलने आए थे, लेकिन वह अपने कमरे से बाहर नहीं निकले और बड़ी मुश्किल से ईद का दिन कटा था ।

ऐसे दिनों का जैसे-तैसे पार हो जाना ही बड़ी बात है । पिछले साल फिर भी गनीमत थी कि ईद महीने की तीन-चार तारीख को पड़ी थी, पर इस बार महीने के आखिर-आखिर में आनेवाली ईद सीधी आँखों से देखी नहीं जाती । कपड़े-लत्ते या दावत-मेजबानी न सही, कई चीजें हैं जो टाली ही नहीं जा सकतीं । मसलन, रोजे रखें-न-रखें फितरा जकात निकालना है, सेहरी जगानेवालों का कर्ज है, आपस की रिश्तेदारी है और रूबीना कह रही थीं, इस साल बाहर से बहुत फकीर आए हैं ।

जब कहीं से कोई रास्ता नहीं सूझा, दफ्तर से फेस्टिवल-एडवांस भी नहीं मिला और सिर्फ दो दिन रह गए तो रूबीना घबरा गई । रूआँसे स्वर में बोली थी—अब क्या होगा ? और मेरे जवाब न देने पर उसने खुद एक सुझाव पेश किया था कि हम सब एक-दो दिन के लिए गाँव चले जाएँ । यह सुनकर एक पल के लिए मैं सहम गया था कि सचमुच कठिन घड़ी आ गई है । दोस्तों-मेहमानों के सामने क्या होगा ? कपड़े सरकाओ तो अपनी ही जाँघ दिखती है लेकिन घर छोड़कर छिपने जाने का मन आखिर तक नहीं हुआ ।

कल ईद है, पर अब बिना किसी आधार के हिम्मत बँध गई है । लगता है, दूर से विकराल दिखाई देनेवाली हर समस्या पास आने पर साधारण बन जाती है और शायद झेल ले जाने में अधिक कठिनाई नहीं होती···

बावर्चीखाने में दूसरी बार चूहों ने ऊधम मचाया और फिर कोई बर्तन 'झनाक' करता हुआ गिरा । चौंककर सहमता हुआ मैं जैसे ठिठक गया, फिर धीरे-धीरे आकर अपनी खाट पर बैठ गया ।

देखा इस बार की आहट से रूबीना की नींद उचट गई है । थोड़ी देर अपनी खाट पर वैसे ही पड़ी-पड़ी वह मुझे घूरती रही, फिर किसी तरह उठकर बैठती हुई बोली—"अभी तक क्या सोए ही नहीं ?"

"नहीं ..."

मैं कहना चाहता था कि नींद नहीं आई; लेकिन कुछ सोचकर कह नहीं पाया । वैसी सूचना देना एक तरह से उसे भी विचलित कर देना था । अंदाज करने लगा कि जिन्हें अनिद्रा का रोग है वे कितना दुख पाते होंगे ।

रूबीना ने अपनी दोनों हथेलियों और पाँवों पर एक-एक नजर डाली और पूछा—"क्या बज गया होगा ?"

"अभी बहुत रात बाकी है, सो जाओ ।"

जैसे मेरी बात कानों ही न पड़ी हो, इस तरह दोनों भरे-भरे हाथ लिए वह जंगले के बाहर अँधेरे में देखती रही और बड़ी देर बाद जैसे अपने से जबरन करती हुई बाहर आँगन में निकल गई ।

तब, टाके के पत्थर पर पानी पड़ने की आवाज से मैंने अनुमान लगाया कि हाथ-पाँव की मेहँदी धोई जा रही है ।

ऐसे ही आना था—ईद की सुबह को, बिलकुल इसी तरह ।

पिछले साल की ही तरह मुँह-अँधेरे उठकर अम्मी ने बाल-बच्चों को जगाया. सारे घर को झाड़ती-बुहारती रहीं, दोनों तरफ के आँगनों में गोबर की जगह खड़िया मिट्टी का सफेद छिड़काव किया और बाहर के चूल्हे पर गर्म पानी का गंगार चढ़ाकर फातिहा की तैयारी में जुट गईं ।

बिस्तर छोड़े मुझे हालाँकि आधा घंटा हो गया था, लेकिन शरीर में ढेर आलस लादे जहाँ आकर बैठा तो वहीं का होकर रह गया । घर-भर में मची सारी चहल-पहल बुरी तरह खल रही थी । सोच रहा था कि इस धूमधाम के ऊपरी खोल के नीचे जो जख्म है, उसका दर्द क्या अकेले मुझको ही साल रहा है और सब लोगों को क्या उसका एहसास तक नहीं है ? अम्मी फातिहा के लिए दूध की राह देख रही हैं । अभी नहाया शरीर और पानी चुआते गीले बाल लिए रूबीना घर के तमाम कमरों में घूम रही है । दीवारों में सूराख ढूँढ़-ढूँढ़कर अगरबत्तियाँ खोंसी जा रही हैं और घर सारा पाक-पाक महक रहा है । पास-पड़ोस और रिश्तेदारों के बच्चे, नए-नए कपड़ों में सरफर करते, खोरमा के प्याले लिए आते हैं और अम्मी हैं कि उनसे घिरने पर भी सबको मेरी ओर

भेज देती हैं । गुसलखाने से लोटा-गुंड के टकराने, भल्ल-भल्ल पानी फेंकने या नहाने की आहट आ रही है और नाली में खूब साबुन-फेन मिला पानी तेजी से बह रहा है ।

मुझे वैसे चुपचाप बैठे देखकर एक बार अम्मी फिर बड़बड़ाईं कि इसका जाने क्या इरादा है । अभी सोकर उठे हैं, हाथ-मुँह नहीं धुला, हजामत नहीं बनी, जाने कब नहाना होगा और कब ईदगाह के लिए निकलेंगे···

हमेशा अम्मी इसी तरह जल्दी मचाती हैं, लेकिन सारे काम अपनी गति से ही होते हैं, भले उनकी दिलजोई के लिए हाथ-पाँव ज़रा जल्दी चला दिए जाएँ ।

इतने बड़े हंगामे के बीच मैंने एक दूल्हे भाई को ही देखा जो बिलकुल निर्लिप्त भाव से चुपचाप अपनी खाट पर लेटे हुए हैं । न किसी से बोलते हैं, न किसी को सुनते हैं और न ही किसी बात पर ध्यान है । 'आदतन चुप हैं' वाली दलील के सहारे बस पड़े हुए हैं । मेरे ही सामने कई बच्चे सिर-खोरमा के प्याले लेकर गए थे और भरा हुआ चम्मच उनकी ओर बढ़ाया था, पर किसी से उन्होंने एक घूँट भी नहीं पिया, सारे चम्मच यह कहकर लौटा दिए कि उन्होंने मुँह-हाथ नहीं धोया ।

अम्मी तो कई बार उन्हें टोक चुकी थीं । नहाने-धोने और कपड़े बदलने के बाद मैं भी उनके पास गया और धीरे-से बोला, "दूल्हे भाई, चलो, नहा-धो लो ।"

जवाब में धीरे-से गर्दन उठाकर कैसी आँखों से मेरी ओर देखा, यह कहना कठिन होगा, बोले—"नहा लूँगा, जल्दी क्या है ?"

"क्यों, क्या नमाज में नहीं जाओगे ?"

दो क्षण ठहरकर, उन्होंने जबरन हँसने की कोशिश की, लेकिन आखें झलमला आईं, बड़ी कठिनाई से बोले, "हमारे लिए क्या ईद और क्या बकरीद···"

मैंने कहना चाहा कि, जिनके पास पैसे नहीं या जिनके बीवी-बच्चे साथ नहीं होते क्या उनकी ईद ही नहीं होती ? खुशी न सही, इबादत और फर्ज तो अपनी जगह है; पर सचमुच कहते नहीं बना । लगा, यह बात शायद यहाँ ठीक नहीं होगी । मेरे बाद अम्मी ने भी जोर दिया और ईदगाह चलते-चलते जब अब्बा भी बुरी तरह आग्रह कर बैठे तो माफी माँगकर दूल्हे भाई रोने लगे । रूबीना ने बताया कि एक दिन पहले भी दूल्हे भाई धीरे-धीरे आँसू ढाल रहे थे ।

रास्ते-भर मन उखड़ा-उखड़ा रहा । लगा, दूल्हे भाई ने जितना अपराध नहीं किया उससे अधिक भोग रहे हैं । अभी कल उनके पास पैसा हो जाए,

बीवी-बच्चे या रिश्तेदार क्या सभी सिर-आँखों पर नहीं उठा लेंगे ? क्या नहीं ?

ईदगाह से लौटते हुए अधिकांश लोगों के साथ मैं भी कब्रिस्तान में रुक गया । अगरबत्ती की पुड़ी एहतियात से सम्हाले हुए, मैंने बाहर फाटक के पास चप्पलें उतारीं और अहाते के भीतर आया तो अपराध का भार जैसे दूना हो गया हो, ऐसे पाँव ठिठक गए । अहाते-भर में सफेद-उजले कपड़े पहने लोग फैले हुए थे । हर आदमी अपने-अपने घर-परिवारवालों की कब्रों के पास खड़ा फ़ातिहा पढ़ रहा था, जगह-बेजगह अगरबत्तियाँ जल रही थीं और ईदगाह में छूटे हुए लोग मौका निकालकर वहाँ भी आपस में गले मिल रहे थे । कब्रिस्तान का माहौल भी आज के दिन कैसा अजीब-सा होता है ! जिधर देखो, नई-पुरानी या कच्ची-पक्की कब्रों की बेसिलसिलेवार कतार, अधिकांश को अपने में ढाँपी हुई आवारा घास अथवा झाड़ियाँ और उन पर साया करती पीपल तथा बड़ की आपस में गुँथी हुई बूढ़ी शाखें · · ·

मुद्दत हो गई और अब वह सब छूट गया है । तब की भावना और उत्साह आज कहाँ है ? वह हर किसी की मैयत के साथ कब्रिस्तान आ जाना और बड़े उत्साहपूर्वक पेश-पेश होकर काम करना—चाहे कधा देना हो, कब्र के भीतर जनाजा उतारना हो अथवा फावड़ा लेकर ऊपर से मिट्टी ढँकना हो । आज तो अपने-आपको ही अपरिचित पाता हूँ और यह सारा माहौल नया-नया लगता है जैसे पहली बार अहाते के भीतर पाँव रखे हों । सचमुच, इस बीच कितनी नई-नई कब्रें बन गईं, कितना ढेर-सा परिवर्तन हो गया और मुझे पता नहीं !"

लेकिन मैं यह सब क्या बूढ़ों-जैसा सोचने लगा हूँ ? अभी तो कुल मिलाकर छब्बीस बरस ही गुजरे हैं और सारा जीवन मेरे सामने पड़ा है । मन-ही-मन सलाम भेजकर, एहतियात और धीरे-धीरे पाँव रखता हुआ मैं आपा की कब्र के पास जा खड़ा हुआ, अगरबत्तियाँ जलाकर खोंसीं, फ़ातिहा पढ़ी और बहुत धीरे-से भर्राए स्वर में बोला, "आपा, दूल्हे भाई को माफ करना । उनके पास तो लोबान खरीदने के लिए भी पैसे नहीं हैं !"

"फूफी के यहाँ नहीं जाओगे ?"

घर पहुँचने पर सबसे पहला सवाल रूबीना ने यही किया तो मैं जैसे भीतर से डगमगाकर रह गया था । कई क्षण न जवाब देते बना और न ही सीधे उसकी ओर देखते । वह तो अच्छा हुआ कि दिन के इतने प्रकाश में भी उस कोठरी में अँधेरा था । वहीं पास में धीरे-से सरककर मैंने खाट की पाटी टटोली, चुपचाप

लेट गया और आँखें मूँद ली थीं ।

ईदगाह से लौटते में डग बार-बार धीमे क्यों पड़ जाते थे ? लगता था जैसे मैं टाँगों को घसीटता हुआ चल रहा हूँ । त्यौहार के उत्साह की बात तो दूर, दूसरे मामूली दिनों की गति भी जैसे मर गई थी । जानता था कि घर जाने पर क्या होगा । वही कई साल पुरानी तस्वीर—आपा को याद करके बिसूरती हुई अम्मी, थक-टूटकर खाट पर लेटे और चुपचाप निर्निमेष ताकते अब्बा, नए-नए कपड़ों में अपने, बिराने, रिश्तेदारों तथा पड़ोसियों के ढेर बच्चे और रूबीना ···

कलेजा मुँह को आना और कैसा होता है ?

देखता हूँ, सबके लिए ईद है, सिर्फ रूबीना के लिए ही नहीं है । रोज़मर्रा के उपयोग की मामूली धुली साड़ी, कुछ वैसा ही रूखा-फीका ब्लाउज, कलाइयों में काँच की पुरानी-घिसी चूड़ियाँ तथा माँग में पीली अफ्शाँ डाले खड़ी है । होंठ पपड़ा गए हैं, लेकिन मेहँदी रची उँगलियों को माथे से छुआकर आदाब करती है ।

किसी तरह जवाब देकर, बिना उसकी ओर दुबारा देखे अम्मी को आदाब करने बावर्चीखाने तक चला जाता हूँ । कामधाम में चुपचाप लगी हुई अम्मी रो नहीं रहीं, लेकिन चेहरा सूजा हुआ है और आँखें डबडबाई-सी लगती हैं ।

पहले इसी दिन की कितनी राह देखी जाती थी ! ईद के पहलेवाला दिन खुशी के मारे कटता नहीं था और सुबह की प्रतीक्षा में रात देर तक नींद नहीं आती थी । खुशी क्या कोई एक थी ? नए-नए कपड़े पहनने की खुशी, सब लोगों के साथ ईदगाह जाकर नमाज पढ़ने की खुशी और लौटने पर अम्मी, अब्बा व आपा से ईद मिलने की खुशी ···

एक बार मन हुआ कि हाथ फैलाकर कहूँ—लाओ अम्मी, मेरी ईदी कहाँ है ? लेकिन उनके चेहरे को देखकर वैसा कौतुक करने का जी नहीं हुआ और चुपचाप अपनी अँधेरी कोठरी में लौट आया था । तब रूबीना शायद बगल के कमरे में थी, आहट सुनकर लौट आई और सबसे पहले उसने यही सवाल किया । लेकिन नहीं, सवाल वह कहाँ, जैसे एक तरह का आग्रह था कि मैं फूफी के यहाँ जरूर जाऊँ । पिछले साल इन मौकों पर टाल गया था और सुना, फूफी रो रही थीं कि वह गरीब-बेवा हो गई हैं शायद इसीलिए भाई-भतीजे, त्यौहार-वहार तक में दहलीज पर पाँव नहीं धरते ···

"खाओ भैया, क्या सोचते हो ?"

पानी का गिलास लिए आती हुई फूफी को यह कहते सुनकर मैं इस तरह चौंका जैसे चोरी से किसी लड़की की ओर देखता हुआ पकड़ा गया होऊँ ।

"यह बहुत है फूफी," मैंने जल्दी से झुककर प्लेट उठाई और चम्मच से थोड़ा अलग करते हुए कहा—"इतना निकाल लो ।"

लेकिन कहने के तुरंत बाद ही लगा कि सच न कहकर जैसे बहाना किया हो; क्योंकि एक बार आग्रह करने के बाद न तो फूफी वहाँ से उठीं और न ही मैंने जोर दिया—बिना शिकायत किए उनका मन रख लिया और सिर झुकाए हुए सारी बातें सुनता रहा । वे ही बातें जिनके डर से फूफी के यहाँ आना मैं इधर टालता रहा हूँ । भला उन कड़वी बातों को कोई कब तक सुनते जाने का साहस कर सकता है ? और आखिर सुनकर भी क्या होगा सिवाय इसके कि हाँ-हूँ करता हुआ मैं चुप बैठा रहूँ और अंत में भारी मन लेकर उठ जाऊँ ···

"अरे बाबा, चाचा को आदाब नहीं करेगा ?"

यह मसूद की दुल्हन की आवाज थी जो जच्चाखाने के दरवाजे के पास से आई । बाबा बाहर से खेलकर सीधे अपनी अम्मी के कमरे की ओर बढ़ रहा था । एक क्षण के लिए वह ठिठक गया, पलटकर उसने सहमती आँखों से पहले मुझे, फिर अपनी दादी की ओर देखा और ढिठाई से हँसता हुआ भागने लगा कि मुझे याद आया, आज ईद है ! रूबीना ने चलते-चलते मुझे रोककर कहा था कि ईद के दिन भी मैं फूफी के यहाँ खाली हाथ कैसे जा रहा हूँ ? एक छोड़ चार-चार बाल-बच्चे हैं । ईद में रुपया-दो रुपया न सही, कमाते-खाते भी क्या बिलकुल ही ···

मैंने फूफी की नजर बचाते हुए धीरे-से टटोलकर देखा । जाने किन संदूकों में से ढूँढ़-खोजकर निकाली और मुझे दी गई अठन्नी बराबर जेब में पड़ी हुई थी सो ज़रा हिम्मत करते हुए हँसकर मैंने आग्रह और प्यार के साथ बाबा को पुकारा । दो-तीन बार अपनी बात दुहराई; लेकिन वह मेरे पास नहीं आया । थोड़ी देर बाद भीतर से मसूद की दुल्हन के डाँटने, धमकाने और पीठ पर अचानक धौल पड़ने से बाबा के रोने की आवाज आई और जब फूफी का बात करना कठिन हो गया तो अपनी बहू के कमरे की ओर उपेक्षा से देखकर वह बोलीं—"यही होता है । रोज-रोज और हर घड़ी का यह रोना-पीटना सुनते-सुनते जी ऊब गया है । बच्चे हैं, लेकिन सलीका न शऊर । मसूद है कि डाँय-डाँय घूमता है, न काम-धाम की चिंता और न अपने बीवी-बच्चों की परवाह ··· सब मेरी ही जान के लिए हैं; ठीक है, जब तक जीती हूँ, नोच खाओ ···

जब फूफा जिंदा थे, इसी घर में आज के दिन कितना हंगामा मचा रहता था ! सामने के बैठकखाने में रात देर तक कोई-न-कोई प्लेट लिए बैठा होता । मैं खाली जेबें लिए जाता; लेकिन लौटते में खनकने लगतीं । सभी से ईदी मिलती—फूफा, फूफी और मरहूम बड़ी आपा; अलग-अलग सबसे । लगता कि मसूद लाख उनका सगा भाई हो, बड़ी आपा मुझे ही अधिक चाहती हैं ।

आज बड़ी आपा जिंदा होतीं तो क्या होता ? क्या मसूद के लिए उतनी भी चाहत रह जाती ? देखतीं कि इतना बड़ा जवान-जहान लड़का है; लेकिन कौड़ी काम का नहीं । नौकरी-चाकरी छोड़ मटरगश्ती करता फिरता है और बुढ़ापे में फूफी आठ-आठ आँसू रोती हैं ।

डरती आँखों से मैंने फूफी की ओर देखा तो सचमुच जी भर आया—या अल्लाह, फूफी को सचमुच बेवाओं की तरह मैंने कब देखा था ? न गले में गेहूँ-दाने की लड़ियाँ हैं और न नाक में लौंग । बालियों से लदे रहनेवाले कान झुके जरूर हैं; लेकिन उनमें सिर्फ सूराख रह गए हैं । गए, सब गए ! जिस राह से आए थे, उसी राह निकल गए । जैसे-तैसे सिर पर छत रह गई है लेकिन वह भी जाने कितने दिन और रह पाती है । पिछले दिनों रूबीना कह रही थी कि मसूद उसका भी आधा हिस्सा बेचने के लिए फूफी से लड़ रहा है · · ·

अचानक घबराहट-सी लगी, सो मैंने कहा, ''फूफी, मैं चलूँ ?'' फूफी ने ज़रा चौंककर मेरी ओर देखा, फिर बाहर के दरवाजे की ओर देखती हुई बोलीं—''बेबी और सलीम पता नहीं कहाँ निकले हैं, तुमसे मिले थे ?''

लगा, जैसे अपने घर के छोटे दरवाज़े से गुजरते वक्त अचानक मेरे माथे पर खट-से उनका चौखट लगा हो ! तिलमिलाकर मैं अंदर-ही-अंदर रुआँसा हो आया कि यह बात आखिर मेरे ध्यान से कैसे हट गई थी ? नमाज के बाद जब घर पर था तो बेबी और सलीम दोनों आए थे । अपने कमरे में लेटा हुआ मैं साफ सुन रहा था कि मुझे बार-बार पूछ रहे हैं और बेबी रूबीना से ठुनकती हुई हठ कर रही है—'भाभी, चलो हमारी ईदी लाओ ।' लेकिन मैं बाहर नहीं निकला और रूबीना ने बड़ी कठिनाई से हँसकर टाला—'देखो, तुम्हारे भैया अभी सो रहे हैं । वह उठें तो उनसे इकट्ठे ले लेना, आँ ? · · ·'

सहसा मेरी घबराहट और बढ़ गई । फूफी के सवाल का जवाब मैंने जरूर दिया लेकिन आशंकित आँखें बार-बार दरवाजे की ओर उठ जाती थीं । कहीं बेबी या सलीम इसी क्षण आ गए तो क्या होगा ? कुछ देर रुककर दरवाजे पर आँखें ठहराए हुए ही मैंने उठने का उपक्रम किया कि फूफी ने रोक दिया और स्वयं उठकर, मसूद की दुल्हन के कमरे की ओर बढ़ती हुई बोलीं, ''ठहरो, मसूद

ने नए बाबा को नहीं देखोगे ?"

कोई जवाब दूँ, इससे पहले ही मुझे वहाँ छोड़कर फूफी जा चुकी थीं । और कुछ ठीक-ठाक याद नहीं । भीतर के कमरे में नए बच्चे के रोने की आवाज गूँज रही थी, फूफी का लाड़-भरा स्वर आ रहा था । मसूद की दुल्हन कुछ कह रही थी मगर मेरी आँखों के सामने उस दिनवाली रूबीना का चेहरा उभर आया था । कुछ पहले, इसी बच्चे की छठी के दिन फूफी ने रूबीना को कई बार बुला भेजा था । मसूद की दुल्हन ने खबर भेजी थी और अम्मी ने भी बार-बार चले जाने का आग्रह किया था पर रूबीना मेरी बात तक टाल गई–"बताओ, कौन-सा मुँह लेकर फूफी के यहाँ जाऊँ ? बच्चे को देने के लिए और-तो-और, गज-भर कपड़ा भी नहीं है ···"

"चाचा हैं रे, चाचा !"

अचानक फूफी की आवाज दहलीज पर से आई और देखा कि थोड़ी देर पहले जो दुख में डूबी हुई थीं वह फूफी, बीस-बाईस दिनों के बच्चे को गोद में उठाए, उससे लाड़-भरी बातें करती हुई मेरी ओर चली आ रही हैं !

"जाएगा, चाचा के पास जाएगा ?"

मेरे पास पहुँचकर फूफी ने बच्चे को दोनों हाथों से ज़रा ऊपर उठाया और बिलकुल उसके मुँह के पास अपना मुँह ले जाकर प्यार से बोलीं । मुझे लगा जैसे उन्होंने कहा हो–'लो, इसे गोद में लो ।'

मैं हँसता हुआ उठ खड़ा हुआ, दो कदम बढ़कर फूफी के एकदम पास तक चला गया और बच्चे की ओर ज़रा झुककर, दूर से ही प्यार जतलाने लगा ।

"फूफी, यह कितना छोटा-सा है, नहीं ? मुझे तो सच, गोद में लेते हुए डर लगता है ।"

कहकर मैं सीधा खड़ा हो गया और एक नजर उस कमरे की ओर डाली जिसके दरवाजे की ओट-सटी हुई मसूद की दुल्हन खड़ी थी । जो दो बड़े-बड़े बच्चों का बाप बन चुका हो, उसके मुँह से ऐसी बात सुनकर पना नहीं उसने क्या सोचा होगा ? मसूद का बड़ा लड़का बाबा चौखट से टिका हुआ खड़ा था और अपनी कमीज के सामनेवाले पल्ले को उठाकर, उसका एक कोना दाँतों से चबाता हुआ मेरी ओर देख रहा था–बिलकुल ऐसे, जैसे बिना माँ-बाप के बच्चे कभी-कभी कातर भाव से बड़ों की ओर देखते हैं ।

"अच्छा फूफी, चलता हूँ ।"

धीरे-से कहकर मैं लगभग एक मिनट वहाँ रुका रहा, लेकिन फूफी नहीं बोलीं, गोद लिए बच्चे के सिर को एक हाथ से आहिस्ते-आहिस्ते झुलाती हुई

खड़ी थीं और इस बार न तो किसी ने बाबा को आदाब करने का आग्रह किया और न ही मसूद की दुल्हन ने मुझे सलाम भेजा ।

देर तक जमीन पर बैठे रहने के कारण कुरते में जगह-बेजगह सिलवटें आ गई थीं । खींच-तानकर उन्हें ठीक करते हुए मैं चलने की तैयारी करने लगा; पर लज्जा के मारे पाँव ही नहीं उठ रहे थे । लग रहा था जैसे मेरे शरीर पर भरे-पूरे कपड़े नहीं, सिर्फ एक उठंग-सी कमीज पड़ी है । फूफी और मसूद की दुल्हन के सामने अपने को जैसे-तैसे ढँकने के लिए कमीज के पल्ले खींचता हूँ, पर पेट ढँकता है तो पीठ खुल जाती है ···

एक नाव के यात्री

कीर्ति मारे उत्सुकता के फिर खड़ी हो गई । यह पाँचवीं मरतबा था, लेकिन इस बार लगा कि सीटी की आवाज सचमुच दूर से काफी नजदीक होती आ रही है और गाड़ी प्लेटफार्म में प्रवेश करे, इसमें अधिक देर नहीं ···

घबराहट से चेहरे का पसीना पोंछने के लिए उसने रूमाल टटोला । नहीं था । बेंच पर छूटने की भी कोई संभावना नहीं थी । जल्दी-जल्दी में यही होता है, उसने सोचा । वह साड़ी से ही मुँह पोंछना चाहती थी, लेकिन तभी यक-ब-यक सारे प्लेटफार्म में मुसाफिरों तथा सामान-लदे कुलियों की भगदड़ मच गई—

"हलो !" सहसा उसी समय अपने कंधे पर पड़े स्पर्श से कीर्ति चौंकी । चौंकी ही नहीं, धक्-सी रह गई । क्षण के छोटे-से खंड में लगा था कि कहीं रज्जन ही न हो, पर थीं वे मिसेज मित्तल । रॉ-सिल्क की आसमानी साड़ी में अच्छी तरह कसी-कसाई और चुस्त । किसी विदेशी सेंट की बहुत भीनी खुशबू एक क्षण के लिए हवा में ठहर गई थी ।

"अरे !" कीर्ति ने जल्दी से हाथ जोड़े, "कहाँ जा रही हैं ?"

"भोपाल," मिसेज मित्तल ने इतने सहज भाव से कहा जैसे उनका भोपाल जाना रोज-रोज की बात हो, "और तुम !" उनकी आँखें बार-बार कंपार्टमेंट

की ओर बढ़ते अपने कुली की ओर लगी हुई थीं ।

"रज्जन आ रहा है !" मिसेज मित्तल के नए रूपवाले प्रभाव से मुक्त होने के लिए कीर्ति एक साँस में कह गई । वैसे पिछले कई घंटे से यह वाक्य उसे भीतर-भीतर तंग जरूर कर रहा था, लेकिन इस पल मिसेज मित्तल के अतिरिक्त वह और कोई बात नहीं सोच रही थी । बरसों बाद उन्हें इतना सिंगार-पटार किए कीर्ति देखे और खुद उनकी जबानी भोपाल जाने की बात सुने तो फिर अविश्वास की कहाँ गुंजाइश रह जाती है !

"अच्छा !" रज्जन की बात सुनकर एक पाँव से जमी और दूसरे से उखड़ती हुई मिसेज मित्तल ने अपनी आँखों को और फैला लिया, पूछ रही थीं, "इसी गाड़ी से ?"

"हाँ ।"

"लेकिन रज्जन को लैंड किए तो कई दिन हो गए न, जाने कौन कह रहा था कि ···"

"उसे दिल्ली रुकना पड़ गया ।" आगे कुछ अप्रिय न सुनना पड़े, सोचकर कीर्ति ने जल्दी से कह दिया । फिर उन्हें देखती हुई जबरन मुस्कराई । गाड़ी तब बेतरह चिंघाड़ती और धड़धड़ाती हुई प्लेटफार्म में प्रवेश कर रही थी ।

"अच्छा ! लौटकर मिलेंगे ···" कहकर मिसेज मित्तल कब बढ़ गईं, यह कीर्ति ने गाड़ी की हड़बड़ी में नहीं देखा । उसकी घबराहट अब पहले की अपेक्षा कई गुना बढ़ गई थी—पसीना, गले का सूखना और हलक में चुभनेवाले काँटे । उसे अपनी स्थिति उस दिन-जैसी लग रही थी जब अंतिम परीक्षा का परिणाम आनेवाला था और उसे अखबार की प्रतीक्षा थी । उत्सुकता की मारी वह उस दिन भी स्टेशन आ गई थी ।

वह आगे चली जाए ? क्या भीड़ या धक्कापेल की परवाह किए बिना निकल जाए ? एक बार कीर्ति ने सोचा, लेकिन एक सिरे से दूसरे सिरे तक उमड़ते लोगों के सैलाब को देखकर हिम्मत छूट गई । वहाँ भी एक जगह खड़े रहने के बावजूद वह नाहक कई धक्के खा चुकी थी ।

और रज्जन को वह पहचान भी सकेगी ? पिछले कई दिनों की तरह आज फिर आशंका उठी—अथवा क्या उसे दूर से ही देखकर रज्जन पहचान लेगा ? सात साल का अरसा कम नहीं होता—इतने में कल तक की बच्ची जवान हो जाती है, जवान के पाँव ढलवान तक पहुँच जाते हैं और बूढ़े ···

वह कई दिनों के चुने हुए उस स्थान पर खड़ी थी जहाँ से ट्रेन के लोग और बाहर जाने का रास्ता, दोनों ठीक-ठीक दिखाई दे सकें ।

भीड़ रोज-जैसी थी, गये-साल-जैसी या शायद गुजरे हुए उन सातों बरस-जैसी । कोई भी मौसम हो, चाहे जैसा दिन या घड़ी, यात्राओं का क्रम कभी नहीं टूटता । जब भी स्टेशन आओ, भीड़ का एक ही रूप दिखाई देता है—अपने-अपने सामान, मित्र या परिवार से लदे-फँदे लोग, जो जाने कब से चढ़ या उतर रहे हैं । प्लेटफार्म में प्रतीक्षा करते वही आत्मीय और प्रियजन, जिनमें से कुछ तो खिल उठते हैं और अनेक···

"रज्ज sss न !" फर्स्ट क्लास के एक कंपार्टमेंट से किसी स्वस्थ-से युवक को उतरते देख कीर्ति के मुँह से न केवल यह आवाज निकली, बल्कि वह झपटती हुई उधर बढ़ भी गई थी, पर झेंपकर दूसरी ओर देखना पड़ा । ···और भला कुली के पीछे-पीछे कौन जा रहा है ? वह ग्रे-कलर के सूटवाला···ठेले के पास खड़ी स्कर्टवाली लड़की के पीछे···ब्बो···ब्बो ? और फिर हर गुजरनेवाले चेहरे को जल्दी-जल्दी झाँकती आँखों से पकड़ने की कोशिश और पीछा···

क्या आज फिर अकेले लौटना होगा ! अंत में गेट के पास खड़े आखिरी समूह को देखते हुए कीर्ति ने सोचा, फिर पापा की उन्हीं आँखों का सामना, जिनसे कीर्ति को दहशत होती है···फिर माँ का वही बिसूरना जिसे सुनकर उसकी आँखें गीली होती हैं, फिर वही तनाव···

"क्यों ?"

थोड़ी देर बाद जब गाड़ी रेंगने लगी तो बावजूद भीड़-भाड़ के जाने कैसे मिसेज मित्तल ने उसे देख लिया था । खिड़की के बाहर सिर निकालकर वह हाथ के इशारे से पूछ रही थी, "क्यों ?" अर्थात्—रज्जन नहीं आया ?

कीर्ति कई पल निरुत्तर-सी खड़ी मिसेज मित्तल को देखती रही । फिर जब कुछ नहीं सूझा तो हिलते सैकड़ों रूमालों के बीच एक हाथ अपना भी उठाकर वह यों हिलाने लगी जैसे मित्तल को ही छोड़ने स्टेशन आई हो···गुड लक—गुड लक···

और कीर्ति ही नहीं, पिछले कई दिनों से सारा घर इसी तनाव में लटका हुआ जी रहा है । तेरह दिन पहले मंगलवार को रज्जन ने बंबई में लैंड किया था और उस दिन यहाँ घर की बेचैनी सीमा पर पहुँच चुकी थी ।

"बेटी, कितने बजे हैं ?" पापा ने उस दिन कीर्ति के कमरे में तीसरी बार आकर पूछा था ।

"चार ।"

''बस नौ घंटे और हैं,'' पापा ने अपनी ज्योतिहीन आँखों से एक ओर ताकते हुए कहा था, ''छह बजे रज्जन का जहाज किनारे आ लगेगा ।''

''तो कौन तुमसे वह तुरंत आ मिलेगा ?'' यही बात जब उन्होंने फिर आध घंटे के बाद और सातवीं बार दुहराई तो माँ एकाएक झल्ला पड़ी थीं, क्योंकि पापा की बेचैनी उनसे सही नहीं जा रही थी । अपने नगर से सात सौ मील दूर रज्जन बंबई में उतर रहा था । चाहने पर भी उसके लिए इस भौगोलिक दूरी को लाँघकर फौरन आ मिलना संभव नहीं था, लेकिन घर में ऐसी व्याकुलता समाई हुई थी मानो छह बजे की ट्रेन से वह सीधे यहीं पहुँच रहा हो । यों रोज सुबह सबसे पहले पापा ही उठते थे, लेकिन उस दिन उन्होंने अपने साथ-साथ सभी को जल्दी जगा दिया था—पहले माँ, कीर्ति, फिर शोभा और यहाँ तक कि छड़ी टेकते-टेकते जाकर आउट हाउस में रहनेवाले श्यामलाल को भी उन्होंने सोने नहीं दिया था ।

''आज रज्जन पहुँच रहा है ।'' इस वाक्य से वह दिन शुरू हुआ था और सारा दिन घिसे हुए रेकार्ड की तरह घर के कोने-कोने में यह वाक्य बजता रहा था । फिर इस रेकार्ड से छूटने के बाद पति-पत्नी के बीच रज्जन की पुरानी स्मृतियाँ दुहराई गई थीं, उसकी कुछ आदतों, विशेषताओं और गुणों आदि के चर्चे हुए थे और रात कीर्ति को बड़ी देर तक पापा के जागने की आहट मिलती रही थी ।

सात वर्ष पहले जब रज्जन इंजीनियरिंग के एक डिप्लोमा के लिए इंग्लैंड जाने लगा था तो किसी को कल्पना भी न थी कि वह इतने अरसे के लिए वहाँ रह जाएगा । केवल दो-ढाई वर्ष में लौट आने की बात थी । तब ब्याह हुए सिर्फ छह मास गुजरे थे । रत्ना को उसने इसीलिए साथ कर लिया था कि विदेश के अकेलेपन से डर लगता था । फिर अध्ययन के दौरान इधर या उधर का कोई तनाव न रहे और पति-पत्नी दोनों मिलकर वह समय काट आएँ; एक उद्देश्य शायद यह भी था ।

लेकिन ढाई के बदले तीन वर्ष हो गए और रज्जन अभी नहीं लौटा । एक पत्र आया कि उसे कोई टेम्प्रेरी जॉब मिल गया है । सोचा, क्यों न कर लें ? कुछ नहीं तो यात्रा का खर्च ही निकल आएगा और अगर संभव हुआ तो थोड़े-बहुत पैसे भी बच जाएँगे ... फिर यह सूचना आई कि रत्ना को भी वहाँ रेडियो में नौकरी मिल गई है और दोनों मिलकर काफी कमा लेते हैं । रज्जन के शुरू-शुरू के पत्रों से अवश्य लगता था कि उसे कहीं-न-कहीं वापस लौटने की उत्सुकता है, पर बाद में वह इस टर्म में सोचने लगा था कि भारत में अगर वैसी

अच्छी नौकरी न मिली तो ?

और इस बीच कई बड़ी-बड़ी और अप्रत्याशित घटनाएँ हो गई थीं । शोभा के बादवाला भाई जाता रहा था । कीर्ति से बड़ी बहन नलिनी ब्याहकर बनारस चली गई थी, पापा सरकारी नौकरी से रिटायर होकर घर बैठ गए थे, और इनमें सबसे बड़ा हादसा यह हुआ था कि पापा की आँखें अकस्मात् जाती रहीं ।

"मुझसे बड़ा अभागा और कौन होगा," इस खबर के मिलते ही रज्जन ने बेहद दुखे स्वर में लिखा था, "कि इतनी बड़ी बात हो जाए और मैं आपके पास न होऊँ । सचमुच मैं नराधम हूँ या यह मेरे पूर्व-जन्म के पापों का फल है कि इतना सब होने के बाद भी मैं आपसे हजारों मील दूर पड़ा हूँ ... लेकिन पापा, आप चिंता मत करें—मैं आज-कल में यहाँ के आई-स्पेशलिस्ट से कन्सल्ट कर रहा हूँ और मुझे विश्वास है जिस दिन आपको यहाँ ले आऊँगा, सब ठीक हो जाएगा ।"

खत सुनकर पापा रो पड़े थे । कीर्ति से पत्र लेकर कुछ देर वे उस पर यों हाथ फेरते रहे थे मानो उँगलियों में आँखें उतर आई हों, फिर भर्राए कंठ से उन्होंने इतना ही कहा था, "कीर्ति की माँ, ईश्वर की सौगंध ! अब मुझे आँखों का अफसोस नहीं रहा ..."

और उस दिन कई महीनों के बाद समूचे घर के लोग पापा के पास इकट्ठा हुए थे । उन्हें घेरकर कीर्ति, शोभा और माँ सभी बैठ गई थीं और पापा ने आदत के अनुसार नौकरी के दिनोंवाले बरसों पुराने किस्से सुनाए थे—वे किस्से जिन्हें इससे पहले भी कई बार उन्होंने सारे घर को सुनाया था ।

गेट के बाहर ही कीर्ति ठिठक गई ।

तीन-चार दिनों से यही हो रहा था । स्टेशन से लौटने में पैदल तय करनेवाला रास्ता चाहे जल्दी से कट जाए, घर आते-आते अक्सर कदम धीरे पड़ जाते थे । गेट में से गुजरते वक्त लगता जैसे किसी ने पाँवों में पत्थर बाँध दिए हों और ...

बात बिलकुल नई न थी, लेकिन आज से पहले कीर्ति ने अपने को इतना अवश कभी भी महसूस नहीं किया था । उसे लगा कि और दिन भले ही भ्रम होता रहा हो, आज की स्थिति दूसरी है । आधारहीन ही सही, जाने क्यों वह बहुत जोर से महसूस कर रही थी कि रज्जन जरूर आ गया है और भीतर प्रवेश

करते ही वह देखेगी कि वह पापा के पास बैठा हुआ है । बहुत मुमकिन है कि स्टेशन की भीड़-भाड़ में वह मिस कर गई हो, या उसने पहचाना ही न हो और रज्जन निकल आया हो !

मटियाले अँधेरे से घिरी हुई शाम ··· हवा में हल्की-सी खुनकी थी । छिटपुट या इक्का-दुक्का घरों की बत्तियाँ मुहल्ले के सभी अँधेरे और निर्जन कोनों को घूर रही थीं । ऐसे में बेहद मद्धिम रोशनी में डूबा हुआ अपना मकान एक क्षण के लिए कीर्ति को ही भुतहा और रहस्यमय-सा लगा ! ··· यह सारे घर में अँधेरा क्यों कर रखा है ? वह मन-ही-मन झल्लाई, इतने दिनों बाद रज्जन आए और फिर भी उजाला न हो तो और कब होगा ? ··· और आज श्यामलाल बेवक्त कैसे ? वह चौंकी, साइकिल लेकर दूसरे गेट से जल्दी-जल्दी वह कहाँ निकल गया ?

कीर्ति का जी अचानक जोर-जोर से धड़कने लगा । लंबे-लंबे डग से धड़धड़ाती हुई वह अहाते का भीतरवाला मैदान, छोटा बगीचा और दालान पार करती हुई भीतर चली गई । पर कहीं कोई न था । न कोई होलडाल-सूटकेस और न किसी की विदेशी स्लिपोंवाली अटैची ··· वही रोज का मद्धिम रोशनीवाला बड़ा मकान, जिसमें तीन-चार लोग ऐसे खो जाते थे कि पता ही नहीं लगता था ।

"कीर्ति !"

लंबा और संकरा गलियारा पार करके वह दूसरे छोरवाले कमरे की ओर जाना चाहती थी कि चौंक गई । अँधेरे गलियारे में माँ प्रेत की तरह खड़ी थीं ।

"कौन ?" उसी समय पापा के कमरे से अधीर-सी आवाज आई, "क्या कीर्ति आ गई ? कीर्ति ··· "

"हाँ, कीर्ति आ गई !" दो क्षणों की चुप्पी के बाद भी माँ ने घसीटते हुए शब्दों में जवाब दिया । इसी बीच केवल एक बार उन्होंने कीर्ति की ओर देखा था, फिर हट गईं ।

और बस । किसी ने न कुछ कहा और न कुछ सुना । जैसे न अब तक कीर्ति की प्रतीक्षा थी और न उसके साथ बँधी हुई कोई आशा थी ।

पिछले बारह दिनों से इस समय सारा घर कंठ में प्राण लिए बैठा रहता था । पल-पल कीर्ति की बाट देखी जाती थी । पहले दो दिन पापा स्वयं स्टेशन तक चले गए थे । बंबई से आनेवाली कई गाड़ियाँ उन्होंने देखी थीं । वह तो बाद में पता चला था कि रज्जन यहाँ आने के बदले सीधे दिल्ली चला गया था—रत्ना के घर । और कई बार बदले हुए तथा स्वयं निर्धारित किए कार्यक्रम के बावजूद

आज तेरहवें दिन भी रज्जन का पता नहीं ।

अपने कमरे में पहुँचकर बड़ी देर तक कीर्ति को लगता रहा कि आज भी माँ जरूर दबे पाँव आएँगी । शायद और दिनों की तरह पापा के कान बचाकर धीरे-से कहें, "कीर्ति, जा, रज्जन को एक तार कर आ ... इसने तो खेल बना रखा है । अरे, अगर यहाँ न आना था तो न आता । लिख-लिखकर सबको परेशान करने की क्या जरूरत थी !"

पिछले दो तार ऐसे ही हुए थे और गए दिन जो 'ट्रंक' लगाया जा रहा था, उसके पीछे भी यही था ।

पर सचमुच माँ नहीं आईं, खाने की सूचना लेकर भी शोभा पहुँची थी ।

"आज मिसेज मित्तल मिल गई थीं !"

खाने की मेज पर भी जब वही तनाव गिद्ध के डैनों की तरह मँडराता रहा तो कीर्ति ने केवल बात करने के लिए सप्रयास बात शुरू की ।

"कहाँ ?" उदासीन भाव से माँ ने पूछा ।

"स्टेशन पर ।"

"अच्छा !"

"वे भोपाल जा रही थीं ।" कहकर कीर्ति ने तत्काल माँ की ओर देखा । उसका अनुमान ठीक था । मिसेज मित्तल के साथ भोपाल का नाम सुनते ही माँ बेतरह चौंकीं, मुँह की तरफ बढ़ता उनका हाथ सहसा रुक गया, जैसे किसी अचरज-भरी घटना की खबर दी गई हो । साश्चर्य पूछा, "किसने कहा ?"

"वे खुद कह रही थीं ।"

विश्वास करने के प्रयास में माँ कीर्ति को घूरती रहीं । एक क्षण के लिए उनकी आँखों में अजीब-सा भाव तैर आया । जाने वह छोटी-सी खुशी का था या अचानक लगे हल्के-से धक्के का । कीर्ति से आँखें हटाकर, ठिठका हुआ जूठा हाथ लिए दो-एक पल वे एक अँधेरे कोने को घूरती रहीं, फिर "यही होता है" का भाव लिए चुपचाप खाने लगीं ।

उस दिन मिसेज मित्तल का उतना दृढ़ स्वरूप देखा हो, उसके लिए सचमुच यह विश्वास करना कठिन है कि आखिर वह उसी बिंदु पर आ गईं, जिसका बरसों से वे अकेले दम पर विरोध करती रही हैं ।

यों पड़ोसी-जैसी पड़ोसी मिसेज मित्तल नहीं थीं । एक तो घर उनका दूर था और दूसरे स्वभाव से रूखी और घमंडी लगती थीं । शायद इसीलिए, आने के बाद भी काफी अरसे तक सभी से अपरिचय बना रहा । लेकिन जब कीर्ति से परिचय हुआ तो सारी दूरी तो जाती रही, वह रहस्य भी नहीं रह गया जो उनके

बारे में पहले दिन से, मुहल्ले में ही नहीं सारे नगर में बना हुआ था । विवाहिता और पराए शहर की होते हुए भी उन्होंने इस नई जगह में आकर नौकरी कर ली थी । यहाँ उनका न कोई रिश्तेदार था और न कोई परिचित । बहुत सीधे-सादे ढंग से एक कमरा लेकर वे अकेली रहती थीं—अकेली ही नहीं, अलग-अलग और सभी से कटी हुई । शायद इसीलिए लोगों में कानाफूसियाँ थीं कि क्या कोई भी जवान औरत किसी नए शहर में अकेली-जान रह सकती है ? मिसेज मित्तल अगर सचमुच विवाहिता या सुहागन हैं तो कभी उनका पति उनके पास क्यों नहीं आता, अथवा पिछले तीन बरसों में एक बार भी वे अपने पति के पास भोपाल क्यों नहीं गईं ?

''मेरी समझ में नहीं आता कि लोगों को दूसरों की जिंदगी में इतनी दिलचस्पी क्यों होनी चाहिए !'' कीर्ति से पहली या दूसरी भेंट पर ही अत्यंत दुखी होकर मिसेज मित्तल ने कहा था, ''क्या मैं हर किसी से यह बताती फिरूँ कि मैं ब्याहता या सुहागन हूँ ··· कि पति-पत्नी में कितना प्यार था ··· महेश ने अचानक कैसे मेरे साथ धोखा करना शुरू कर दिया और कैसे अलग होकर मैं इसी बात पर आज तक उससे लड़ रही हूँ ?''

और उसी दिन कीर्ति ने पहली बार जाना था कि इस दुख-भरी दुनिया में आज भी ऐसे लोग हैं जो टूट भले ही जाएँ, झुकना या समझौता करना नहीं जानते । अगर प्रेम-विवाह के साल-दो साल बाद ही महेश किसी रूप-जाल में उलझकर नए 'अफेयर' में फँस जाए तो मिसेज मित्तल-जैसी कोई भी स्वाभिमानी औरत और क्या कर सकती ! ···

कीर्ति को लगा जैसे वह अकेली नहीं । चुपचाप कौर उठाती हुई माँ भी आज उसी दिन की बात सोच रही हैं—उस दिन जब शोभा के बर्थडे के बाद मिसेज मित्तल आई थीं । घर में बीते हुए एक छोटे-से उत्सव के अवशेषों के बीच उस दिन माँ को जाने क्या सूझी कि ट्रंकों में एक जमाने से बंद ढेर-से पुराने और कीमती कपड़े वह निकाल लाई थीं । फिर उन्हें मिसेज मित्तल के सामने फैलाकर बैठते हुए पूछा था, ''तुम्हें रफू करना आता है ?''

मिसेज मित्तल ने हँसकर नाही कर दी थी ।

''ये कपड़े मेरी शादी के हैं,'' माँ बोली थीं, ''कुछ शायद उससे भी पहले के । रखे-रखे फटते देख जी दुखता है, तो जानती हो क्या करती हूँ ? रफू करके फिर सहेज देती हूँ । मेरी तो अब पहनने की उम्र नहीं रही, कीर्ति-नलिनी से पहनने को कहती हूँ तो ये लोग हँसती हैं ।''

मिसेज मित्तल एक-एक साड़ी का पल्ला लेकर उन पर किया हुआ

सोने-चाँदी का काम देखने लगी थीं ।

"तुम भोपाल कब जा रही हो ?" और बीच में बिलकुल अचानक, बिना किसी प्रसंग के माँ ने पूछ लिया तो कीर्ति ने स्पष्ट देखा कि मिसेज मित्तल का चेहरा एकदम उतर गया है । अपने को जैसे-तैसे सँभालकर उन्होंने सूखे होंठों से जवाब दिया था, "अभी तो ऐसी बात नहीं ··· क्यों ?"

"क्यों क्या ?" माँ बोली थीं, "दुनिया में यह सब तो चलता ही रहता है तुम अकेली कहाँ तक लड़ोगी ? ··· किसी चीज से अगर सचमुच प्यार हो या वह कीमती हो तो टूट-फूट जाने पर भी उसका मोह नहीं जाता । मुझे देखो ···"

और फिर पुराने कपड़ोंवाले उदाहरण के अतिरिक्त उनकी ढेरों दुनियादारी की बातें, जिनमें से हर एक का इशारा बस एक ही ओर जाता था । यहाँ तक कि अंत में मिसेज मित्तल घबराकर किसी बहाने से कीर्ति के कमरे में उठ आई थीं । एकांत में कीर्ति के सामने उन्होंने आँसू पोंछे थे । क्रोध और अपमान से तमतमाया चेहरा लिए वे बड़ी देर तक चुप रही थीं और जब माँ के ही स्वर में कीर्ति ने तसल्लियाँ देनी चाही थीं तो आवेश में आकर उन्होंने अपने जूड़े में खुँसा फूल निकाल लिया था । कुछ देर वे उसकी पंखुरियों को सहलाती रही थीं, मानो कोई गहरा-सा जवाब देने के पहले अपने शब्दों को तोल रही हों । अंत में उसकी एक पंखुड़ी को नाखून से चीरकर भरे-गले से पूछा, "इसे रफू कर सकती हो ? ···"

और कीर्ति को हाथ खींचते हुए देखकर माँ ने सहसा टोक दिया, "तूने तो कुछ खाया ही नहीं !"

"सोने से पहले बत्ती बुझा देना," जाती हुई कीर्ति को माँ ने रोज की तरह हिदायत दी, "नाहक मुझे परेशान होना पड़ता है ··· और शोभा अगर जिद करे तो अपने पास ही सुला लेना, अच्छा ?"

रज्जन के बारे में कोई बात नहीं, एक भी शब्द नहीं ···

रात कई बार कीर्ति को भ्रम होता रहा कि माँ उसके कमरे में आई हैं । वह कई बार अचकचाकर उठी लेकिन रात के सन्नाटे में पापा के कमरे से खाँसने और बार-बार बेचैन करवटें बदलने के अतिरिक्त और कोई आहट नहीं आ रही थी ।

लेकिन तेरह दिनों से जिस रज्जन के आने की इतनी धूम थी, वह आया तो तब जबकि उसे लेने के लिए घर की दहलीज पर भी कोई नहीं था ।

सुबह के तीन बजे थे और सारा घर सो रहा था । कीर्ति से खबर सुनते ही

पापा हड़बड़ाकर उठ बैठे, अपनी छड़ी के लिए एक पल वे हवा में हाथ चलाते रहे, फिर केना के जवान पत्तों की तरह बाँहें फैलाकर थरथराते हुए खड़े हो गए ।

रज्जन ने आगे बढ़कर उनके पाँव छुए । पीछे-पीछे रत्ना थी ।

'तूने तो बड़ा इंतजार कराया,' अपने चरण छुए जाने के बीच माँ कहना चाहती थीं—'यहाँ तो कई दिनों से यह हाल है कि ···' पर कहा नहीं गया । किसी ने कुछ नहीं कहा । तभी वहाँ शोभा आ गई और बरसों बाद हम-उम्र भाई-बहनों के मिलने का शोर सारे घर में गूँजता हुआ पास-पड़ोस तक जा पहुँचा !

"अरे शोभा ! तू इतनी बड़ी हो गई ?"

"और क्या उतनी ही बनी रहेगी ?" माँ बोलीं ।

"रत्ना, तुम्हें याद है," रज्जन ने कहा, "यह कितनी-सी थी । और कीर्ति को तो देखो, कमबख्त, अच्छी-खासी महिला बन गई है !"

और जो मैंने एम.ए. पास कर लिया है, वो ?" कीर्ति बोली, "लेक्चरर हो गई हूँ, वो ? तुम लोगों के बराबर कमाने लगी हूँ, वो ? इनमें से किसी की बधाई नहीं ? रज्जन, इस बार तो मुझे भी अपने साथ इंग्लैंड ले चल ।"

"अच्छा ! अच्छा ! !" रज्जन ने चिढ़ाया, "कभी आईने में अपनी शक्ल देखी है ?"

और उस धमाचौकड़ी में कीर्ति के अतिरिक्त किसी ने नहीं देखा कि पापा की उठी हुई बाँहें कैसी नीचे गिरीं !

"देखो, मैं तुम सबके लिए क्या-क्या लेकर आया हूँ ।" फिर बीच में ही उठकर रज्जन ने ट्रंक खोला और माँ के मना करने तथा यह कहने के बावजूद कि दिन में देख लेंगे, उसने एक-एक करके सारी चीजें उत्साहपूर्वक फैला दीं—पापा के लिए कार्डिगन, शोभा के लिए नए प्रकार के खिलौने और कीर्ति-नलिनी के लिए स्वेटर तथा स्कार्फ !

रत्ना यह बताती रही कि उन प्रेजेंट्स के एक-एक पीस के लिए उन्होंने लंदन की कितनी-कितनी दुकानें देखी थीं और कितने अंबार में से पसंद किया था ।

पापा ज्योतिविहीन आँखों से अपने ही परिवार को घूरते हुए अपरिचितों की तरह सुन रहे थे ।

अगला दिन कीर्ति के घर ऐसे आया जैसे बरसों पहले कभी आया करता था । सुबह से मिलने-बैठनेवालों का ताँता लग गया—उनमें पापा के मित्र थे,

माँ की परिचित महिलाएँ थीं, कीर्ति-शोभा की सहेलियाँ थीं और सबसे अधिक संख्या थी रज्जन के उन दोस्तों की, जिनके साथ उसने बचपन और स्कूल के दिन गुजारे थे ।

"अब तो तुम्हारा साथ भी फिजूल है !" दोपहर को दिन-रात के संग-संग बैठनेवाले शर्मा जी ने कहा तो पापा एकाएक चौंके, "क्यों ?"

"अरे भाई, अब तुम यहाँ हो ही कितने दिन !" दूसरे मित्र सक्सेना ने कहा, "चंद दिन ही तो न ? रज्जन आ गया है । तुम्हें अपने साथ ले जाए बगैर थोड़े ही मानेगा ।"

"अच्छा वोह ···" पापा साँस छोड़कर धीरे-से राहत-भरी हँसी हँसने लगे, "देखो, क्या होता है ! पीछे तो वह बहुत दिनों से पड़ा है । मैं ही अब तक चुप बैठा रहा । कभी सोचता हूँ कि रज्जन की बात मान लूँ, कभी हिम्मत नहीं होती । इसी चक्कर में मैंने यहाँ किसी डाक्टर को भी नहीं दिखाया ··· सच पूछिए तो शर्मा जी, अपना देश छोड़ने के नाम पर ही जी कचोटता है ।"

"तो कौन आपको हमेशा के लिए ज़ाना है !" शर्मा जी बोले, "आँखें वापस मिल जाएँ, चले आना !"

पापा कुछ सोचने लगे, मानो उसी समय निर्णय कर रहे हों कि उन्हें रज्जन के साथ जाना है अथवा नहीं । निश्चय ही शर्मा जी, सक्सेना या सभी लोगों को लग रहा था कि रज्जन के आने का अर्थ ही उनका जाना है । पत्नी-बच्चे ही नहीं, स्वयं उन्होंने यह बात कई लोगों से कह रखी थी । लेकिन आज जिस वास्तविकता का पता शर्मा जी, सक्सेना या बाहरवालों में से किसी को नहीं था, उसे याद कर उन्हें अजीब-सी व्याकुलता हो रही थी । मन की चिकनी और बेहद बिछलन-भरी दीवार पर जो साँप की तरह चढ़ और गिर रहा था, वह भय था कि रज्जन कहीं अपने पत्र की बात भूल तो नहीं गया ! आने के बाद से आँखों के बारे में औपचारिक-सी पूछताछ के अलावा और कोई बात नहीं हुई थी । ऊँह, होगी ··· लड़का है । बरसों बाद आया है, पहले उसे दम मारने की फ़ुरसत तो मिले !

रात को जब माँ ने उनसे खाने के लिए कहा, "सैर-सपाटे को गए हैं । जाने कब तक आते हैं !"

"आखिर आएँगे तो, "पापा बोले, "कीर्ति-शोभा को भूख लगी हो तो खिला दो ।"

पर जाने क्यों, भूख किसी को नहीं थी । पिछली रात की तरह सभी उस रात भी ग्यारह बजे तक रज्जन-रत्ना की प्रतीक्षा करते रहे । इस कोशिश में शोभा

भूखी ही सो गई और तब भी उठाए नहीं उठी, जबकि वे लोग लौट आए ।

पार्टियाँ और पिक्चरें ...

पहली दोपहर को छोड़कर तीन दिनों में न कोई रात खाली गई और न कोई दिन । पार्टियों और पिक्चरों का सिलसिला मुतवातिर चला और रज्जन को लगता रहा कि कुछ देर से घर आकर उसने सचमुच गलती की है । नगर में दोस्त या मिलने-जुलनेवाले क्या एक-दो थे कि उन्हें आसानी से निबटा दिया जाता ! यहाँ तो जिसके साथ कोताही करो उसे ही शिकायत हो रही थी ।

''रज्जन जाने की कह रहा था !'' उस रात कीर्ति ने पापा के कमरे में माँ को कहते सुना ।

''किसके जाने की ?'' पापा ने चौंककर पूछा, ''मेरे ?''

''नहीं,'' दूसरी ओर देखकर माँ धीरे-से बोलीं, ''उसके अपने ही जाने की बात थी । कह रहा था, उसे जल्दी लौटना है और दिल्ली में भी एक-दो दिन का काम है ।''

बड़ी देर तक पापा ने कुछ नहीं कहा ।

''ये लोग नलिनी के पास बनारस जा रहे थे न ?''

''अब नहीं जा रहे ।''

''क्यों ?''

''वक्त नहीं है,'' माँ बोलीं, ''मामा के पास जयपुर जानेवाला प्रोग्राम भी सुना रद्द कर दिया है । रत्ना कह रही थी कि उनके प्रेजेंट्स भिजवा दें । देखते हो, इतने वर्षों बाद आया और बहन से मिले बिना चला जाना चाहता है । सोचो, नलिनी क्या कहेगी !''

कुछ देर पापा चुप रहे ।

''रज्जन और कुछ कह रहा था ?''

''कब ?'' कहकर माँ ने पापा की ओर देखा तो, लेकिन दूसरे ही क्षण सँभल भी गईं । अपने ही प्रश्न को समेटती हुई बोलीं, ''अरे,उसे मेरे पास बैठने या बात करने की फुरसत कहाँ है । कल यह जरूर पूछ रहा था कि पापा को कोट पसंद आया !''

और तब चारपाई बजने की आवाज से कीर्ति ने अनुमान लगाया कि पापा ने फिर वही बेचैन करवट बदली है !

स्टेशन से बाहर आकर कीर्ति ने मुक्ति की साँस ली । उसे लग रहा था जैसे एक लंबे समय के बाद किसी भयंकर तनाव से छुटकारा मिला हो । अजीब बात है

कि रज्जन और रत्ना को गाड़ी में बैठते देख उसे ज़रा भी कचोट महसूस नहीं हुई थी । उसे कुछ वैसे हल्केपन का एहसास हो रहा था जैसे किसी छोटी हैसियत के आदमी को बड़े मेहमानों के विदा करने पर होता है !

चलने से पहले रज्जन और रत्ना दोनों ने अलगाव और बिछोह के औपचारिक शब्द कहे थे, लेकिन कीर्ति से कुछ भी नहीं बना था । उसने लाख चाहा था कि रज्जन की बात रख ले । कई बार रत्ना के सामने उसने भूमिका भी बाँधी थी, लेकिन लगा था जैसे भीतर कहीं से विद्रोह हो रहा है, और वह उसके सामने घुटने टेककर अवश हो गई है ।

''कीर्ति, तू मेरी एक बात मानेगी ?'' प्लेटफार्म पर रज्जन ने किसी बहाने उसे रत्ना से अलग से जाकर कहा था ।

''क्या ?''

''सच बात तो यह है कि यह मैं तुझी से कह सकता हूँ, इसलिए कि तू बहन भी है और समझदार भी ··· ये मदर-फादर को क्या हो गया है ? हम लोग इतने-इतने बरसों बाद आए, लेकिन लगा जैसे किसी को खुशी ही नहीं हुई । सारा वक्त पापा उखड़ी-उखड़ी बातें करते रहे और माँ का मुँह सूजा रहा । मैं तो खैर घर का हूँ, शिकायत करके भी कहाँ जाऊँगा । रत्ना के दिल को इससे बड़ा धक्का लगा है । कह रही थी कि इतनी भावना से लाए हुए प्रेजेंट्स किसी ने एप्रिशियेट तक नहीं किए । पापा ने तो कोट को छूकर भी नहीं देखा । तू अगर उसे बातों में यह विश्वास दिला दे कि उन प्रेजेंट्स से घर-भर के लोगों को कितनी खुशी हुई है तो ···''

उसे क्या हो गया था ! कीर्ति ने सोचा—रज्जन का इतना-सा आग्रह रखते उससे क्यों नहीं बना ? झूठ ही सही, क्या वह रत्ना से नहीं कह सकती थी कि ···

''और भला क्या तुमसे कह गई थीं ?'' अचानक उसके कंधे पर हाथ रखकर रमा सेन पूछ रही थीं । कीर्ति सहम गई । उसे खीझ-सी हुई कि जो रमा सेन स्टेशन पर से उसके साथ-साथ टैक्सी में चली आ रही थीं, उनकी उपस्थिति वह इतनी देर से कैसे भुला बैठी थी ! और क्या-क्या कह गई थीं ? कौन ··· हाँ, मिसेज मित्तल ··· स्टेशन पर मिलने के बाद से वे लोग उन्हीं के बारे में बातें करती आ रही थीं । चाहे-अनचाहे, जगह-बेजगह मिसेज मित्तल का ही प्रसंग ।

''मुझसे तो कहा था कि दो-चार रोज में आ जाएँगी ।''

''उन्होंने सभी से यही कहा था,'' रमा सेन बोलीं, ''मुझसे भी ! लेकिन मैं

तब भी जानती थी कि वे लौटकर नहीं आएँगी और इसी तरह एक दिन उनका इस्तीफा आ जाएगा । असल में, कीर्ति, जहाँ तक मैं जानती हूँ अपने किसी प्रियजन से प्रेम करना जितना आसान है, चोट लगने के बाद भी उससे घृणा करके रह सकना उतना ही मुश्किल । जिस दिन मैंने मिसेज मित्तल-जैसी पढ़ी-लिखी महिला को चूड़ियोंवाले एक छोटे-से अपशकुन से घबराते देखा था उसी दिन मैं समझ गई थी कि उनके सारे बंद टूट गए हैं ।"

घर के लिए और कितना रास्ता बाकी है ? ऊबी हुई कीर्ति ने खिड़की के बाहर सिर निकालकर देखा । उसे कम-से-कम उस समय मिसेज मित्तलवाली चर्चा में ज़रा भी रुचि नहीं रह गई थी और रमा सेन की बातें बेतरह थका रही थीं ।

फिर वही अपने ही घर में प्रवेश करने का भय · · ·

गेट में से गुजरते हुए आज कीर्ति के पाँव ठिठके नहीं, लेकिन कहीं अचेतन मन में बैठे हुए भय ने अपना सिर उठा लिया था । वही मटियाले अँधेरे से घिरी हुई शाम, छिटपुट या इक्का-दुक्का घरों की बत्तियाँ, मुहल्ले के सूने तथा निर्जन कोने · · · और बेहद मद्धिम रोशनी में डूबा हुआ मकान · · ·

बरामदे में चोरों की तरह प्रवेश करते हुए कीर्ति को याद आया कि आज घर में शोभा भी नहीं है । रज्जन-रत्ना से मिलने आई मासी के साथ ही वह चली गई थी । घर और उजाड़ हो गया ! वह जानती थी कि घर की क्या तस्वीर होगी । जो पापा रज्जन को छोड़ने के लिए दहलीज तक भी नहीं आए थे, उनसे चारपाई छोड़ उठने की उम्मीद करना फिजूल की बात थी · · · और माँ ? किसी अँधेरे कोने में चटाई डाले पड़ी होंगी ।

कीर्ति थक गई थी ! अच्छा हुआ कि आज शोभा भी नहीं थी । वह चाहती थी कि माँ या पापा किसी का भी सामना किए बगैर सीधे अपने कमरे में भागे और बिस्तर पर टूट पड़े । उसने अँधेरा गलियारा पार भी कर लिया था, लेकिन पापा के कमरे से फूटनेवाली रोशनी ने उसे सहसा चौंका दिया ।

गुजरते-गुजरते भी वह पापा के कमरे के पास ठहर गई ।

"कौन ?" उसी समय भीतर से पापा की आवाज आई । कीर्ति भयभीत चोर की तरह दीवार से सटकर खड़ी हो गई ।

"कोई नहीं है," एक क्षण बाद इधर की आहट लेकर माँ ने आश्वस्त होते हुए कहा ।

"अच्छा, मुझे लगा जैसे कीर्ति आ गई ।"

सुनकर कीर्ति से बिलकुल रहा नहीं गया । कोई पाप होता है तो हुआ करे ।

सोचकर चलते-चलते ही सही, उसने कमरे में झाँककर देखा तो कई क्षण तक आश्चर्यचकित-सी देखती रह गई—पापा ने वही कोट पहन रखा था, जिसे रज्जन के रहते उन्होंने छुआ भी नहीं था ! सामने कार्डिगन पहने माँ खड़ी थीं, और उन्हें कंधों से पकड़े, कार्डिगन के एक-एक हिस्से को उँगलियों से टटोलते हुए पापा पूछ रहे थे, "इसका रंग कैसा है, नीला ?"

पत्थरों का तालाब

वह तीसरी दफा घड़ी देख रहा था । मैंने इस बार फिर अनदेखा कर दिया । यों आँख की कोर से मैं रहीम को बराबर मार्क कर रहा था, लेकिन ऊपर से अनजान बनते हुए यूँ सामने ताकने लगा, जैसे आनेवाले ताँगे पर गौर कर रहा होऊँ । सच्चाई यह थी कि न तो मैं रहीम को देख रहा था, और न उस मनहूस ताँगे को । मेरे लिए एक-एक लम्हा भारी हो गया था । शायद मुझसे भी अधिक उसके लिए । मैं खूब समझ रहा था कि वह किसी भी क्षण उखड़ सकता है ।

मानसून के अव्वल-अव्वल दिनों की रात और शहर का सबसे घना इलाका । हम दोनों पत्थरों का तालाबवाली गली के एक नुक्कड़ पर छिपकर जासूसी कर रहे थे ।

"व्यास जी," जब ताँगा गली में खड़खड़ाता हुआ निकल गया, तो उसने जमुहाई लेते हुए कहा, "मेरा तो ख्याल है खाँ, कि अब रास्ता देखना फिजूल है ।"

"मतलब ?"

"मतलब यह कि अब कोई नहीं आएगा, वापस चलें ।"

एक क्षण को मुझे उसकी बात का विश्वास नहीं हुआ ।

"तुम समझते हो कि मैं झूठ बोल रहा हूँ ।" अपने रोष को दबाकर मैंने आहत स्वर में कहा । दरअसल, मुझे बेहद गुस्सा आ रहा था । अजीब कमजर्फ और बेभरोसे का आदमी है । एक तो दसियों टेलीफोन और बीसियों खुशामद के बाद कहीं आया है और आते ही नखरे दिखाने लगा । साला बड़ी दोस्ती का दम

भरता था । रहा न आखिर ···

"अरे खाँ, तुम भी हद करते हो ।" मनान के अंदाज में वह मेरी चापलूसी करने लगा, "मैंने कब यह कहा कि तुम झूठ बोल रहे हो । मुमकिन है, उस माँ के ··· का आज कोई ग्राहक ही न फँसा हो । मुमकिन है ···"

उसकी दलीलों के पीछे क्या है, यह मैं अच्छी तरह समझ रहा था । सहसा मुझे अपनी सामाजिक स्थिति का भान भी हो आया था । रहीम का वह काम भी, जो इधर मुझसे कराना चाहता है, लेकिन वहाँ मान दिखाने का कतई मौका न था । अपनी ऊपरी कसावट को थोड़ा-सा ढीला करते हुए मैंने कहा, "तुम्हें कहीं जल्दी तो नहीं है ?"

"बारह बजे से मेरी एक ड्यूटी है," वह धीरे-से हँसकर बोला, "और तुमसे क्या छिपाना, ड्यूटी का मतलब है धंधा—अरे खाँ, एक काम करें । इसे कल पर न छोड़ दें ? साले को कल देख लेते हैं । फिर प्यारे, एक दिन में ही क्या फर्क पड़ता है ।"

फर्क ! अपने उस नादान व बेईमान दोस्त और बेवकूफ पुलिसवाले को मैं किस तरह समझाता कि ऐसे मामलों में एक दिन की क्या अहमियत होती है । वैसे भी एक दिन में चौबीस घंटे होते हैं और चौबीस घंटों में ··· । चोर का भाई गिरहकट । कितनी बेशर्मी के साथ कहता है कि ड्यूटी का मतलब धंधा है । जाएगा साला, किसी सट्टेबाज, जुआरी या अफीम चोर के यहाँ । पिछला इंस्पेक्टर तिवारी भी अपने काम में इसी तरह मुस्तैद था । वह भी इसी तरह बेबाकी से बोला करता था, लेकिन उसके कार्यकाल में चोरियों की संख्या तिगुनी हो गई थी । अफवाह थी कि तिवारी खुद चोरी कराता है । फिर शहर में उसकी तिमंजिला बिल्डिंग, लेम्ब्रेटा और ठाटबाट देखकर लोगों और अखबारवालों ने हल्ला मचाना शुरू कर दिया था, सो उसका शहर के एक हलके से दूसरे हलके में ट्रांसफर हो गया । बाद में दबी जबान से सुना गया था कि वह किसी मिनिस्टर का आदमी है । होगा, यह साला भी किसी-न-किसी का आदमी जरूर होगा । न सही मिनिस्टर, किसी छोटे-मोटे सेक्रेटरी की शह के बिना किसी की आवाज में इतना बल आ सकता है ?

आवेश और पुंस्त्वहीन क्रोध के मारे दोनों होंठ आपस में चिपकने-खुलने लगे और मुँह से चप-चप की आवाज निकली । दोस्त लोग जानते हैं कि ऐसे मौकों पर मेरे साथ यही होता है । एक अजीब-सी बेचैनी के तहत मैंने कई दफा पाँव बदले, खादी भंडारवाले कुरते की जेबों में कसकर दोनों हाथ ठूँस लिए और कुछ देर तक नाहक और बेकार खाँसता रहा ।

"थोड़ा और रुक जाओ, भाई," आखिर मैंने गला साफ कर कहा "पाँच-सात मिनट और देख लेते हैं ।"

क्या सचमुच आज मायूस ही लौटना पड़ेगा ? मैंने उस उखड़ी हुई दीवारोंवाले मकान की ओर देखते हुए सोचा, जिसने मुझे इधर कई दिनों से परेशान कर रखा था । वह समूची इमारत गली के सन्नाटे और नीम अँधेरे में डूबी हुई थी । जिस घर पर हम दोनों की आँखें अटकी हुई थीं, वह बंद ही नहीं था, अपने नीले वार्निसवाले दरवाजे के बावजूद यों उजाड़ लग रहा था, जैसे बरसों से वीरान पड़ा हो । यों ऊपर से देखकर कौन कह सकता था कि शराफत का परदा ताने उस घर में एक गंदी मछली रहती है—एक ऐसा कूड़ा, जिसकी सड़ाँध का पता समय रहते सिर्फ मुझे हो गया और ...

"अरे खाँ, प्लीज़, प्लीज़ ..." इस बार खुशामदाना प्यार से रहीम ने मेरी ठुड्डी पकड़ ली और धीरे-से हँसकर बोला, "प्यारे, अब इस गुस्से को तो यहीं रख छोड़ो । कल इसी वक्त आकर अपन उठा लेंगे ।"

पता नहीं यह बात व्यंग्य से कही गई थी अथवा विनोद से । क्षणकाल को जी चाहा था कि एक बार उसके चेहरे की ओर आँख उठाकर देखूँ, लेकिन अपने ही भीतर के डर ने सहसा जकड़ लिया था । लगा, अगर एक दफा भी मैंने होंठ खोले तो स्वर में अनचाहे ही वह बू आ जाएगी, जो एक अच्छे-खासे रसूखवाले स्थानीय नेता और सभ्रांत शहरी में होती है, और मौके की नजाकत को देखते हुए वह घातक होता ।

मुँह पोंछने के बहाने मैंने जेब से रूमाल निकालकर अपनी दोनों हथेलियों पर फैला लिया और दूसरे ही क्षण मेरा सारा कसा हुआ चेहरा रूमाल के खोल में डूबा हुआ था ।

यही होता है ।

अक्सर यही होता है कि आपकी आँखें फर्लांग-दो-फर्लांग की चीजें तो पकड़ लाती हैं, लेकिन ऐन नाक के नीचे क्या लगा है, यह तब तक नजर नहीं आता, जब तक कि कोई आईना लेकर ही आपके सामने न खड़ा हो जाए । मेरे साथ भी यही हुआ था । सचमुच उस दिन परविंदर जैसे आईना लेकर खड़ा हो गया था और मैं भौचक रह गया था । शाम-शाम का वक्त । मैं अपने वार्ड का चक्कर लगाकर लौट रहा था । यह म्युनिसिपैल्टी की वार्ड-मेम्बरी भी अजीब होती है । सार्वजनिक पार्क से लेकर प्राइवेट घरों के फ्लश तक का मुआइना भंगीगीरी नहीं तो और क्या है ? रोज कोई-न-कोई शिकायत । कभी अमुक ने

अमुक के घर के सामने गंदी नाली निकाल ली है, तो किसी ने किसी के आँगन की ओर खिड़की खोल ली है । कोई मकान बनवाना चाहता है, तो किसी को अपने घर के सामने शामियाना लगाने की इजाजत चाहिए । फिर आजकल राशन-कार्ड बनवानेवालों के हमले । ···

वह अपनी गली के सामने ही टकरा गया था ।

"यार, हद हो गई," उसने मुझे कार से बाहर खींचकर हाथ मिलाते हुए उलाहना दिया था, "तू तो साले, ईद का चाँद हो गया । ऐसी बेरुखी अख्तियार कर रखी है, जैसे हमसे वास्ता ही न रहा हो । एक हमीं हैं, जो साले कुत्ते की तरह दौड़े चले आते हैं ··· "

वह तो खैर हुई, जो मैंने उसका मुँह बंद कर दिया था, वरना वह रास्ते-वास्ते का ख्याल किए बिना बके चला जाता । फिर भी शिकायतें तो अपनी जगह थी हीं ।

··· क्यों बे, मिलना क्यों छोड़ रखा है ? छोड़ा तो नहीं, बस यार, इधर वक्त ही नहीं निकला । वक्त ? वाह रे मेरे अफलातून, अब तो तू बड़े नेताओं-जैसी बातें करने लगा । नहीं यार, नहीं । नहीं कैसे, हमारी बिल्ली हमीं से म्याऊँ ? बेटे, यह तो बता पहले कैसे वक्त निकल आता था ··· एक जमाना वह था, जब परविंदर के बिना एक दिन चैन नहीं मिलता था, और एक अब है कि महीनों सूरत नहीं दिखती ··· दफ्तर जाओ तो घर गए हैं, घर जाओ तो वार्ड के चक्कर में हैं, वार्ड की ओर निकलो तो ··· यार, तुझे क्या हो गया है ? ···

मैं परविंदर को क्या बताता कि मुझे क्या हो गया है । दरअसल, सच्ची बात यह कि उसे देखते ही मेरी रूह फना हो गई थी । यह भी सच है कि मैं इधर उससे हफ्तों से कतरा रहा था । सचमुच मुँह छिपाये-छिपाये फिरता था । हर क्षण इस बात को लेकर आशंकित कि कंबख्त कहीं मिल न जाए । जिस आदमी के साथ आपने बरसों पी हो, जिसके साथ मिल-जुलकर आपने सैकड़ों दफा ऐयाशियाँ की हों, उसे एक दिन सहसा यह विश्वास दिला पाना कितना कठिन होता है कि आपने तौबा कर ली है ।

एक दफा होंठों तक आ गई सच्ची बात को भीतर धकेलकर मैं चुपचाप पी गया था । क्या जरूरी है कि उससे सच्ची बात ही कही जाए और आखिर क्यों ?

"आओ, घर चलते हैं ।" मैंने प्रसंग बदलने, बहलाने अथवा फुसलाने के लिए उसके गले में हाथ डालकर कहा था ।

"नहीं," परविंदर ने एक रूखे झटके के साथ मेरा हाथ अपने गले से उतार दिया था, "मैं घर पर सड़ने नहीं आया हूँ । साफ-साफ बता कि तू अभी कहाँ

मिल रहा है या मिल भी रहा है या नहीं ···?"

मैं फिर शशोपंज में पड़ गया था, लेकिन ऊपर से धीरे-धीरे मुस्करा रहा था ।

"खुदाबख्श तुझे रोज पूछता है," उसने राज बताने-जैसे अंदाज में धीरे-से कहा था, "कल भी आया था, और आज भी कह गया है कि ··· "

आगे उसने बात तो रोक दी थी, लेकिन आँख मारकर सब समझा भी दिया था । खुदाबख्श यानी शहर का एक पुराना ताँगेवाला । मेरे और परविंदर के अलावा कोई नहीं जानता था कि खुदाबख्श कितने काम का आदमी है । खासकर इस-जैसे शहर में, जहाँ मनचलों के लिए पहले की तरह कोई निश्चित ठिकाना या 'बाजार' नहीं रह गया है । खुदाबख्श -जैसे आदमी ही जान सकते हैं कि ऐसे लोग शहर की किन अनजान और अँधेरी गलियों में छिपे हुए हैं ।

··· फिर बोल । क्या बोलूँ ? कितनी देर में मिल रहा है ? यार, क्या कहूँ ? क्यों, कह क्यों नहीं सकता । क्या जबान में ताला पड़ गया ··· अच्छा, आ गए न बेटा आखिर, पेटीकोट सरकार के झंडे तले । कभी तो बड़ा रोब गाँठा करते थे । नहीं यार, वो बात नहीं । वो बात नहीं, तो फिर कौन-सी बात है ··· अरे, हमसे उड़ना मत बेटा, परविंदर चाहे जहाँ रहे, शहर के पत्ते-पत्ते की खबर रखता है ···

कहकर परविंदर हँस रहा था—एक निहायत बेशर्म और कमीनी हँसी । वह हँसी तब और कमीनी लगने लगी थी, जब वह आईना लेकर एकाएक मेरे सामने खड़ा हो गया और मेरा पूरा बदन जैसे पथराकर रह गया था ।

"साफ क्यों नहीं कहता," उसकी आवाज में बेहद तल्खी थी, "प्यासे को अब तकलीफ करने की जरूरत नहीं रही । तालाब खुद उठकर पास आ गया है ।"

"यानी ?"

"यानी तेरा सिर," उसने चीखकर गुस्से में कहा था, "बेटा, अब ज्यादा बनने की कोशिश मत कर, वरना ··· "

कहकर उसने एकाएक मेरी बाँह पकड़ ली थी । और मुझे एक पल भी सोचने का मौका दिए बिना, वह मुझे खींचता हुआ पत्थरों का तालाबवाली गली में ले चला था । फिर एक उखड़े पलस्तरवाली दीवारों तथा नीले दरवाजेवाले बंद मकान की ओर उँगली उठाकर उसने पूछा था, "और यहाँ कौन रहता है, तेरी अम्मा ?"

"कौन रहता है ?"

परविंदर के चले जाने के बाद भी वह सवाल निरंतर मेरे दिमाग में बजता रहा था । मानो वह सवाल न हो, कोई कील हो, जिसे मेरे दिमाग में कहीं बहुत गहरे ठोंककर परविंदर चला गया था । मेरी हालत उस कुत्ते की तरह हो गई थी, जिसकी दुम उठाकर शरारत-ही-शरारत में पेट्रोल डाल दिया गया हो । मेरी तकलीफ के एक नहीं, अनेक स्तर थे । परविंदर मुझे बेईमान और स्वार्थी ही नहीं, ओछा, मौका-परस्त और कमीना साबित करके चला गया था ।

"व्यास, मैंने कभी नहीं सोचा था कि तू इतना खुदगर्ज और कमीना होगा," उसने चलते-चलते संबंध तोड़ने के स्वर में कहा, "तूने डिफेन्स-फंड के सैकड़ों रुपए अकेले हजम कर लिए, मैंने कुछ नहीं कहा । पी. डब्ल्यू. सब-कमेटी के चेयरमैन होने के तुफैल में तूने हजारों रुपए उड़ा लिए, मैं चुप रहा । संप्रदाय और जातिवाद के सहारे तूने दो-एक मामलों में मुझे ही धकिया दिया, मैंने उफ नहीं किया, लेकिन यह भी कोई बात हुई कि ··· लाहौल विला कूवत, वो नीले दरवाजेवाली तेरी बीवी थी या बहन ?"

तब तक मैं सबकुछ समझ चुका था । हैरानी या अचरज का भाव भी मैंने अपने चेहरे से उतार फेंका था । उस ठेठ पंजाबी लंपट से ज्यादा देर तक दोस्ती का अभिनय बेकार था । छलनी हँसे सूप पर, जिसके खुद बहत्तर छेद ! बेटा भूल ही गए थे कि किससे अकड़ रहे हैं । अरे, दूसरों के सामने भरना शैक्षणिक संस्थाएँ चलाने का स्वाँग । जन-सेवा के नाम पर साले, लूट लोगों को । जवान-से-जवान मास्टरनियाँ रखकर मना रंगरेलियाँ और किया कर अपने नजदीक-से-नजदीक दोस्त को बदनाम; लेकिन साले, कम-से-कम यह तो सोचकर बोला कर कि किससे टकरा रहा है ···

परविंदर के लौटने के बाद अधिक देर मुझसे घर पर भी नहीं ठहरा गया था । बातों-ही-बातों में मैंने अपनी पत्नी मिसेज व्यास को टटोला था । पास-पड़ोस को खँगालने की भी कोशिश की थी, लेकिन सब बेकार । सभी शायद अनजान थे । सभी बेचारे अँधेरे में रह रहे थे और मुहल्ले की जिंदगी यूँ नार्मल थी, जैसे कहीं कुछ न हो रहा हो । अकेला मैं ही जासूस कुत्ते की तरह यहाँ-वहाँ सूँघता फिरा था उस वक्त तक, जब तक कि मैंने अपनी आँखों से नहीं देख लिया और मुझे यह यकीन नहीं हो गया कि परविंदर ने सच कहा था ।

"तुम तो कह रही थीं कि वह औरत बड़ी नेक लगती है ।"

उस रात काफी देर गए लौटा, तो मैं दाँत पीस रहा था । मैंने सबसे पहले पत्नी को आड़े हाथों लिया था । मिसेज व्यास महिला कल्याण सभा की मीटिंग

से थकी-माँदी लौटी थीं और सो रही थीं, लेकिन मैंने बिलकुल परवाह नहीं की । काफी देर तक आँखें मलने के बाद जब मिसेज व्यास की समझ में कुछ आया, तो उन्होंने झुँझलाकर पूछा, ''कौन-सी औरत ?''

''वही, जो पत्थरों का तालाबवाली गली में रहती है और ...''

''नीले दरवाजेवाली ?''

''हाँ ।''

''मैं क्या जानूँ,'' पत्नी ने करवट बदलते हुए बेदिली से कहा था, ''आप भला तो जग भला । फिर मैं आपकी तरह मुहल्ले की पहरेदारी करने से रही । सूरत-शकल से शरीफ लगती थी, पति और बाल-बच्चोंवाली है । भला ...''

''वह पति नहीं है ।''

''कौन ?''

''वही जो उस औरत के साथ रहता है ।''

''पति नहीं तो और कौन है ?''

''कोई भी हो, पर उसका पति नहीं हो सकता,'' मैंने ज़ोर देकर कहा, ''यह मुमकिन ही नहीं कि इतनी खूबसूरत औरत का इतना फटीचर पति हो ।''

''क्यों, मुमकिन क्यों नहीं ?'' मेरी ओर व्यंग्य-भरी दृष्टि से देखकर पत्नी हँस पड़ी थी । आम औरतों की तरह मिसेज व्यास भी अपने को सुंदर समझती हैं, लिहाजा एक क्षण को भी हतप्रभ हुए बिना, उसके रद्दे को बिलकुल बेअसर करते हुए मैंने कहा था, ''मजाक छोड़ो, दोनों को मिलाकर तो सोचो । उस कबरबिज्जू-जैसे आदमी के क्या कहीं वैसा प्यारा बच्चा हो सकता है ?''

स्पष्ट ही हम दोनों की आँखों के सामने उस दिन की घटना तैर गई थी । दो-एक माह पहले की बात होगी । तब वे लोग बिलकुल नए-नए आए थे और मुहल्ले में उनके आने का किसी को पता भी नहीं था । अगर यह कहा जाए कि उस घटना से ही उन्होंने अपने आने का परिचय दिया था, तो ज्यादा सही होगा । घटना के मूल में पता नहीं क्या था । दिन का वह वक्त था जबकि बच्चे अधिकांशतः बाहर खेलते हैं । लोगों ने इतना ही देखा था कि एक चार-पाँच बरस की बच्ची सड़क पर खेल रही है । फिर देखा था कि वह कबरबिज्जू घर से तेजी से निकल आया था और बच्ची को एकाएक पकड़कर, बिना कुछ कहे चप्पलों से मारने लगा था ।

''हाय-हाय ! देखो तो, यह आदमी है कि जानवर,'' मेरी रहमदिल पत्नी तड़पकर चिल्ला पड़ी थी, ''कमीना ज़रा-सी बच्ची को बैलों की तरह पीटे जा रहा है ...''

असल में वैसा दृश्य मैंने भी अपने जीवन में कभी नहीं देखा था। मैं सोच भी नहीं सकता था कि इतनी फूल-सी बच्ची बैलों की तरह यूँ खामोश पिट जाए और उसके मुँह से आवाज तक न निकले। जब वह मारते-मारते थक गया तो उस बच्ची को घसीटता हुआ वह दरवाजे की ओर ले चला था और घर की चौखट पर उसी क्षण आ खड़ी हुई थी वह पत्थर-सी औरत जिसे देखकर मैं धक्-सा रह गया! औरत सचमुच रूपवती थी, लेकिन मेरे चौंकने का कारण उसके रूप से अधिक आशंका थी—ऐसी भयमिश्रित आशंका, जो अपरिचित चेहरे को परिचित-सा बनाकर बड़ी देर तक आपको परेशान करती है, और आप समझ ही नहीं पाते कि उसे कहाँ देखा है अथवा देखा भी है या नहीं···

और वह आदमी? क्या उसे भी मैंने कहीं···

"ठहरो, इस साले को तो अब मैं मजे चखाता हूँ," मैंने गुस्से में एक बार और दाँत पीसते हुए कहा था और कपड़े उतारने लगा।

"क्या करेंगे?"

"देखती जाओ, मैं क्या करता हूँ।"

करवट बदलकर मिसेज व्यास ने मेरी ओर आशंकित दृष्टि से घूरा, या कुछ देर घूरती रही, फिर बेपरवाही दिखाती बोली, "अजी मरें-कटें, हमें क्या करना है।"

"क्यों, करना कैसे नहीं है।"

"और क्या, उसकी बच्ची है, चाहे वह काटकर फेंक दे। बीच में बोलनेवाले हम-आप कौन!"

"कौन हैं, यह तो उसे जल्द ही मालूम पड़ जाएगा," मैंने दर्प-स्फीत स्वर में कहा। जाहिर है कि मेरी आवाज में उस पुलिसवाले रहीम का बल बोल रहा था, जिससे मैंने ऐसे ही दिनों के लिए दोस्ती कर रखी थी।

"अभी इतनी बेहयाई तो आई नहीं है कि गली में चकला खुल जाए और हम देखते रहें।"

मिसेज व्यास अकबकाकर उठ बैठी थीं और मेरी तरफ हैरान आँखों से देखने लगी थीं। हैरान होने की जरूरत नहीं है भाई, मैंने उसे बताया था। यह एक दुर्भाग्यपूर्ण सच है कि इस गली में रात ग्यारह बजे के बाद एक ताँगा आकर ठीक नीले दरवाजे के सामने रुकता है। उसमें से कोई-न-कोई उतरकर बेखटके और तेजी से अँधेरे घर के अंदर हो जाता है। फिर ताँगा लौट जाता है। कुछ क्षणों बाद उस अँधेरे घर से एक आकृति बाहर आती है, जो निश्चय ही उस कबर बिज्जू की होती है। वह धीरे-धीरे पत्थरों के तालाब की ओर बढ़कर

गायब हो जाता है, और घंटे-भर से पहले वापस नहीं लौटता ।

सूनी गली में सिर्फ कुत्ते जोर-जोर से भौंकते हैं । समूचा मुहल्ला अँधेरे में डूबा होता है, सारे घरों के पट-पल्ले बंद होते हैं और किसी को कानों-कान खबर नहीं होती कि कब ताँगा आया, कब गया, दुबारा कैसे लौटा और अँधेरे में अपनी सवारी चुपचाप बरामद कर वह कहाँ गायब हो गया ···

जब बाहर का हिलता हुआ परदा थम गया, और दीनदयाल मिश्र के चले जाने का मुझे पूरा इत्मीनान हो गया, तो मैं उस अर्जी को उठाकर पढ़ने लगा । साले ने आध घंटे में दिमाग चाटकर रख दिया था ।

पिछले चुनाव के मौके पर दीनदयाल मिश्र ने जो मेरे विरुद्ध काम किया था, वह मैं भूला नहीं हूँ । दोगले ने ऐसा जहर फैलाया था कि मेरी जगह अगर कोई कच्चा खिलाड़ी होता, तो उसका मैदान ही साफ था । रह गए बेटा, आखिर टापते ही रह गए । मैंने भी साले को वो उल्टी पटखनी दी थी कि जिंदगी-भर याद रखेगा । और क्या ? पिछले दिनों मिनिस्टर को घूस देकर गुलाबी चने के निर्यात में हजारों रुपए क्या मैंने बनाए थे ? लगता है, अभी भी नेतागिरी का शौक गया नहीं है । यों जाहिर कर रहा था, जैसे सारे समाज का दर्द उसी के सीने में हो ।

"अरे व्यास जी," चलते-चलते आखिर में उसने चतुराई दिखाने की कोशिश की थी, "कौन मेरे अकेले या घर का काम है ! मैं जानता हूँ कि इस मनहूस पत्थर के तालाब को लेकर आपको भी इतनी ही तकलीफ होगी । दरअसल, लोगों को आपसे दोहरे तवक्कात हैं—एक तो मुहल्लेदार के नाते और दूसरे इस नाते कि आप म्युनिसिपैल्टी के वार्ड मेंबर हैं । क्या वजह है कि आप चाहें और यह सड़ा-सा काम चुटकी बजाते न हो जाए ···"

साले हिपोक्रिट्स ! मैं आवेश में उठकर खड़ा हो गया । और अभी कल तक कहाँ थे बेट्टा ? जब यहाँ खुलेआम चकला चल रहा था, तो किसी हरामी के पिल्ले को मुहल्ले की याद नहीं आई थी । तब तो सब साले अपने-अपने पायजामों की रूमालियों में मुँह डाले औंधे पड़े थे—ख्वाबे-खरगोश में डूबे हुए ! और वह जीती-जागती और प्लेग-जैसी गंदगी भी किसी को नजर नहीं आई थी । अब सड़े-से मसले पर मुहल्ले-भर की अर्जी लेकर दौड़ रहे हैं । चौंके या जागे भी हैं तो अब इस बात पर कि यह पत्थरों का तालाब सबसे बड़ी गंदगी है । और गंदगी ही नहीं, मुहल्ले की सेहत पर सबसे बड़ा खतरा है, लिहाजा

उसकी ओर म्युनिसिपैल्टी फौरन ध्यान दे ।

सुझाव है कि तालाब अच्छा-खासा है । कभी उसमें ल ाब जल भी भरा रहता था, लेकिन बीच में या तो सूखने लगा था या किसी ने पाटने की कोशिश की थी, सो उसकी हुलिया ही बदल गई । इधर दस-एक बरसों से सारा तालाब दस-दस के अलंगों से लबों तक पटा हुआ है । मौसम में भी चाहे जितनी बारिश हो, पत्थरों के उस तालाब में बूँद-भर जल भी नहीं ठहरता । काले-काले अलंगों से टकराकर हर बूँद कहीं बहुत नीचे उतर जाती है और ऊपर मुस्तकिल तौर पर रह जाते हैं पत्थर के बड़े-बड़े ढोके । उस तालाब का, बहरहाल, एक ही इस्तेमाल रह गया है, और वह यह है कि उसमें चारों ओर से मुहल्ले-भर का कूड़ा रोज जमा होता रहता है । रोज सबेरे आसपास के घरों की माएँ अपने छोटे बच्चों को बाथरूम के बदले उसी के कगारों पर बिठा भेजती हैं और अक्सर यह होता है कि फ्लशविहीन घरों में सफाई के बाद निकलनेवाली भंगिनें अपनी-अपनी टोकरियाँ निहायत बेतकल्लुफी के साथ वहीं खाली कर जाती हैं । सुझाव था कि तालाब से अलंगे हटवाकर उसे खुदवा दिया जाए, ताकि ...

"गँवार, जाहिल ..." मैंने दूसरे कमरे की ओर, जहाँ टेलीफोन की घंटी बज रही थी, बढ़ते हुए सोचा, "इतने बड़े काम का सुझाव यों रख दिया गया था, जैसे बच्चों का खेल हो । मैं क्या, कोई भी समझ सकता था कि उस बहाने ..."

फोन पर पुलिस इंस्पेक्टर रहीम था ।

... क्यों खाँ, बोलो अब तो खुश ? क्यों ? क्यों क्या, अमाँ तुम जो चाहते थे वही तो हुआ ... स्टेशन बुलाकर मैंने उस साले की झंडी सतर कर दी है । मेरा ख्याल है कि वह शाम तक मुहल्ला छोड़ देगा । छोड़ दे तो अच्छा है, लेकिन भाई, यह भी कोई खुशी की बात है ... सच मानो, उन्हें इस तरह मुहल्ले से बाहर निकलवाते हुए मुझे दुख ही हो रहा है, लेकिन भाई, यहाँ भले आदमी बसते हैं और उनकी भी माँ-बहनें हैं ... जानते हो कि एक मछली सारे तालाब को गंदा कर देती है ... मजबूरी थी भाई । ओफ्फोह, कमाल करते हो ... अरे खाँ, इसमें अफसोस की क्या बात है ... ये माँ के ... तो साले पेशेवर हैं ... पुराने पापी ... और मैंने सब मालूम कर लिया है कि इससे पहले भी ये कई मुहल्लों से लात लगाकर इसी तरह भगाए जा चुके हैं ।

अजीब बात है । वापस ड्राइंग रूम में लौटते हुए मैं जैसे थक चुका था । थकावट या नींद ? हाँ शायद यही । पिछले पाँच-छह दिनों में किसे ठीक से नींद आई थी । दिमाग में ठुकी परविंदर की कील बराबर आँसती रही थी । टीस, उधेड़बुन और जासूसी, उधेड़बुन और ... कुछ कीलें ऐसी ही पेचदार होती हैं

और बहुत गहरे चुभ जाती हैं । चलो, अब तो नजात मिली । लेकिन अभी कहाँ ? अभी तो बारह ही बजे हैं और शाम होने के लिए पहाड़-जैसा दिन पड़ा हुआ है ।

छज्जे पर आकर मैं थोड़ी देर चुपचाप अपने को छिपाए खड़ा रहा । उस गली में ऐसे कोई आसार नहीं थे, जिससे यह मालूम हो कि शाम तक कोई मकान छोड़ा जा रहा है । ··· ज्यादा उत्सुकता बेकार है, एक क्षण बाद मैंने सोचा और उससे भी ज्यादा बेकार है रहीम-जैसे पुलिसवाले का अविश्वास करना ···

फिर वापस ड्राइंग रूम । फिर टहलो, पीछे हाथ बाँधकर बेकार टहलो । अर्जी ? मैंने बेपरवाही के साथ उसे अपने पोर्टफोलियो में ठूँस लिया । एंगेजमेंट डायरी देखी, बीसियों काम सिर पर थे ···

साढ़े बारह बजे : राजेंद्र वाजपेयी की नौकरी के लिए एजूकेशन सेक्रेटरी से भेंट । एम.ए. पास और बेकार है । मंडल की ओर से कई तकाजे हो चुके हैं ।

एक चालीस : म्युनिसिपैल्टी का दफ़्तर । पी. डब्ल्यू. सब-कमेटी की खास बैठक । बीस हजारवाले टेंडर का फैसला । चूकने पर कम्युनिस्ट किदवई के सौ फीसदी घपले का खतरा है ।

तीन बजे : फूड इंस्पेक्टर रामबिहारी अवस्थी के मामले को लेकर विजिलेंस कमिश्नर से चर्चा । बेचारा बाल-बच्चेदार आदमी है । और वैसे भी इस सरकार में हाथी तो निकल जाता है, लेकिन दुम अक्सर अटक जाती है ।

चार बजे : एम. एल. ए. रेस्ट-हाउस नं. 2/35 में दल की गुप्त बैठक । पार्टी से निकाले गए एक भूतपूर्व मंत्री ने दल में फूट बोकर सरकार को खतरे में डाल दिया है ।

पाँच बजे : सरकारी कल्चरल फोरम 'कला भवन' में नगर के प्रमुख उद्योगपति टोकनदास सुदामामल के वर-वधू को आशीर्वाद ।

साढ़े छह बजे : उत्तर प्रदेश हिंदू मंडल की विशेष सभा ।

टेलीफोन : मिस रत्ना त्रिवेदी के सरकारी क्वार्टर के लिए होमसेक्रेटरी को । हार्ट-पेशेंट चतुर्वेदी की ठीक देखभाल के लिए हैल्थ-मिनिस्टर को । अकाल क्षेत्र के सच्चे व प्रभावशाली चित्र छापने के लिए पत्रकार वेदी को । अगले दिन के एप्पाइंटमेंट के लिए मुख्यमंत्री के पी. ए.को ···

पाँच बजे का एप्पाइंटमेंट सबसे अधिक महत्त्वपूर्ण था । महत्त्वपूर्ण ही नहीं जरूरी भी, क्योंकि उसमें लाल रोशनाई से घेरा बना हुआ था । नगर के प्रमुख उद्योगपति टोकनदास सुदामामल के पुत्र का ब्याह कोई पंद्रह दिन पहले

हुआ था । उसी नवविवाहित दंपति को आशीर्वाद देने का कार्यक्रम पिछले कई दिनों से बनाया जा रहा था । पहले 'कला भवन' मिल नहीं पा रहा था, क्योंकि परंपरा और नियम के अनुसार उसका उपयोग केवल सांस्कृतिक कार्यक्रमों के लिए हुआ करता था; लेकिन चूँकि एट-होम तथा अन्य सारा आयोजन एक उपमंत्री की ओर से किया जा रहा था, लिहाजा मिल गया । नगर में थोड़ा-सी धूम थी । गवर्नर से लेकर शासन के सारे हाई-अप्स के एक जगह आ जुटने की संभावना थी । सभी आएँगे—दल के चवन्नी सदस्य से लेकर सरकार को प्रभावित करनेवाले नेता तक, सभी । अग्निभोज जी भी · · ·

फिर वही बेचैनी, होंठों का खुलना-मुँदना और मुँह से चप-चप की आवाज ।

''कौन है ?'' सहसा सामनेवाले दरवाजे की ओर देखते हुए चौंककर मैंने कहा । कहा ही नहीं, जोर से पुकारा ।

''मैं हूँ साब !''

''तुम !'' झेंपते हुए मैंने इत्मीनान की साँस ली । कमबख़्त सड़े-से नौकर ने ही डरा दिया था ।

''खाना लगा दें, साब ?''

''अभी नहीं । मिसेज व्यास हैं कि गईं ?''

''जी, वो तो दस बजे ही चली गईं । कह गई हैं कि दोपहर का खाना वह मिस मल्होत्रा के साथ खा रही हैं। आपको पाँच बजे 'कला भवन' में मिलने के लिए कहा है ।''

''ठीक है,'' दो क्षण रुककर मैंने पूछा, ''तुम कहाँ से आ रहे हो ?''

''बाहर से ।''

''बाहर से ?''

उसने स्वीकृति-सूचक सिर हिलाया ।

''नहीं, कुछ नहीं,'' होंठों तक आ गए एक उबलते हुए प्रश्न को मैंने बरबस भीतर धकेलते हुए कहा, ''तुम तो जाओ । ड्राइवर से कहना कि गाड़ी मिसेज व्यास को पहुँचा दे । और भाई, एक काम करना । नीचे के दोनों दरवाजे और खिड़कियाँ लगा दो, ताकि कोई ऊपर न आने पाए । और कोई पूछे, तो कहना कि व्यास जी घर पर नहीं हैं, अच्छा ?''

इन लोगों का कोई भरोसा है ? साले, जाने कब चढ़ दौड़ें और पता नहीं कौन-सा हंगामा बरपा कर दें । अजी हाँ, नंगों से खुदा भी डरता है । आज सबेरे यही हुआ था । चाय के साथ मैं अखबार में डूबा हुआ था कि देखा ड्राइंग रूम

का परदा हटाकर, वे दोनों औरत-मर्द मेरे सामने खड़े हैं !

''यह पूछना था कि हम लोग आखिर कहाँ जाएँ ?''

अपनी बात साफ और दो टूक कहकर वह आदमी सचमुच कबर बिज्जू की तरह मुझे घूरने लगा था । उस औरत को पास से देखकर मैं फिर बुरी तरह चौंका था, लेकिन तब तक मुझे आग लग चुकी थी । जहन्नुम में जाओ हरामियो, मुझसे मतलब ? क्या चकला चलाने के लिए मैंने कहा था और क्या मुझसे पूछकर, अब तक मुँह काला करवाते रहे हो ?

''आप ही कोई मकान दिलवा दो, चले जाते हैं ।''

''मैं क्या दिलवाऊँ ?'' मैंने चीखकर कहा, ''क्या मैंने तुम-जैसे कमीनों का ठेका ले रखा है ?''

''हाँ, ले रखा है,'' मुझसे भी ज्यादा ऊँची आवाज में उसने कहा, ''न लिया होता तो सारे समाज की ओर से भला आपके ही पेट में क्यों दर्द होता ?''

मुझे आश्चर्य हो रहा था कि जो आदमी अभी उस रात रँगे हाथों पकड़े जाने पर मेरे और रहीम के सामने गिड़गिड़ा रहा था, वह इतनी जल्दी शेर कैसे हो गया, लेकिन बहुत जल्द समझ में आ गया कि वह उस औरत को लेकर मुझे ब्लैकमेल करने आया था । जब मैंने उसकी सारी चालें बेकार कर दीं, तो आखिर में जैसे तुरुपचाल चलते हुए उसने कहा था, 'व्यास जी, इस औरत को आप अच्छी तरह पहचानते होंगे ?''

''मतलब ?''

''ज़रा गौर से देखिए,'' उस औरत की बाँह पकड़कर उसने ऐन मेरे मुँह के सामने धकेल दिया, ''चार-एक माह पहले शहर की जिस शेखपुरा गली में आप रात को ग्यारह बजे पहुँचे थे, वहाँ यही औरत रहती थी और इसके साथ यही मैं । अगर भूल गए हों, तो यादध्यानी के लिए परविंदर साहब या शिनाख्त के लिए खुदाबख्श ताँगेवाले को बुलवाऊँ ?''

उस वक्त मैं गुस्से और अपमान से डैने उतारे हुए यों हाँफ रहा था, जैसे लड़ाई में लहूलुहान और हारता हुआ मुर्गा । मेरे पास इसके अलावा और कोई चारा नहीं था कि दोनों को धक्के देकर नीचे उतार दूँ और अपनी जिल्द बचाऊँ । वह तो खैर हुई कि मिसेज व्यास भीतर थीं और हम लोगों की बातें उसके कानों में नहीं पड़ी थीं वर्ना ···

मैं तेजी से उस कमरे की ओर बढ़ा जहाँ टेलीफोन रखा होता है । 'कला भवन वाले प्रोग्राम को छोड़कर बाकी सारे एप्पाइंटमेंट्स मुझे जल्दी रद्द करने थे ।

''कमाल है,'' मिसेज व्यास ने अत्यंत प्यार और उलाहने के साथ मुझसे कहा, ''नीचे इतना बड़ा हंगामा हो गया, और फिर भी आप सोते रहे ।''

थोड़ी देर पहले जब वह आई थीं, तो मैं सो रहा था । दरअसल, मिसेज व्यास के चिंतातुर स्पर्श से ही मेरी आँख खुली थी । ''क्या बज गया ?'' बेसाख्ता मेरे मुँह से निकला। शाम नहीं, रात ! घर ही नहीं, गली की भी सारी बत्तियाँ जल चुकी थीं ।

हंगामा ! जैसे खिचता हुआ मैं सीधे छज्जे पर जा खड़ा हुआ था । कहाँ ? क्या वह घड़ी गुजर गई, जिसकी प्रतीक्षा में मैंने पहाड़-जैसा दिन काटा था ? छज्जे से देखा कि पत्थरों का तालाबवाली गली में अँधेरा भी था और सन्नाटा भी । ऊपर आकाश ढक गया था और हवा इधर ठंडी ही नहीं, तेज भी होने लगी थी ।

''पहले मैं आपको उसी वक्त जगाने जा रही थी,'' मिसेज व्यास बोलीं, ''लेकिन फिर सोचा कि पता नहीं आप कब सोए हों ।''

''चार तक तो मैं पढ़ ही रहा था । शायद उसके बाद ही कभी आँख लग गई ।''

''हूँ ! तब तो मैंने अच्छा किया । लेकिन आज इस गली के लोगों ने ऐसी बेहूदगी की है कि मैं आपसे क्या कहूँ । अरे यही जिल्लत क्या कम थी कि वे बेचारे मुहल्ले से भगाए जा रहे थे, लेकिन नहीं, लोगों ने जैसे उनका तमाशा बना दिया ।''

बकौल मिसेज व्यास के जब वह आईं, तो अभी धुँधलका ही था । दिन का वह वक्त था, जब ज्यादातर आदमी बाहर होते हैं और औरतें काम में लगी रहती हैं, लेकिन अधिकांश दरवाजों और चौखट पर आदमी थे, छज्जे और खिड़कियों पर औरतें और गली में बच्चे । नीले दरवाजे के सामने सामान से लदा हुआ ठेला खड़ा था और उसी के पास ताँगा । थोड़ी दूर पर बच्चों और शरारती लड़कों के दो-तीन झुंड ताक में बैठे हुए थे । जब वह आदमी ठेले पर सामान रखने या किसी काम से बाहर आया तो बच्चे लंबे राग से समवेत स्वर में कहते–

अकौटी-मकौटी बंगला पान, बिज्जू की औरत बड़ी जवान ।

जब तक ताँगा चल नहीं पड़ा, कोई विशेष घटना नहीं हुई थी । सामने सामान का ठेला, पीछे अढ़ाई सवारियों का ताँगा और उसके पीछे तालियाँ पीटते बच्चे । एक झुंड सीटियाँ बजा रहा था, दूसरा बगलों में हाथ डालकर आवाजें निकाल रहा था और तीसरा तालियाँ पीट-पीटकर कह रहा था–

अंधी घोड़ी टाँग तोड़ी, छाँद तुड़ाकर सरपट दौड़ी ।

बात तब बुरी तरह बिगड़ गई, जब आखिरी झुंड के किसी बच्चे ने गोबर के गोले बनाकर ताँगे के भीतर दे मारे थे और उस औरत को बच्ची सहित अपने को साड़ी में छिपा लेना पड़ा था । उसी क्षण ताँगा रुका था, वह आदमी पागलों की तरह चीखता हुआ बच्चों की ओर लपका था और भागते बच्चों में से हाथ आए एक लड़के को पटककर वह छाती पर चढ़ बैठा था । तब दरवाजों पर खड़े और हाथ सेंकते लोग पहली दफा चौंककर दौड़े थे और गली में खासा बड़ा हंगामा हो गया था ।

''बदबू आ रही है ।'' सहसा फटाक से किवाड़ लगाते हुए मैंने कहा ।

अब हम दोनों ड्राइंग-रूम में थे ।

''हवा पत्थरों के तालाब की ही है ।''

''हाँ, थोड़ी बूँदाबाँदी भी हो गई है न ।''

''इधर के किवाड़ तो बंद ही रखा करें,'' पत्नी ने जैसे पहली बार सुझाव रखा हो, ''कम-से-कम उस वक्त तक, जब तक कि इस तालाब का कुछ न हो जाए । दीनदयाल मिश्र आज 'कलाभवन' में भी मिले थे । कहने लगे, मुहल्ले में बुरी तरह चेचक फैल रही है और ...''

''कैसा रहा फंक्शन ?''

''पता नहीं, मैंने तो ज्यादा ध्यान ही नहीं दिया । एक कविनुमा मिनिस्टर ने उठकर टोकनदास सुदामामल की भँटैती की, दूसरे ने भी पहले का अनुसरण किया ; फिर दोनों गुमटीवाले तंबोलियों की तरह एक-दूसरे की बीवियों पर फब्तियाँ कसने लगे । सारा वक्त मैं सोचती रही कि ये वंही लोग हैं जो देश का ...''

''और कौन-कौन आए थे ?''

''सभी थे ।''

''भोजजी ?''

''हाँ वे भी ।'' एक क्षण रुककर पत्नी ने जवाब दिया । फिर सहसा चिंतित होकर बोली, ''आपको भूख तो नहीं लग आई ? आइए, वहीं किचन में चलते हैं ।''

और मेरी प्रतीक्षा किए बिना वह कमरा छोड़ गई, तो मुझे उस अर्जी का ध्यान आया । दो क्षणों बाद मैंने उसे पोर्टफोलियो से निकाला । चेचक फैल रही है । पत्नी का यह वाक्य मुझे याद आ गया था और दीनदयाल मिश्र का नेतानुमा चेहरा । अर्जी के टुकड़े-टुकड़े कर मुट्ठी में भींचते हुए मैं खिड़की के पास जा खड़ा हुआ और बाहर की तेज हवा में मैंने चुपचाप अपनी मुट्ठी खोल दी ।

"और आप आए क्यों नहीं ?"

मिसेज व्यास की यह जिज्ञासा पति-पत्नी के बेड-रूम की बातचीत का बहुत सहज अंश थी ।

"मैं यही आश्चर्य कर रहा था," मैंने कहा, "कि इतनी देर से तुमने यह सवाल क्यों नहीं पूछा ?"

"क्या पूछती । सोच लिया था, आपको कहीं देर हो गई होगी ।"

"मैं कहीं नहीं गया था और आज के सारे एप्पाइंटमेंट्स रद्द कर दिए थे । असल में 'कला भवन' में जरूर आना चाहता था, लेकिन ऐसी आँख लग गई कि बस ..."

दो क्षणों का मौन । मिसेज व्यास ने उठकर बत्ती बुझा दी, और बगल में लेट गईं ।

"भोज जी कुछ कह रहे थे ?"

'"पत्थर कभी कुछ कह सकते हैं," एकाध पल रुककर वह नि कड़वाहट के साथ बोलीं, "कहा तो मैंने ही । मैंने कहा, व्यास जी को मालूम हो गया है कि आप लोग इस बार भी बाइ-इलेक्शन का टिकट उन्हें नहीं दे रहे हैं । हमें तो बस यह जानना है कि व्यास जी की उस शिकायत का क्या हुआ ? क्या जन-सेवा का बदला ऐसी ही जिल्लत और बदनामी है । मैं तो इस मामले को हाइ-कमांड तक ले जाऊँगी । हँसकर कहने लगे, मिसेज व्यास, दिस इज़ आल इन द गेम । आप जानती तो हैं कि राजनीति कितनी गंदी होती है । मैंने कहा, राजनीति अपने-आप में गंदी हो या नहीं, हमारे यहाँ बना जरूर दी गई है । कितनी हैरानी की बात है कि मामूली आदमी से लेकर बड़े-से-बड़ा नेता तक यही जुमला बहुत आसानी से दुहरा देता है और अगर उनकी बात सच है, तो यह कितनी बड़ी विडंबना है कि हमारी नियति इसी कीचड़ में कैद है ..."

"मिस मलहोत्रा को भी अपने साथ ले गई थीं ?"

"न ले गई होती, तो अच्छा था । भोज जी का ध्यान मुझ पर थोड़े ही था । बातें मुझसे कर रहे थे, लेकिन चिपके जा रहे थे मिस मलहोत्रा से । मैं तो अब इस नतीजे पर पहुँची हूँ कि बड़े-से-बड़ा आदमी भी जवान और खूबसूरत औरत के सामने कुत्ता हो जाता है—जीभ उतारकर लार टपकाता हुआ कुत्ता ।"

"मिनी !" अपने स्वर में सहसा लाड़ घोलकर मैंने पत्नी के काँपते शरीर को सहानुभूतिपूर्वक घेर लिया ! मानो बाँहें मरहम हों ।

"आपको याद है, पहले जब मैं मिस वर्मा को अपने साथ ले जाया करती थी, तब भी दो-एक बार ऐसे ही तजुरबे हुए थे । आप अंदाज नहीं लगा सकते कि

किसी औरत के लिए यह कितना अपमानजनक होता है ।"

कई पल रुकने के बाद साँस भरकर वह बोलीं, "कभी-कभी सोचती हूँ कि हम लोग उधार के हथियार से आखिर कब तक लड़ते रहेंगे । लेकिन मैं क्या करूँ, ईश्वर ने मुझे न तो रूप दिया है, और न अब शरीर ही ऐसा रह गया है कि ···"

और इससे आगे के शब्द डूबकर रह गए, क्योंकि मिसेज व्यास ने मेरी छाती में अपना मुँह कसकर गड़ा दिया और उनका कंठ रुँध गया था । फिर तभी पत्थरों के तालाब से एक तेज झक्कड़ आया था और बंद किवाड़ों की चूलें हिलाता आगे निकल गया ।

बीच के लोग

शम्मी आपा की नंगी और सूनी कलाइयों पर नजर पड़ते ही मुझे धक्का-सा लगा । कई क्षणों तक मुझे अपनी आँखों पर विश्वास नहीं हुआ लेकिन फिर देखा कि अविश्वास का कोई कारण है नहीं । वे सचमुच नंगी थीं !

शायद उसी पल शम्मी आपा ने मेरी नजरें भी पढ़ ली थीं । जल्दी से उन्होंने कलाइयाँ अपनी गोद में छुपा लीं और जैसे कुछ कहने के लिए ही बोलीं, "क्यों भैया, इस कमनसीब की याद तुझे बहुत दिनों बाद आई ? तू तो इस शहर में दो साल से है न ?"

मैंने अपराधी की तरह धीरे-से सिर हिला दिया ।

"नम्मू से मुझे तेरी खबर मिल जाया करती थी," वे बोलीं, "मैंने उससे कहलवाया भी था कि हो सके तो थोड़ा-सा वक्त कमनसीबों के लिए भी निकाल लिया करें । पता नहीं उसने ··

"बताया था," मैंने जल्दी से उनका जुमला छीनकर पूरा किया, "शम्मी आपा, दरअसल मैं इतना उलझा हुआ रहता हूँ कि क्या कहूँ । तीन-तीन काम अपनी जान को एकसाथ ले रखे हैं—पढ़ता हूँ, पढ़ाता भी हूँ, फिर अखबार में काम करता हूँ । मालूम है, किस तरह ? सुबह जल्दी उठकर कालेज भागना,

बारह से पाँच तक एक स्कूल में पढ़ाना, फिर सात बजे शाम से लेकर एक बजे रात तक प्रेस की माथा-पच्ची। सोचता हूँ प्रेस का काम अब छोड़ दूँ, वरना···"

"दुल्हन कहाँ है ? अपने मायके न ?" आपा बोलीं।

"हाँ।"

"यहाँ उसे अपने साथ क्यों नहीं रखता ?"

"कहाँ रखूँ ?" मैं बोला, "मेरा कोई ठीक भी है। आज यहाँ हूँ, ठीक है। कल अचानक यहाँ से जाना पड़ सकता है। उसे कहाँ लादे-लादे फिरूँ ? सरकारी नौकरी के लिए मैंने दो-एक इंटरव्यू दिए हैं। एकाध जगह तय भी हो गया है। अब जब भी आर्डर्स आ जाएँ···

"कहाँ जाना होगा ?"

"कहीं भी। किसी भी शहर में···"

शम्मी आपा ने एक गहरी साँस ली और दो-एक पल को चुप हो गईं। फिर बोलीं, "नम्मू कह रहे थे कि पढ़ाई खतम कर तू अपने गाँव लौट जाएगा। मैंने कहा, घर लौटकर क्या करेगा। जो लोग आगे बढ़ना और तरक्की करना चाहते हैं वे गाँव-घर से बँधे नहीं रहते।"

हमारे कस्बे को शम्मी आपा गाँव कहती थीं। दो साल पहले तक जब मैं खुद वहाँ रहता था मुझे वह छोटा-मोटा शहर लगता था। जिस जगह की आबादी चालीस-पचास हजार के आस-पास हो, जहाँ रियासती जमाने का शानदार महल खड़ा हो, साफ-सुथरी, चौड़ी-चौड़ी कोलतार की सड़कें हों, राहों में ट्यूब-लाइट्स की कतारें खड़ी हों, एक-दो नहीं, चार-चार पिक्चर हाउस हों और अंग्रेजी राज में बने हुए सिविल लाइंस का साहबी इलाका हो, उसे कस्बा भी न मानकर गाँव कहना शम्मी आपा की जिद और ज्यादती दोनों थी। जब वे हमारे कस्बे में रहती थीं तब भी मैं उनसे इसी बात पर लड़ा करता था। वे शहर में पैदा हुई थीं और खालसा की रहनेवाली थीं। मैं रियासती शानो-शौकत और ताम-झाम का चौंधा उनकी आँखों में फेंका करता था। मैं कहता, मालूम है, यह रियासत कितनी बड़ी थी ? इतनी···। इसकी सालाना आमदनी कितनी थी, पता है ? इतनी···। पता है, इसके राजा, महाराजा क्यों कहलाते थे ? इसलिए···। बताता कि इतिहासप्रसिद्ध किस वंश से इस राजवंश की परंपरा चली आ रही है और क्यों उन्हें इक्कीस तोपों की सलामी दी जाती थी···

"कितनी अजीब बात है," शम्मी आपा अचानक बोलीं कि, "मैंने आज

तक तेरी दुल्हन को नहीं देखा । भैया, क्या यह नहीं हो सकता कि किसी दिन उसे यहीं लाकर मुझसे मिला दे । देखूँ तो सही, वह कैसी लगती है । तुझपे सजती भी है या नहीं ।"

"अगर सजती हुई नहीं लगी तो क्या करोगी ?" मैं हँसने लगा ।

"वाह, लगेगी क्यों नहीं । तूने तो देख-सुनकर शादी की है, नहीं ?"

"शायद ।"

"शायद यानी ?"

"शायद यानी शायद," मैंने हँसकर कहा । फिर थोड़ी संजीदगी से कहने लगा, "शायद यों आपा, कि शादी तीन तरह की होती है—एक प्यार के उफान और जोश में हुई, दूसरी देख-सुनकर या हिसाब-किताब के साथ की हुई और तीसरी जुए की बाजी की तरह—जीती या हारी हुई । बदकिस्मती से मेरी शादी इनमें से किसी में भी नहीं आती । लवमैरिज वह थी नहीं, देखने-सुनने की बात में सिर्फ इतनी सचाई है कि मैं उसे शादी के पहले भी जानता था और जहाँ तक जुए की बाजी का सवाल है, कम-से-कम अभी तक तो मुझे पता नहीं कि मैं जीता हूँ या हारा हूँ । पिता के बड़े अरमान थे, माँ बहुत रोती थीं, मैंने शादी की अहमियत के बारे में कभी सोचा नहीं था और अच्छा लड़का भी बने रहना चाहता था, चुनांचे मैंने अपने को सौंप दिया, बस ..."

"नम्मू दौरे पर हैं ?"

"हाँ दौरे पर," आपा बोलीं, "इस कमनसीब की नौकरी ही ऐसी है । काश, मेरा कहना मानकर उसने कुछ पढ़-लिख लिया होता तो आज यह नौबत नहीं आती । अब जिंदगी-भर कुत्ता-घसीटी में पड़े रहो ... झींकने से क्या बनने-बिगड़नेवाला है ?"

शम्मी आपा का इकलौता बेटा नम्मू मिडिल स्कूल से आगे नहीं बढ़ पाया । साल-दो-साल आवारागर्दी करने के बाद वह एक सिलसिले से लग गया है । किसी फिल्म डिस्ट्रीब्यूटर्स कंपनी में वह एजेंट है और फिल्मों की पेटियाँ लेकर आस-पास के छोटे-मोटे शहरों के सिनेमाओं में जाया करता है । मैं जानता हूँ कि शम्मी आपा ने चुप भले लगा ली हो, लेकिन अपने बेटे के पेशे से वह आज भी समझौता नहीं कर पाई है । शहर के एक अच्छे-खासे अफसर की बेटी और एक वकील की बीवी शम्मी आपा को नम्मू का पेशा शुरू से जलालत और उचक्केपन का लगता रहा है । शायद इसीलिए नम्मू की हर छोटी-बड़ी

हरकत को वे उसके पेशे से जोड़ देती हैं, चाहे वह छोटे साहब की आवारागर्दी हो, शराबनोशी हो या रातों को गायब रहकर उसका बीवी पर सितम तोड़ना हो । मैं शम्मी आपा को जानता हूँ । वे उन लोगों में से हैं जो हर बार गलती करते हैं, शायद इसीलिए अपनी हर गलती के बोझ से घबराकर दूसरों का कंधा तलाश किया करते हैं ।

"खुद मुझे भी कई दिनों तक पता नहीं था । नम्मू ने तार पाने पर भी हफ्ते-भर तक मुझे नहीं बताया था । देखो तो सही, बदनसीबी इसे कहते हैं । इधर नम्मू के उबटना लग रहा था और ठीक रतजगे के दिन उसके अब्बा की मौत का तार आता है ...."

फिर रुककर शम्मी आपा बोलीं, "जब तक शादी नहीं हो गई किसी ने मुझे पता चलने नहीं दिया । भाईजान ने भी नहीं । नम्मू को चुपचाप रोते देखकर मैंने एक-दो बार पूछा भी था, लेकिन वह टाल गया । कह दिया, कुछ नहीं अब्बा की याद आती है । बताओ, छिपाकर क्या हो गया ? ये लोग शायद सोचते थे कि दुख के मारे मैं कुछ कर-करा लूँगी । अरे, जिसे आधी जिंदगी नहीं देखा और जिसके लौटने की उम्मीद ही न हो, उसका मेरे लिए मरना-न-मरना क्या ? वो तो रस्मन चूड़ियाँ तोड़ डाली हैं ।"

बात एक हद तक सच थी । शम्मी आपा सुहागन बेवा का जीवन ढो रही थीं । शादी के बाद उन्होंने सुख नहीं पाया । जब तक वकील साहब उन्हें छोड़कर नहीं गए थे, दोनों एक-दूसरे की बराबर शिकायत करते रहे थे । अक्सर महीने-पखवाड़े में किसी-न-किसी बात पर झगड़कर शम्मी आपा मायके आ बैठती थीं । पहले यह कभी-कभी होता था, बाद में वह रोज-रोज की बात हो गई । यह बार-बार मायके आने और समझा-बुझाकर पहुँचाए जाने का सिलसिला इतना चला था, कि दोनों को पति-पत्नी के रूप में जोड़नेवाले बीच के नाजुक धागे में ढेर-सी गठानें पड़ गई थीं ।

जब पाकिस्तान की भगदड़ मची थी और वकील साहब ने भी जाने की तैयारियाँ चुपके-चुपके कीं तो शम्मी आपा साफ यह कहकर मायके आ गई थीं कि चाहे जो हो जाए, अपने तमाम रिश्तेदारों को छोड़कर अजनबी देश में मरने के लिए वह नहीं जाएँगी । तब सभी ने समझाया था—जैसा भी हो, है तो पसली का जोड़ा । रोजे-हश्र में जिसके दामन से लगकर खुदा के हुजूर में पेश होना है, उससे मुँह मोड़कर आखिर क्या बनेगा ! लेकिन शम्मी आपा अपनी जिद लिए बैठी रही थीं और वकील साहब उनकी या नम्मू की परवाह किए बिना, आख़िर अकेले ही पाकिस्तान चले गए ।

बहुत दिनों बाद चिट्ठियाँ आनी शुरू हुई थीं । पहले खैरियत की, फिर छोटे-मोटे हेल-मेल की और बाद में इस आशय की कि भाई-भाभी और दीगर लोगों के रहते हुए भी वकील साहब बहुत अकेलापन महसूस करते हैं, हर घड़ी नम्मू की याद आती है । कम-अज-कम अब शम्मी आपा चली आएँ । उन्होंने उसे माफ कर दिया है ।

किसी भी खत का यहाँ से कोई जवाब नहीं गया था । खत आने पर दो-एक दिन उसे लेकर शम्मी आपा कोने-अंतरों और अँधेरे में बैठतीं, बेआवाज और चुपचाप रोतीं फिर उसे तह कर कपड़ों के उस अंबार में समो देतीं, जिनमें फूल, पत्ते और जालियाँ काढ़कर वह अपना और नम्मू का गुजर-बसर कर रही थीं ।

चार साल बाद वकील साहब महीने-भर के लिए वापस आए थे, लेकिन शम्मी आपा के मायके या अपनी ससुराल में वे नहीं रुके । तब भी उनके एक भाई अपना बड़ा-सा परिवार लिए यहीं रह रहे थे । पाकिस्तान से आने की खबर सुनकर कई दिनों तक शम्मी आपा तथा मायकेवालों ने उनका रास्ता देखा था, लेकिन घर आने की बात दूर वह उस मुहल्ले से गुजरे तक नहीं, सिर्फ शम्मी आपा को खबर भेज दी थी कि मिलना चाहें तो वे चली आएँ । उस पर भी बावेला मचा था, मायकेवालों ने बड़ा विरोध किया था, पर आखिर में शम्मी आपा ने बुरका उठाया और किसी को साथ लिए बिना, दिन को अकेली ही मिलने चली गई थीं । जब तक वकील साहब यहाँ रहे, शम्मी आपा नियमित रूप से जाकर मिल आती थीं । लौटने के दिन उनसे फिर चलने का आग्रह किया गया तो शम्मी आपा जवाब न दे सकीं, बस गर्दन डालकर चुपचाप रोने लगी थीं—पहले उनके सामने, फिर कोने-अंतरों और अँधेरे में बैठकर । और वकील साहब उस बार भी अकेले ही वापस हुए थे ।

पाकिस्तान पहुँचने के बाद शम्मी आपा के नाम एक बड़ी दर्द-भरी चिट्ठी आई थी । लिखा था कि वे बड़ी उम्मीदें लेकर आए थे, लेकिन शम्मी पत्थर-दिल औरत है, उसने उन्हें जीते-जी बेटे से छुड़ा रखा है, खैर, अब तो किसी तरह सब्र करके उन्होंने भी यह समझ लिया है कि दोनों एक-दूसरे के लिए मर गए ।

उस खत से शम्मी आपा के सारे बंद टूट गए, रहा-सहा धीरज जाता रहा और पहली बार वह सब लोगों की मर्जी के खिलाफ उठ खड़ी हुई थीं । उन्होंने मायकेवालों से झगड़ा कर लिया और साफ-साफ कहकर निकल गई थीं कि चाहे जो हो वह अपने शौहर के पास पाकिस्तान चली जाएँगी ।

जब जाने की आधी तैयारियाँ हो चुकी थीं तो उनके सामने एक नया रहस्य खोला गया कि वकील साहब ने वहाँ दूसरी शादी कर रखी है । शम्मी क्या

उसकी बाँदी बनने के लिए जाना चाहती है ?

कुछ देर हतप्रभ देखते और सिर्फ देखते रहने के बाद, शम्मी आपा चिल्लाकर रोई थीं । वह बेवकूफ थीं कि लोगों के कहने-सुनने में आकर उस हालत को पहुँच गईं, लेकिन अब कुछ भी हो जाए, वह किसी की बात नहीं सुनने की । वह बाँदी बनकर ही सही, बाकी जिंदगी अपने शौहर की दहलीज पर ही गुजार देंगी । लेकिन आवेश समाप्त होने के बाद उन्होंने उस बात पर और गहराई से सोचा था । दो-तीन रातें ठीक से नहीं सो पाईं और अंत में आगे की तैयारियाँ रुक गई थीं । अगर सचमुच वकील साहब ने शम्मी आपा को अपने घर पर पाँव धरने न दिया तो परदेश में उनका क्या होगा ? ···

मैंने शम्मी आपा को एक बार फिर गौर से देखा—कहाँ लगता था कि वे चालीस की हैं ? कौन कह सकता था कि उनका एक जवान बेटा है, जिसके लिए वह दो-एक माह हुए बहू भी ले आई हैं ? यों उनके चेहरे पर चाहे जितने उदास साए हों, शरीर, काम करते रहने से बराबर स्वस्थ रहता आया है ।

नम्मू जब छोटा था और पहली बार वह अकेली पड़ गई थीं तब भी वे सुबह से रात देर तक कशीदाकारी किया करती थीं और आज जब नम्मू जवान होकर नौकरी करने लगा है और घर में महीने-के-महीने पैसे आते हैं, तो भी सारे मुहल्ले-पड़ोस के कपड़े इकट्ठे होते हैं और वह घंटों आँखें गड़ाए झुकी रहती हैं ।

वह चौंक न जाएँ, इस तरह मैंने धीरे-से कहा, "शम्मी आपा, एक बात पूछूँ ? मुझसे अपनी कलाई छिपाकर क्या···" कहते-कहते आगे मैं स्वयं रुक गया ।

थोड़ी देर शम्मी आपा मेरी ओर टकटकी बाँधे देखती रहीं, फिर अचानक भीग गई बरौनियों को कई बार डालकर बोलीं, "छिपाकर कहाँ जाऊँगी ? मुमकिन है गुनहगार होने का लिहाज हो । भैया, मेरे ऐसे नसीब कहाँ कि अपने शौहर का कंधा पाकर कब्रिस्तान पहुँचूँ ?"

—शम्मी बेगम !

तभी सामनेवाली खिड़की से एक आवाज भीतर आई और हम लोगों के देखते-देखते खिड़की के फ्रेम के बीच एक आकृति आकर ठहर गई । कुरते में उभरा हुआ एक अजीब चेहरा, अधपके बाल और खिचड़ी दाढ़ी । वह जैसे निर्भीक और बेबाक होकर आपा को घूरे जा रहा था, उससे मुझे डर-सा लगा, लेकिन आपा ने कोई असर नहीं लिया । आवाज सुनकर उन्होंने सिर्फ एक बार

सिर उठाया था, फिर गर्दन झुकाकर काम में यों लग गईं जैसे खिड़की पर कोई आदमी न हो, हवा हो—आएगी और खिड़की से एक-दो झोंके फेंककर चली जाएगी।

कुछ पल और बीते, लेकिन शम्मी आपा ने सिर नहीं उठाया। खिड़की के पास जमे हुए व्यक्ति की उपस्थिति बिलकुल भुलाकर वे चुपचाप अपना काम करती रहीं। जब खिड़की का फ्रेम खाली हो गया और वह चला गया तो मैंने पूछा, ''यह आदमी कौन था, शम्मी आपा ?''

''पिछली बार तुम कब आए थे ?''

''दो बरस हुए···''

''तभी,'' शम्मी आपा धीमे-से हँसकर बोलीं, ''शायद तुम भूल गए। याद है पिछली बार मैंने तुम्हें बताया था कि एक आदमी मेरी खिड़की के पास रोज सुबह-शाम आकर खड़ा हो जाता है और सारे मुहल्ले को सुना-सुनाकर कहता है, मैं शम्मी बेगम से निकाह करूँगा ?''

''हाँ···हाँ, नारमा हाफिज क्या यही हैं ?''

ज़रा कौतुक से मुस्कुराकर शम्मी आपा ने स्वीकृतिसूचक सिर हिलाया और बोलीं, ''पहले मैं बहुत चिढ़ती थी। इसे देखते ही मेरे तन-बदन में आग लग जाती और मैं अनाप-शनाप गालियाँ तक बक जाती थी। एक बार भाईजान भी बुरी तरह बिगड़ गए। नम्मू ने उसे बेहद फटकारा कि अगर उसने अपनी हरकत बंद नहीं की त. किसी दिन उसकी टाँगें तोड़कर वह फेंक देगा। उसका असर दो-एक दिन तो रहा, लेकिन उसने आना बंद नहीं किया और अब इस पर किसी का ध्यान नहीं जाता। पहले बुरा लगता था, अब आदत हो गई है। पहले मैं गालियाँ बक देती थी, अब चुप रहकर टाल जाती हूँ।''

''मुझे तो कुछ पागल लगता है।''

''कहते तो सब यही हैं, लेकिन शायद है नहीं। सुना है कि अपनी बीवी के मरने के बाद यह ऐसा हो गया। कोई आल-औलाद तो है नहीं और उम्र भी नहीं रही, शायद बीच के लोगों का यही हाल हो जाता हो···

शायद दो माह बीत गए थे। इस बीच शम्मी आपा की याद भी आई और अपना वादा भी, लेकिन हर बार ये दलीलें रखकर टालता गया कि अखबारनबीसी करना और बड़े शहर में रहकर रिश्तेदारी निभाना साथ-साथ नहीं चल सकता। घंटों खटने के बाद भला किसमें साहस है कि तीन मील दूर के मुहल्ले में

सिर्फ किसी से मिलने के लिए जाए ? फिर झूठ नहीं कहूँगा, मन में दबी हुई यह बात भी थी कि शम्मी आपा कौन सगी हैं ? ससुराली रिश्ता है और वह भी इतनी दूर का कि मेरी पत्नी तक ज्यादा परवाह नहीं करती।

लेकिन एक इतवार को मेरे मकान की तलाश करता नम्मू स्वयं आ पहुँचा। कोई विशेष बात नहीं की। उदास लगा। केवल इतनी खबर देने आया था कि शम्मी आपा ने मुझे बुलवाया है, किसी तरह थोड़ा-सा समय निकालकर मिल सकूँ तो अच्छा हो।

पहुँचने पर देखा कि दो माह बाद भी सबकुछ वैसा ही है। कहीं कोई अंतर नहीं। दरवाजे पर पड़ा वही छींट का परदा, जिसमें क्रोशिए के कामवाली सफेद जालियाँ झूल रही थीं, कोने में पड़ी वही बिना हत्थेवाली कुर्सी, चटाई-बिछा दालान, खुली खिड़की और संयोग से वही उस दिनवाली साड़ी में, कपड़ों पर वैसी ही झुकी शम्मी आपा; अंतर कहीं था तो सिर्फ उनके चेहरे पर, जो पिछली दफा से ज्यादा गंभीर और उदास था।

मैं जब पहुँचा तो नम्मू घर पर ही था, लेकिन थोड़ी देर बाद वह बाहर निकल गया। शायद जान-बूझकर।

औपचारिक बातों के बाद देर तक हम लोग चुप बैठे रहे। इस बीच शम्मी आपा की दुल्हन पहली बार मेरे सामने चाय लेकर आई। नम्मू और मेरी उम्र में एक-दो बरस से अधिक का अंतर नहीं था, लेकिन रिश्ते के नाते नम्मू की दुल्हन ने घूँघट खींचकर मुझे सलाम किया।

''तुम्हें न बुलाती,'' अंत में जैसे मौका पाकर शम्मी आपा धीरे-से बोलीं, ''लेकिन मुझे लगा, तुम इधर का रास्ता भूल गए। तुम्हें शायद मालूम न हो, नम्मू कई दिनों से मुझसे लड़ रहा है। अभी ब्याह हुए छह महीने भी नहीं हुए और मैं उसे अब फूटी आँखों नहीं सुहाती।''

मैं क्या कहूँ, कुछ नहीं सूझा। रुक-रुककर शम्मी आपा और भी बहुत-सी बातें कहती रहीं। छोटी-बड़ी सभी घटनाओं का उल्लेख किया और आँसू पोंछे। जिन मुश्किलों से जूझकर शम्मी आपा ने नम्मू को जवान किया, उसे समझे बिना उल्टे सारा दोष वह उन पर डालता है कि उन्हीं की वजह से वह किसी फिल्म-डिस्ट्रीब्यूटर की नौकरी में सड़ रहा है। शम्मी आपा ने ही सोच-समझकर कदम उठाया होता तो ये दिन क्यों देखने पड़ते ?

सारी बातें मैंने सुनीं, लेकिन सोच कुछ और रहा था—शायद नम्मू के पक्ष की बात, शायद शम्मी आपा के भाग्य की बात या शायद उनकी बहू की बात। जब ठिकाने से कुछ नहीं कहा गया तो मैंने विषय ही बदल दिया और नारम।

हाफिज की बात करने लगा।

जाने क्यों, अचानक नारमा हाफिज की बात सुनकर शम्मी आपा ने मुझे संदेह-भरी आँखों से घूरा और बोलीं, "क्या नम्मू ने तुम्हें कुछ बताया है?"

"नहीं। किस बारे में?"

प्रश्न को बिलकुल टालती हुई शम्मी आपा ने कहा, "इधर महीने-डेढ़-महीने से नारमा हाफिज नहीं आते।"

बस, सारी बातों को जैसे वहीं चुक जाना था। प्रयत्न करने पर भी और फिर कोई सिलसिला नहीं निकला और अंत में एकाएक पड़ गए मौन का लाभ लेकर मैं वहाँ से उठ गया।

रात के दो बजे होंगे। मैं प्रेस में था। मशीनमैन को आखिरी हिदायत देकर उठने ही वाला था कि किसी की परवाह किए या पूछे-ताछे बिना, नम्मू धड़धड़ाता हुआ घुस आया। अजीब उखड़ा-सा रंग, मुर्दनी लिए हुए चेहरे और परेशान-सी आँखों को देखकर लगा कि कहीं कोई अप्रिय बात न हो।

पिछली शाम उससे रास्ते में भेंट हुई थी। दो क्षण रुककर बातें भी हुई थीं। पता लगा था कि उसकी दुल्हन मायके चली गई है और वह उसी रात की ट्रेन से दौरे पर बाहर जा रहा है।

कुछ भाँपकर भी मैंने ज़रा अनजाने स्वर में पूछा, "तुम दौरे पर नहीं गए?"

"गया था," बात जल्दी से समाप्त कर देने के ढंग पर नम्मू ने जवाब दिया, "एक काम की वजह से अभी लौटा हूँ।"

फिर एक-दो बार अपने आसपास सशंकित नजर डाल, वह धीरे-से बोला, "थोड़ी देर के लिए मेरे साथ घर चलिए।"

और कुछ कहने-सुनने की जरूरत न थी, सो चुपचाप मैं साथ हो लिया। प्रेस से शम्मी आपा का घर दूर पर नहीं था, लेकिन अपने थके होने की बात कहकर नम्मू ने आग्रहपूर्वक एक रिक्शा रुकवा लिया। दोनों बैठे, लेकिन सारे रास्ते कोई बात नहीं हुई।

कोई आधे घंटे बाद एक नई और अपरिचित गली पर आकर रिक्शा रुका। रिक्शेवाले को पैसे देकर विदा किया। कुछ दूर पैदल चलने के बाद एक मकान के सामने अँधेरे में सहसा नम्मू ने मुझे रोक लिया।

वह सारा रहस्य मुझे कुछ उबाए दे रहा था। झल्लाकर मैंने कहा, "तुम कुछ कहते क्यों नहीं, क्या बात है?"

मेरी बात अनसुनी कर नम्मू बोला, "अम्मी आपसे और कई लोगों से मेरी शिकायत करती हैं और आप सभी लोग उन्हें चुपचाप मान लेते हैं। सभी सोचते होंगे कि घर में जो घुटन का माहौल बन गया है, वह मेरी या मेरी बीवी की वजह से होगा। मैंने सोचा कि क्यों न आपको अपनी आँखों से कारण दिखा दूँ।"

मैंने सशंकित आँख अपने चारों ओर डाली तो अकारण डर-सा लगा। समूचे मुहल्ले में सन्नाटा पड़ गया था। किसी की आवा-जाही, कोई स्वर-आहट नहीं। ऐसे में चोरों की तरह, अँधेरे में खड़े रहकर, इतनी रात गए किसी मकान की ओर ताकने में बड़ी ग्लानि हो रही थी।

अचानक बाईं ओर के एक मकान से दरवाजा खुलने की आवाज आई। क्षण-भर बाद कोई उनींदा-सा निकला और इधर-उधर देखे बिना, सामने की नाली पर आ बैठा। बगलवाले मकान में कोई जोर-जोर से खाँसने लगा, बरामदे का स्विच ऑन हुआ और टीन की पट्टियोंवाले जंगले से कटकर रोशनी की जालियाँ अँधेरी गली में लोटने लगीं। तभी नम्मू ने एकाएक हाथ पकड़कर सामने की ओर मेरा ध्यान आकर्षित किया। नारमा हाफिज के मकान का सामनेवाला दरवाजा हालाँकि बंद था, लेकिन उसके पल्लों से सटी एक आकृति वहाँ ठिठकी हुई खड़ी थी।

कुछ देर हम लोग उसी ओर देखते खड़े रहे। फिर इससे पहले कि मैं नम्मू से कुछ कहूँ, उसने अपने टार्च की रोशनी उधर ही फेंक दी। रोशनी के पड़ते ही वह आकृति हड़बड़ाई और अपनी चौंधियाई आँखों पर हथेली की आड़ लेकर जल्दी-जल्दी सीढ़ियाँ उतरने लगी।

लगा, जैसे सैकड़ों बड़े-बड़े सितारे एक साथ टूटें और आँखें झकाझक होकर रह जाएँ। मुझे बिलकुल यकीन नहीं हुआ कि नारमा हाफिज की दहलीज से इतनी रात गए शम्मी आपा उतर रही हैं।

जगह दो, रहमत के फरिश्ते आएँगे

भीतर पहुँचकर मैंने राहत की साँस ली। धीरे-से आकर बैठ गया। पता नहीं, पप्पू मियाँ कब आकर मेरे पीछे खड़े हो गए थे। सलमा किचन में ही कुछ खटपट कर रही थी। हाथ का काम छोड़कर तीर-जैसा सवाल उसने मेरी ओर फेंका, "क्या हुआ?"

"होने को था ही क्या," मन में आया कहूँ, लेकिन मैं तिलमिलाहट और गुस्से को पी जाने की कोशिश में खामोश रहा। जब स्कूटर आकर घर के सामने रुका था, तो कई बच्चों ने टूटकर यही सवाल किया था। तब भी मैंने जवाब नहीं दिया था और किसी से आँखें मिलाए बिना घर के अंदर हो गया था।

'क्यों, क्या हुआ?' सलमा ने अपना सवाल दुहराया।

मैं कुछ कहूँ, इससे पहले ही पीछे से पप्पू मियाँ का जवाब आया—

"ब्राउनी को छोड़ आए।"

"छोड़ आए! कहाँ?"

"वहीं, अस्पताल में।" गुस्सा और अपराध-भाव दोनों को दबाते हुए मैंने धीरे-से कहा। जानता था कि अब मेरे स्वर में सहारा ढूँढ़नेवाली अजब-सी निरीहता आ गई है। फिर अपने-आप ही कैफियत देते हुए मैंने कहा, "भई, उसे बेहद उलझानेवाली बीमारी हो गई थी। कम-से-कम महीने-भर का इलाज जरूरी था। फिर डॉक्टर ने भी कहा कि उसे हर रोज अस्पताल लेकर आना पड़ेगा—दवा-दारू का जो खर्च हो, सो अलग। खैर, खर्च की तो कोई बात नहीं थी, लेकिन उसे रोज लेकर अस्पताल दौड़े चले जाने का वक्त किसके पास है। जानती तो हो कि…"

"लेकिन उसे छोड़ा किसके पास?" सलमा ने अधीरतापूर्वक कहा।

"बताया न, वहीं अस्पताल में दो लोग मिल गए थे।" एक पल रुककर मैंने जवाब दिया, "मैंने डॉक्टर से कहा भी कि वे उसे दाखिल कर लें। वे कहने लगे कि हम दाखिल तो कर लें, लेकिन यहाँ अस्पताल की ओर से खाने का कोई इंतजाम नहीं, खाना पहुँचाने आपको ही आना पड़ेगा। मेरी मानिए तो आप इसे ले जाइए और रोज इसी वक्त ले आया कीजिए… असल में सलमा, सोचो तो, इतनी जहमतों के लिए अपने पास गुंजाइश कहाँ है…"

कहते हुए मुझे साफ लगा कि मैं सलमा को पटाने या अपनी ओर मिलाने की

कोशिश कर रहा हूँ।

''पापा!'' सूफिया ने पूछा, ''वे अस्पतालवाले आदमी क्या ब्राउनी को अपने साथ ले गए?''

''हाँ!''

''क्या वे उसे पाल लेंगे, पापा?'' इस बार शहनाज की आवाज थी, ''लेकिन फिर इलाज के लिए तो उन्हें भी अस्पताल ले जाना पड़ेगा, नहीं?''

मैंने हाँ और नहीं के बीच जैसे सिर हिला दिया। पता नहीं, मेरे जवाब से उसे संतोष हुआ या नहीं, क्योंकि अपने ही बच्चों की ओर देखने का साहस मुझमें नहीं रह गया था। लगा कि मैं सारे लोगों की नेजे-जैसी आँखों में यूँ घिरा हुआ हूँ जैसे कटघरे में खून का मुजरिम। उनमें सलमा के अतिरिक्त कुर्सी के पीछे सहमे-से खड़े पप्पू मियाँ, बड़ी बच्ची शहनाज, छोटी सूफिया ही नहीं, पड़ोस के अमित, मनीषा, कल्याणी और गुड्डू मियाँ भी हैं। पता नहीं, वह मेरी उदास खामोशी थी या अकारण गुस्से का भाव, आगे किसी ने न तो कुछ कहा और न पूछा। यही नहीं, धीरे-धीरे सब वहाँ से खिसक गए, पप्पू मियाँ भी। सलमा ने हाथ का काम फिर उठा लिया और खामोशी के साथ यों लग गई थी जैसे मैं वहाँ हूँ ही नहीं।

उसी क्षण मैंने पहली बार जाना कि बिलकुल अकेला होना किसे कहते हैं!

अगर यह विपत्ति थी, तो इसका बीज लगभग महीने-भर पहले ही पड़ चुका था। उसी दिन, जब ब्राउनी हमारे घर आई थी।

कुत्तों से मुझे कभी कोई दिलचस्पी नहीं रही, बावजूद इस सच्चाई को मानने के लिए कि कुत्ता बेहद ईमानदार और प्यार करनेवाला जानवर होता है, मेरी कभी हिम्मत नहीं पड़ी। अगर कभी एकाध बार मोह उपजा भी हो, तो उसके साथ ही जहमतों, उलझनों और परेशानियों की याद दिलाकर मैंने अपने मोह को कुचल दिया था। लेकिन मैं हैरान हूँ कि मेरे बिलकुल बरअक्स हमारे साहबजादे पप्पू मियाँ को जानवरों और खासकर कुत्तों से इतना लगाव कैसे पैदा हो गया!

पिछले दो बरसों से उनका यह आलम था कि खूबसूरत कुत्तों की तो बात ही और, बदसूरत या गैर-दिलचस्प कुत्तों पर भी जान छिड़के जा रहे हैं। मेरे दोस्तों में से वे उनके ज्यादा चहीते दोस्त हो गए थे, जिनके यहाँ कुत्ते हैं। ऐसे घरों में जाने के लिए उनसे तकाजों की भी जरूरत कभी नहीं पड़ी। वे हमेशा पेश-पेश

और तैयार मिलते हैं।

"पापा, अब तो हम भी एक कुत्ता पाल लें।" आखिर एक दिन उसकी फरमाइश ही हो गई, "देखिए न, सबों के यहाँ कुत्ते हैं, सिर्फ अपने ही यहाँ नहीं। आप तो हमें बस एक कुत्ता ला दीजिए⋯"

"कुत्ता! हमें नहीं पालना है कुत्ता-उत्ता!" सूफिया ने बुढ़िया-जैसे अंदाज में टोककर कहा था, "नापाक जानवर है। दादीजान कहती हैं कि जिस घर में कुत्ते होते हैं, वहाँ रहमत के फरिश्ते नहीं आते।"

"रहमत के फरिश्ते! यह क्या होते हैं?"

"भैया! रहमत के फरिश्ते⋯" सूफिया ने अपने दस बरस के दिमाग पर जोर दिया था, "रहमत के फरिश्ते⋯बस फरिश्ते होते हैं। अल्ला मियाँ भेजते हैं उन्हें, जिस घर पर यह नहीं आते, वहाँ खुदा की रहमत ही नहीं बरसती और मालूम है, ऐसे घर के लोग बेरहम हो जाते हैं। इसीलिए तो कहते हैं कि कुत्ते का खयाल छोड़ दो और कुछ पालना ही है, तो तोता पाल लो।"

"तोता! तोते में क्या रखा है। हमें नहीं पालना है तोता-ओता।"

"लेकिन भैया, फिर रहमत के फरिश्ते⋯"

"मत आने दो रहमत के फरिश्तों को।" सूफिया को दो-टूक जवाब मिला था, "हम तो कुत्ता ही पालेंगे।"

पप्पू मियाँ की वह जिद कोई साल-भर चली। गाहे-ब-गाहे और मौका-बे-मौका वे बराबर अपनी फरमाइश खोंसते रहे थे, लेकिन जब मैं बराबर बेअसर बना रहा और मेरे बहाने बढ़ते ही चले गए, तो मुझसे निराश होकर आखिर उन्होंने मेरे दोस्तों को पकड़ा था, "अंकल, आप हमारे लिए एक कुत्ता ला देंगे?"

जिन दोस्तों ने उन्हें गंभीरतापूर्वक लेकर साफगोई से काम किया था, वे बच निकले थे, लेकिन उनकी बिलकुल शामत आ गई थी, जिन्होंने निहायत गैरसंजीदगी के साथ उनसे वादा कर दिया था। बहुत जल्द वह वक्त आया था, जब न तो कुत्ता आया और न वे आए थे और कुछ दिनों बाद श्याम व्यास-जैसे दोस्तों ने इधर का रुख करने से ही तौबा कर ली थी।

लेकिन उस रात जब मैं लौटा, तो जो पहली खबर ज़ीने पर मिली, वह यह थी कि दोपहर को एक पिल्ला घर आ गया है।

"अच्छा!" मैं चौंका था, "कौन लाया? मिश्रा तो नहीं?"

"पप्पू मियाँ खुद ही कहीं से ले आए। कह रहे थे, पीछेवाली लाइन में उनका कोई दोस्त रहता है। उसके घर पर कुतिया ने पाँच पिल्ले जने थे, सो एक

इन्हें मिल गया।''

सब सो चुके थे—पिल्ला भी। पता नहीं, मुझे अच्छा लगा था या बुरा। सहज जिज्ञासावश मैंने देखा था कि वह चाकलेटी रंग का क्रास-ब्रीड था। लेकिन अपने लंबे-लंबे कानों और झब्बेदार दुम के कारण कुछ विशिष्ट ही नहीं, प्यारा भी लगता था।

''पड़ा रहने दो।'' मेरी हिचक और पशोपेश देखकर सलमा ने कहा, ''और कुछ नहीं तो बच्चे का शौक ही पूरा हो जाएगा।''

''वो बात नहीं, सलमा...''

मैं कहना चाहता था, लेकिन फिर चुप हो गया। इस बात को क्या सलमा नहीं जानती थी कि अगर अम्मी आईं तो घर पर इस पिल्ले की मौजूदगी को लेकर वे जाने कितने तूफान खड़े करेंगी! जिस घर पर कुत्ता फिरा करे, वह पाक कैसे रह सकता है और जब घर पाक ही नहीं तो नमाज कैसे पढ़ी जाएगी।

ब्राउनी का आना जैसे परिवार में एक सदस्य का जुड़ जाना था। बच्चों के लिए आनेवाले दूध और पावरोटी में उसने पहले दिन से ही अपना हिस्सा जमा लिया था। घर की हर चीज पर, ख्वाह वह पसंद करे या न करे, बराबर का भागीदार बनने में उसे बिलकुल देर नहीं लगी थी। फिर उसके सबसे बड़े हिमायती और मालिक पप्पू मियाँ बराबर अपनी मम्मी के सिर रहते थे। हर लम्हा उसका ध्यान, हर कदम पर उसका लाड़, हर बात पर उसकी बात। यह संयोग मात्र नहीं था कि पप्पू मियाँ, बच्चों और सलमा ने बहुत जल्द मुझे भी अपने जद में ले लिया था और एक दिन अपने को यह पाते मुझे देर नहीं लगी थी कि फुरसत के मौकों पर मैं भी उससे खेलने लगा हूँ...

''पिल्ली तो यह बुरी नहीं।'' एक दिन ऐसे ही किसी मौके पर मेरे एक दोस्त ने कहा था, ''लेकिन यह हर वक्त खुजाती क्यों रहती है। कहीं इसे खुजली-उजली तो नहीं हो रही?''

उस वक्त तो दोस्त की बात में मुझे कोई वजन नहीं लगा था, लेकिन हफ्ते-भर के अंदर यह विश्वास करना पड़ा कि वह बीमार है। जिस तरह सारा दिन बेचैन और बेदार होकर वह अपने समूचे बदन को खुजलाया करती थी और बावजूद सारी खुराक के वह दिन-ब-दिन सूखती जा रही थी, वह सबको परेशान करने के लिए काफी थी। यही नहीं, देखते-देखते कई जगहों से उसके जिस्म के बाल उड़ गए थे, खाल उपड़कर लटक गई थी और यह कहना मुश्किल हो गया था कि वह सड़क पर आवारा और लावारिस फिरनेवाली खुजली की मारी कुतिया नहीं, हमारी ब्राउनी है।

"पापा, इसे अस्पताल ले चलो।"

फिर पप्पू मियाँ का यह तकाजा शुरू हुआ था, जिसे मैं कई दिनों तक पीता रहा। कई दिनों तक ऐन सुबह के वक्त कई तरह के जरूरी काम निकल आते थे। फिर सच्ची बात तो यह थी कि अपनी मसरूफ जिंदगी में से एक पूरी सुबह कुत्ते के लिए निकाल देने का खयाल अजब ही नहीं, मुश्किल भी लगता था। तब और जबकि खुद अपना मेडिकल चेक-अप कराना था, सलमा को जरूरी तौर पर लेडी हास्पिटल ले जाना था, सूफिया को किसी कानों के डॉक्टर के पास पहुँचाना था और...

फिर भी मैं क्या करता ? कैसे और कहाँ तक बचता, खासकर तब, जबकि पप्पू मियाँ एक सुबह अपनी ब्राउनी को गोद में उठाए सीधे मेरे स्कूटर पर ही सवार हो गए थे कि या तो आज ब्राउनी अस्पताल जाएगी या फिर कभी नहीं जाएगी।

"पापा !" सहसा शहनाज की आवाज से मैं चौंका।

"पप्पू मियाँ रो रहे हैं।"

सुनकर जैसे धक्का लगा। वह पल अजीब था, जिसमें हैरानी हुई, गुस्सा आया, क्षोभ भी और भीतर से उमड़नेवाला एक ऐसा दर्द, जिसके मुँह को शालीनता, गंभीरता और बड़प्पन के खोल में मैंने मूँद रखा था। मैं लपककर पहुँचा।

"पप्पू बेटे," अपराधी के-से स्वर में मैंने कहा, "बेटे, सुनो तो, क्या बात हो गई ?"

पप्पू मियाँ, जो अब तक अपनी रुलाई जैसे-तैसे रोके हुए थे, एकाएक फूटकर रो पड़े, "पापा, वह तो भूखी-प्यासी मर जाएगी। उसे खाना कौन देगा ? उसे पानी कौन देगा... ?"

वाक्य यह ज़रा-सा था, लेकिन मुझे लगा जैसे मैं इतना-सा होकर रह गया हूँ।

"बेटे, तुम्हीं ने तो कहा था कि उसे छोड़ आएँ।"

इस इल्जाम के सहारे मैं पप्पू मियाँ का मुँह बंद करना चाहता था, जबकि सच्चाई यह थी कि पप्पू ने यह कभी नहीं कहा था। ब्राउनी से पिंड छुड़ा आने की बात, उसे घेर-घारकर जबरन मैंने ही कहलवाई।

अस्पताल में जब मैं घिर गया था और जब देखा था कि छुटकारे की कोई

सूरत नहीं, तो मजबूरी में घिसटता-घिसटता मैं कंपाउंडर के काउंटर पर खड़ा था। मैं दवा लेना भी चाहता था और नहीं भी। और उसे अस्पताल में दाखिल करवाने की कोशिश के पीछे क्या था? क्या यही पिंड छुड़ाना नहीं?

"बड़ी खुजली हो गई है।"

काउंटर के पास खड़े एक आदमी ने दूसरे से कहा।

"हाँ, बहुत। बड़ी नाकिस बीमारी होती है।"

वे दोनों कुत्ते को देख रहे थे और उससे भी ज्यादा पप्पू मियाँ को, जो दवासनी कुतिया को पूरे एहतियात, प्यार और जिम्मेदारी से सँभाले हुए थे।

"क्यों साहब, यह कुत्ता आपका है?" एक ने मुझसे पूछा।

"जी।"

"अल्सेशियन है?"

"जी नहीं, यों ही है। कमबख्त को जाने कहाँ की बीमारी लग गई, परेशान हो गए हैं।"

"अमाँ जब अल्सेशियन नहीं, तो क्यों परेशान होते हैं?" दूसरे ने मुझसे सहानुभूतिपूर्वक कहा था, "वैसे भी यह अब आपके किस काम का। भगाओ साले को।"

क्षण-भर को वह प्रस्ताव बहुत क्रूर और निर्मम लगा था। क्षण के उसी अंश में मैं यह सोचकर सहम गया था कि दो निहायत मामूली से आदमियों ने एक नजर में पढ़ लिया है। लिहाजा खुद को और उन्हें झुठलाते हुए मैंने .तवाद किया था, "ऐसे कैसे भगा दें? इतने लाड़ से पाला है··· और फिर यह जाएगी कहाँ? भगा दिया तो भूखी-प्यासी मर जाएगी।"

"अजी साहब, कुत्ते कहीं भूखे-प्यासे नहीं मरते! इसका है क्या। कहीं भी पेट भर लेगी।"

कुछ देर मैं असमंजस में पड़ा रहा। फिर काउंटर से हटकर मैं पप्पू के पास आ गया था। उसके चेहरे को देखता और अच्छी तरह तौलता हुआ कि इस बातचीत का उस पर क्या असर हुआ है। फिर उसके सात बरस के दिमाग पर निर्णय का सारा भार डालते हुए मैंने पूछा था, "क्यों बेटे, क्या करें?"

अस्पताल के अहाते से निकलते हुए मैंने स्कूटर बहुत तेज चलाया था। उन दोनों आदमियों ने मेरी बड़ी मदद की थी। फैसले के बाद जब हम स्कूटर पर सवार हुए थे, तो ब्राउनी हमारी ओर लपकी थी, लेकिन उनमें से एक आदमी ने उसे आगे बढ़कर पकड़ लिया था, और दूसरे ने हाथ का इशारा किया था कि मैं जल्दी से निकल भागूँ।

रास्ते में, काफी खामोशी के बाद पप्पू ने कहा था, ''वह कैसी टुकुर-टुकुर देख रही थी न, पापा !''

लेकिन दूसरी बार अस्पताल से लौटने पर मुझे किसी उलझन का सामना नहीं करना पड़ा। अबकी बार न तो बाहरवालों ने घेरा था और न भीतरवालों ने।

''बेटे, अब तो खुश ?'' मैंने स्कूटर से उतरते हुए पप्पू से पूछा।

उसने सिर हिला दिया।

अभी कुछ देर ही पहले उसने कितनी आफत कर दी थी। मैंने उसे दो मर्तबा समझाने की कोशिश की थी। वह मेरे सामने तो चुप हो गया था, लेकिन मेरे हटते ही रोने लगता था। दूसरी दफा, धीरे-से पर्दा हटाकर जो कुछ मैंने चुपचाप कमरे में देखा था, वह यह विश्वास दिलाने के लिए काफी था कि उसे समझाने की कोशिश बेकार है। देखा था कि बिस्तर पर औंधे पड़े पप्पू मियाँ ने तकिए पर अपने दाँत कसकर गड़ा दिए हैं और रुलाई रोकने की कोशिश कर रहे हैं...

''चलो, अच्छा फिर देख लेते हैं।'' हारकर मैंने कहा था, ''अगर वे लोग ले न गए हों, तो ब्राउनी को लौटा लाएँगे, ठीक ?''

मैंने एक बार फिर स्कूटर तेज भगाया था—दिल-ही-दिल यह दुआ करता हुआ कि वह मिल जाए, लेकिन खाली हाथ लौटना पड़ा। वहाँ कोई नहीं था।

''ठीक ही हुआ न, पापा !'' एकाएक ज़ीने पर चढ़ते हुए पप्पू मियाँ ने कहा, तो मैं चौंक पड़ा।

''वह अल्सेशियन तो थी नहीं।'' वह कह रहा था, ''और वैसे भी अपने किस काम की ! नाहक परेशान होते।''

और मैं यों हैरान था, जैसे उसके छोटे-से गले में सहसा कोई अपरिचित और उम्र से भारी आवाज समा गई हो। मैं अँधेरे में दंश खाए मुसाफिर की तरह उसी जगह खड़ा रह गया। उसी तरह, जैसे एक दिन उसे अपने ही अंदाज से कोई भद्दी गाली बकता सुनकर मैं सन्न रह गया था। उस दिन भी उसे डाँटने के लिए मेरी जबान नहीं पलटी थी और मैंने उसे अनसुना कर दिया था। दहलीज पर आते ही मुझे सूफिया मिली। वह मुझे सवालिया नजरों से देख रही थी। मैंने बिना कुछ सोचे हुए बेसाख्ता कहा, ''सूफिया बेटे, अम्मी को खत लिख दो। कहना इस घर में अब रहमत के फरिश्तों के लिए जगह हो गई है !''

जनाजा

''फिर अब क्या करें ?''

एक पल बाद रमन फिर वही सवाल पूछ बैठा जिसका शंकरदत्त को बराबर डर बना हुआ था। फिर वह उनकी ओर ऐसी आँखों से देखने लगा, जैसे एकाएक उन्हें गलत नुक्ते पर पकड़ लेना चाहता हो।

सहमकर वह दूसरी ओर देखने लगे। साउथ के उन दूसरे ब्लाकों की तरफ जहाँ यूक्लिप्टिस के छोटे-छोटे पेड़ करीने से लगे हुए थे और दिसंबर की खुशगवार धूप जिनके केले ऐसे पीड़ों पर चिलचिला रही थी। हवा ऊपर किस तरह पारदर्शी होकर काँपती है, इसका एहसास जैसे उन्हें पहली बार हुआ। स्पष्ट ही इस इतनी बड़ी आकस्मिक दुर्घटना का उधर कोई प्रभाव नहीं पड़ा था। लोग अपने-अपने बीवी-बच्चों और दोस्तों के साथ छुट्टी के दिन की आलस-भरी और नार्मल जिंदगी गुजार रहे थे।

''क्वार्टर नंबर तो बता दिया था ?'' अचानक शंकरदत्त ने कुछ याद कर पूछा।

''हाँ,'' रमन बोला, ''वैसे भी कुरैशी को पता है।''

दोनों अलग और दूर खड़े थे। रिजवी के क्वार्टर से ही नहीं, उसके सहन, सामनेवाले अहाते और उस जगह से भी दूर, जहाँ दो-दो, चार-चार के ग्रुप में खासी बड़ी भीड़ इकट्ठी हो गई थी। कुछ देर पहले शंकरदत्त भी उन्हीं में से एक थे। न चाहते हुए भी बहुत-सी बातों के हिस्सेदार। लेकिन रमन ने उन्हें सहसा उबार लिया था। कुरैशी के यहाँ से लौटकर रमन ने उन्हें दूर से ही इशारा कर दिया था और वह निकल आए थे।

''दत्त जी !'' एक लंबे पल के बाद रमन ने अधीरतापूर्वक कहा, ''साढ़े ग्यारह वैसे ही बज रहे हैं। अगर अभी से इतनी देर हुई, तो जनाजा उठने में शाम हो जाएगी। कॉलोनीवाले कब तक भूखे-प्यासे बैठे रहेंगे ? नागी साहब और जोशी जी बार-बार कह रहे हैं कि भई, जो कुछ करना है, जल्दी करो...''

यह कोई नई बात नहीं थी। रमन की गैर-हाजिरी के दौरान जब शंकरदत्त भीड़ में शामिल थे, तो इस बात के टोंचे उन्हें कई बार लगे थे। दलीलें वे ही थीं, लेकिन इस वक्त रमन के मुँह से वही बातें शीशे की तरह धारदार लगीं।

''जोशी खुद ही कुछ क्यों नहीं करता ?'' वह पूरी तरह फटकर चीखना

चाहते थे, लेकिन तत्काल ही मौके की नजाकत सामने आ गई।

"रुक जाओ," ऊपरी गंभीरता के साथ वह संयत स्वर में बोले, "थोड़ी देर और देख लेते हैं। मुमकिन है कि स्टेशन से कोई खबर आती हो, मुमकिन है कि कुरैशी दफ्तर से होता हुआ सचमुच आ जाए या…"

पर आगे बोला नहीं गया, चाहे रमन की घूरती हुई दृष्टि हो या उनके अपने ही आत्मविश्वास की कमी, वह स्वयं चुप हो गए। स्टेशन से क्या खबर आनी है, वह भी जानते थे और दूसरे लोग भी कि वहाँ से निन्यानबे फीसदी निराशा हाथ लगनेवाली है। लेकिन फिर दूसरा उपाय? क्या वह सचमुच स्टेशन की खबर के लिए ही रुके हुए हैं?

"ज़रा इन्क्वायरी को तो फोन कर देखो।" अचानक उत्साहित होकर उन्होंने कहा।

"वह मैं कर आया हूँ।"

"अच्छा! फिर…"

"जी.टी. सिर्फ दस मिनट लेट थी," रमन ने बताया, "और इन्क्वायरी ने कहा कि गाड़ी ठीक दस सत्रह पर भोपाल छोड़ चुकी है।"

दस सत्रह अर्थात सिर्फ आधे घंटे की मोहलत! जब स्टेशन के लिए किसी आदमी को दौड़ाया जा रहा था उस वक्त पौने दस बज रहे थे। यों उस दुर्घटना की वहशत उस वक्त भी सब पर तारी थी। तो भी कॉलोनी के हर आदमी ने इस बात पर जोर दिया था कि किसी-न-किसी को स्टेशन जरूर भेजना चाहिए। कौन जानता है कि किस्मत से गाड़ी मिल जाए और रिजवी के बदनसीब बीवी-बच्चे आखिरी दफा कम-से-कम मुँह ही देख लें…।

शंकरदत्त ने घड़ी देखी। स्टेशन से कोई खबर आए या न आए, इस बात पर धीरे-धीरे उन्हें भी यकीन होता जा रहा था कि कुरैशी गच्चा दे गया। आना होता तो वह पहली खबर पहुँचते ही कभी का आ चुका होता। लेकिन मन जैसे पूरी तरह मानता नहीं था। लगता था, कुछ भी सही, कुरैशी आखिर है तो मुसलमान ही। अपनी बिरादरीवाले आदमी के लिए कहीं तो कुछ दर्द होगा…

"दत्तजी!" इस बार रमन का स्वर कुछ बदला हुआ था, "मेरे खयाल से कुरैशी का रास्ता देखना बेकार है। वह नहीं आने का।"

"उसने पहले क्या कहा था?"

"कहता क्या," रमन बोला, "वही, जो ऐसे मौके पर सभी कहते हैं।"

"फिर भी?"

"सुनकर पहले तो वह भौचक रह गया था, फिर अरबी की कोई आयत

पढ़ता हुआ बोला था कि आप चलिए, मैं अभी हाजिर होता हूँ। मैंने कहा न, मुझे तो तभी शक हुआ था। दूसरी बार इसीलिए मैं जाना नहीं चाहता था। सोचिए तो सही, क्या ऐसे कामों में भी तकाजे की जरूरत पड़ती है?"

असल में रमन को दोनों मरतबा शंकरदत्त ने ही भिजवाया था। जैसे ही उस दुर्घटना की वहशत कम हुई थी और आगे का ध्यान आया था, उन्होंने कुरैशी को बुलाने के लिए रमन को दौड़ा दिया था। पहली बार खबर आई थी, आ रहे हैं। घंटे-भर प्रतीक्षा करने के बाद फिर रमन गया, तो अब यह खबर लेकर आया है कि कुरैशी घर पर ही नहीं मिला। उसे बच्चों से कहलवा दिया गया कि एकाएक साहब का चपरासी बुलाने आ गया था, सो वह यह कहकर चले गए हैं कि उधर ही से होते हुए मैयत में शामिल हो जाएँगे।

"शामिल?" शंकरदत्त के मुँह में बहुत कुछ आकर अटक गया था, लेकिन उन्होंने होंठों को कस लिया। महज शामिल होनेवाले तमाशबीनों की यहीं कौन कमी है! जमा तो है आधी-की-आधी कॉलोनी...

"अरे भाई, आखिर क्या तय हुआ?"

सहसा सबसे ऊँची आवाज में पुकारकर जोशी ने पूछा। जैसे तय करने-न-करने की जवाबदारी अकेले शंकरदत्त की ही हो और अब तक कुछ न कर सकने के लिए उन्हें कठघरे में खड़ा किया जा रहा हो।

यह आदमी कितना कमीना और लंपट है। जोशी का चुकंदरनुमा चेहरा देखते ही शंकरदत्त की बाईं कनपटी की नस तड़पी और निचला होंठ गुस्से में काँपकर लटक आया। साला, हर जरूरी-गैरजरूरी जगह अपनी गंदी नाक घुसेड़ता है।

"कुरैशी घर पर नहीं है।"

रमन ने बहुत संयत स्वर में जैसे सबको एक साथ बताया और बिलकुल ठंडे ढंग से जाकर एक ओर खड़ा हो गया। भीड़ में एक क्षण के लिए सकता पड़ गया।

"छुट्टी के दिन भी दफ्तर?" किसी ने धीरे-से एक जुमला उछाला।

"दफ्तर नहीं, साहब!" सप्रा ने कहा।

"साहब!" तनखीवाले ने साश्चर्य कहा, "साहब कि मेमसाहब?"

"अमाँ मेमसाहब ही नहीं, मेमसाहब का पेटीकोट और पेटीकोट ही नहीं, उसका कमरबंद..."

कुरैशी के पीछे अक्सर यह बात कही जाती थी कि वह साहब का मुँह-लगा और पिट्ठू है कि छुट्टी के दिन बिला नागा वह बँगले पर हाजिरी देता है, कि

बच्चों की फ्रॉक से लेकर मेमसाहब के सेनेटरी टॉवेल्स तक का भार कुरैशी ने ले रखा है।

"अजी मारो गोली कुरैशी को," सहसा जोशी ने तैश में आकर कहा, "क्या साले कुरैशी के बिना रिजवी की लाश नहीं उठ सकती ? क्यों दत्त जी ?"

"उठ क्यों नहीं सकती," दत्त ने कहा, "आप ही आगे बढ़िए और उठाइए लाश को। भला इससे मुझे या किसी को क्या एतराज हो सकता है। हम लोग तो महज इसलिए झिझक रहे थे कि यह दूसरी बिरादरी का मामला है..."

और फिर भीड़ में खामोशी छा गई। थोड़ी देर आपस में खुसर-पुसर होती रही। हर कोई यह याद करने की कोशिश कर रहा था कि कॉलोनी में और कौन-कौन-से मुसलमान-घर हैं।

"आबकारी विभाग के कुदरतुल्ला साहब ?"

"अफसर है, न हिंदू, न मुसलमान !"

"फाइनेंस के इमामबख्श ?"

"पक्का मुसलमान और परहेजगार किस्म का आदमी। जो ईमानवाले नहीं, उन्हें इंसान ही नहीं समझता।"

"अली साहब ?"

"नंबरी स्नॉब ! इस कदर कम-जर्फ है कि..."

"और अंसारी ?" किसी ने याद दिलाया।

"वही होता, तो फिर रोना किस बात का था," शंकरदत्त ने कहा, "कमबख्त दौरे पर चला गया है।"

सब चुप। दो-एक मिनट बाद भीड़ में फिर छोटे-छोटे ग्रुप बनने लगे। कुछ लोगों ने जमुहाइयों से बचने के लिए बीड़ी-सिगरेट जलाई, कुछ ने तंबाकू फाँकी। शंकरदत्त ने भी डिब्बा खोलकर एक पान मुँह में रखा। फिर सब मिलकर उस सड़क की ओर देखने लगे, जिधर से बस आती थी—स्टेशन होकर आनेवाली बस।

"अब और कितनी देर है ?"

शंकरदत्त अभी ज़ीने पर ही थे कि दालान में खड़ी पत्नी ने जैसे उन्हीं सवालनुमा बाँहों से रास्ता रोक लिया।

"देर है।" कहकर वह तेजी से भीतर घुस गए। अगल-बगल के क्वार्टरों की महिलाएँ भी अपने-अपने दालानों से उन्हें ही घूर रही थीं।

"बड़ी प्यास लगी है।" भीतर आकर उन्होंने यों बैठते हुए कहा, जैसे अपने टूटे हुए शरीर को सुस्ताने के लिए डाल रहे हों। पीछे-पीछे आ रही पत्नी रुकी नहीं, सीधे किचन की ओर निकल गई। दो मिनट बाद वह पानी का गिलास लेकर लौटी।

"स्टेशन से कोई खबर आई ?"

"हाँ, आ गई।"

"क्या ?"

"ट्रेन जा चुकी थी।"

कई पलों तक पत्नी उन्हें खामोशी से घूरती रही, फिर फँसे हुए गले से बोली, "मतलब यह कि रिजवी के बाल-बच्चे आखिरी दफा मुँह देखने से भी..." शंकरदत्त ने भी अपनी आँखें पत्नी की ओर उठा दीं, बोले नहीं, बस देखते रहे। सारी कॉलोनी में मिसेज रिजवी अगर कहीं जाती थीं तो वह यही घर था, सिर्फ यही घर !

"फिर ?" बड़ी चुप्पी के बाद एक प्रश्न हुआ।

शंकरदत्त ने खखारकर गला साफ किया, जैसे पूछते हों, "फ़िर क्या ?" धीरे-से बोले, "खबर पहुँचा दी है मस्जिद में।"

"म्युनिसिपैल्टी में ?"

"मस्जिद !" शंकरदत्त ने जोर से कहा, "म्युनिसिपैल्टी नहीं, मस्जिद !" दरअसल, पत्नी की म्युनिसिपैल्टीवाली बात उनके भीतर कहीं बहुत गहरे उतर गई थी—कई-कई घावों को एक साथ उधेड़ती हुई ! मुफलिसी में जिंदा रहना तो सहा जा सकता है लेकिन मरना और वह भी पराए शहर में ? मान लो कहीं वह ही पराए शहर में होते तो ? लेकिन शहर अपना किस तरह होता है ? क्या सिर्फ जन्म लेने और दो-चार पीढ़ियों से रहे आने से ही ? पराया न सही, लेकिन कई बार खुद उन्हें क्या इसके अपने होने में शक नहीं होता ? मान लो रिजवी की जगह वही होते ? क्यों नहीं हो सकते ? रिजवी ने ही कहाँ कल्पना की होगी ? कल वह दफ्तर आया था। रात उन्होंने उससे बात की थी। सुबह उसकी आवाज सुनी थी। वह जानते थे कि मिसेज रिजवी अपने बच्चों के साथ वतन जा रही हैं। उस वक्त एक बहुत ज़रूरी काम से निकले थे जब रिजवी के घर के सामने ताँगा खड़ा था और स्टेशन चलने की तैयारी हो रही थी।

कोई दो घंटे बाद जब वह लौटे, तो देखा कि रिजवी के घर के सामने हंगामा मचा हुआ है। कॉलोनी के कई लोगों ने एक ताँगेवाले को घेर लिया था और लात, घूँसे

तथा जूतों से उसकी मरम्मत की जा रही थी।

शंकरदत्त झपटते हुए पहुँचे थे और वहाँ जो कुछ सुना, देखा और जाना, वह उन पर फालिज का हमला था।

रिजवी की लाश के पास मुश्किल से एकाध आदमी था जबकि ताँगेवाले को मारने के लिए आधी कॉलोनी जमा हो गई थी। वहाँ से निकल आने के बाद भी उन जुमलों ने पीछा नहीं छोड़ा था।

"क्यों बे, क्या नाम है तेरा?"

"करीम।"

"मुसलमान है साला।"

"अबे मियाँ," किसी ने कहा था, "अपनी बिरादरीवाले पर तो रहम किया होता..."

शंकरदत्त जानते थे कि रिजवी के बीवी-बच्चे वतन जा रहे थे। उन्हें यह पता था कि स्टेशन तक छोड़ने रिजवी जानेवाला है। आगे का पता नहीं था, जाने रिजवी बच्चों को रवाना करके ही लौटा या स्टेशन तक छोड़कर चला आया था। थोड़ी देर बाद लोगों ने देखा था कि रिजवी से ताँगेवाला आठ आने ज्यादा माँग रहा था और बुरी तरह अड़ गया था। जब तू-तू, मैं-मैं से घर के सामने एक दृश्य खड़ा होने लगा, तो रिजवी को हार माननी पड़ी थी। रिजवी ने आखिर में अठन्नी फेंक दी थी लेकिन वह गुस्से में आग बबूला हो चुका था। लोगों ने बस इतना ही देखा था कि उसी क्रोध में चिल्लाता हुआ वह घर के अंदर दाखिल हुआ था। ताँगेवाला अभी मुश्किल से सौ गज बढ़ा होगा कि मालूम हुआ वसीम रिजवी अपने घर की दीवान पर मरा पड़ा है।

शंकरदत्त जिस तेजी से लपके थे, उसी शिद्दत से बर्फ भी हो गए थे। लाशें उन्होंने कई देखी थीं, लेकिन वैसा डरावना चेहरा उन्होंने इससे पहले कभी नहीं देखा था। रिजवी गुस्से में खौलता हुआ मरा था, लिहाजा उसके दोनों होंठ कसकर भिंचे हुए थे, गालों की तनी हुई मांसपेशियों में दुहरी-तिहरी शलें पड़ गई थीं और आगबबूला होती हुई उसकी खुली आँखें मर चुकने पर भी निगलती हुई और बेहद डरावनी लगती थीं।

शंकरदत्त बच्चों की तरह दहलकर हट गए थे।

"एक अठन्नी के लिए पट्ठे ने जान दे दी।" कोई धीरे-से कह रहा था और शंकरदत्त में इतना भी साहस नहीं था कि वह उसकी ओर देख लेते।

"वसीम," एक बार शंकरदत्त ने रिजवी से कहा था, "तुममें इतना क्रोध क्यों भरा हुआ है? जानते हो, जो कुछ नहीं कर सकता वही गुस्सा करता है।"

''जानता हूँ।''

''फिर भी?''

''शायद इसीलिए करता हूँ।''

''तुम्हें पता है कि तुम अकेले पड़ते जा रहे हो?'' एक और दफा शंकरदत्त ने रिजवी से कहा था। वह या तो पाकिस्तान से युद्ध के दिन थे या किसी भयंकर दंगे के बाद कोई मौका।

''शायद।''

''और यह भी पता है कि मुसलमान तुम्हें...''

''हाँ, यह भी पता है कि मुसलमान मुझे काफिर समझते हैं, और हिंदू यह समझते हैं कि मैं...लेकिन क्या आदमी सिर्फ स्याह या सफेद ही होता है? ऐसा नहीं होता कि दोनों के बीच कई-कई रंग घुले हों?''

कई पल रुककर शंकरदत्त ने कहा था, ''क्या यह जरूरी है कि जो रंग आपका भीतर से हो वह बाहर भी दिखाया जाए?''

''दत्त जी, अगर यह जरूरी नहीं तो हिपोक्रेसी और ईमानदारी में क्या फर्क हुआ?'' रिजवी ने कहा था, ''कुरैशी और मुझमें फिर क्या फर्क हुआ? क्या कुरैशी और उस-जैसे लोग यह सब करने के लिए काफी नहीं हैं?''

शंकरदत्त चुप हो गए थे। रिजवी ने जैसे उन्हें याद दिला दिया था कि वह अपनी नहीं दूसरों की आवाज में बोल रहे हैं। मानो अपने और रिजवी के इतने बरसों के संग-साथ और बदनाम दोस्ती को झुठला देना चाहते हों। क्या यह कभी मुमकिन था?

दफ्तर और कॉलोनी दोनों ही जगह शायद वह अकेले आदमी थे, जो रिजवी के साथ उठने-बैठने ही नहीं, हमदर्द दोस्त होने के लिए बदनाम थे। आमतौर पर वसीम रिजवी सनकी, गुस्सैल और चिड़चिड़े आदमी की तरह जाना जाता था, और नतीजा यह था कि लोग उससे या तो कटते थे या उसे अपने से काट दिया करते थे।

''अमाँ यार, किस सिड़ी आदमी को चिपकाए फिरते हो?'' दफ्तर के साथियों ने उन्हें कई बार टोका था, ''क्या साँप भी किसी का दोस्त हो सकता है?''

''साँप!'' उन्हें आश्चर्य हुआ था, ''अगर रिजवी साँप है तो कुरैशी क्या नहीं?''

कुरैशी और रिजवी एक ही बिरादरी के होने पर और एक ही दफ्तर में काम करने के बावजूद एक-दूसरे के बिलकुल बरअक्स थे। यही नहीं, उनमें आपस

में कभी पटी भी नहीं। वैसे भी रिजवी का सबसे बड़ा निंदक कुरैशी ही था। चाय की कैंटीन हो या दफ्तर की मेज, रिजवी के बिलकुल विपरीत कुरैशी हँसमुख, मिलनसार और यारबाश आदमी की तरह मशहूर था। हर लम्हा लतीफों और चुस्त-दुरुस्त फिकरों से लैस कुरैशी गाहे-ब-गाहे अपनी जिंदादिली की मिसालें पेश करता रहता था। सामूहिक बातचीत के दौरान देश और राष्ट्रीयता उसके प्रिय विषय थे। 'तुम आदमी हो या मुसलमान,' यह उसका ऐसा तकियाकलाम था, जिससे वह अपने हिंदू दोस्तों को खूब हँसाया करता था।

ओलंपिक टूर्नामेंट चल रहे थे और दफ्तर में कई दिनों से बड़ी सरगर्मी थी। सस्पेंस इस बात पर था कि भारत और पाकिस्तान के बीच हो रहे हाकी के खेल में कौन बाजी मार ले जाता है? कुरैशी अपना छोटा ट्रांजिस्टर लेकर दफ्तर आया करता था और लंचब्रेक के अलावा और वक्तों में भी कमेंट्री सुनी जाती थी, बहसें होती थीं और शर्तें बदी जातीं। रिजवी का यहाँ भी कोई मौका नहीं था।

उस दिन दफ्तर पहुँचकर शंकरदत्त साँस भी नहीं ले पाए थे कि कुरैशी मिठाई का एक दोना लेकर उनके सिर हो गया था। सारा दफ्तर मुँह मीठा कर रहा था, लेकिन किस बात पर और कौन करा रहा है, यह थोड़ी देर रहस्य ही बना रहा। रिजवी उस दिन भी देर से दफ्तर आया था। हमेशा की तरह उसके आते ही चेमेगोइयाँ हुई थीं। थोड़ी देर खुसर-पुसर होती रही फिर अचानक कुरैशी रिजवी के पास मिठाई का दोना लेकर पहुँच गया था।

"किस बात की मिठाई?" स्वभावतः रिजवी ने भी पूछा था।

"आपको पता नहीं?"

"जी नहीं।"

"यारो," कुरैशी ने जैसे सारे दफ्तर को संबोधित करते हुए कहा था, "अब तो मान जाइए कि रिजवी साहब कितने मासूम हैं। बेचारों को यह भी पता नहीं कि ओलंपिक टूर्नामेंट में इस बार हमने पाकिस्तान को पटखनी दे दी है।"

दफ्तर के लोग हँसने लगे थे।

"मिठाई कौन खिला रहा है?" रिजवी ने हतप्रभ हुए बिना धीरे-धीरे पूछा।

"अमाँ, आपको आम खाने से मतलब है कि पेड़ गिनने से?"

"दोनों से," रिजवी ने दृढ़ता से कहा था—"अब फरमाइए।"

रिजवी का वह रुख ऐसा था कि एक पल को दफ्तर में सकता-सा पड़ गया। स्वयं कुरैशी जैसे सहम-सा गया था, लेकिन तभी पिछली मेज से आवाज आई

थी–"पेड़ आपके सामने खड़ा है।"

इस बार दफ्तर में गूँजनेवाली हँसी ऊँची थी। एक हद तक अकारण और शायद जरूरत से ज्यादा तल्ख भी। पता नहीं वह इसकी प्रतिक्रिया थी या कुछ और, सहसा रिजवी ने मिठाई का दोना घृणापूर्वक उठाकर बाहर फेंक दिया था।

सारी कॉलोनी सोई पड़ी थी, खामोश। तीन चौथाई रात बीत गई थी। कब और कैसे, पता नहीं। शंकरदत्त जाग रहे थे। किसी की मैयत में जाने का, कफन-दफन से लौटने का यह पहला अवसर नहीं था, अपने और परायों को मिलाकर ऐसे बीसियों मौके आए थे, लेकिन ऐसी बेचैनी पहले कभी नहीं हुई थी–अपने जवान बेटे को फूँक आने के बाद भी नहीं। असल में वह सदमा था जबकि यह सदमे से ज्यादा बेचैनी। वसीम रिजवी का मरा हुआ चेहरा उनके भीतर कहीं बहुत गहरे पैवस्त हो गया था।

'क्या बेवकूफी है!' शंकरदत्त ने मन-ही-मन झल्लाकर अपने को डाँटा और करवट बदल ली।

उन्होंने नींद लाने की आखिरी कोशिश के तहत फिर दृढ़तापूर्वक आँखें मूँद लीं, लेकिन दूसरे ही क्षण घबराकर आँखें खोलनी पड़ीं। रिजवी का चेहरा बुरी तरह तंग करता था। वह फिर, और फिर, बड़ी देर तक यही करते रहे, लेकिन बंद आँखों में न तो नींद आ रही थी, और न खुली आँखों में···

युद्ध

पाकिस्तान से युद्ध के दिन थे। हवा भारी थी। लोग डरे हुए और सचमुच नीमसंजीदा। आकाश झुककर छोटा हो गया था–रंगहीन मटमैला तथा डरावना। क्षणों की लंबाई कई गुना बढ़ गई थी। आतंक, असुरक्षा और बेचैनी से लदा दिन वक्त से पहले निकलता और शाम के बहुत पहले यक-ब-यक डूब जाता था। फिर शाम होते ही रात गहरी हो जाती थी और लोग अपने घरों में

पास-पास बैठकर भी घंटों चुप लगाए रहते थे।

''सुना! वसीम रिजवी से चार्ज ले लिया गया है।'' दफ्तर पहुँचते ही शंकरदत्त को एक दिन इसी तरह हतप्रभ रह जाना पड़ा था।

''यानी? क्या वह नौकरी से...''

''नहीं, नौकरी पर तो है। रिजवी से वह काम छीन लिया गया है, जो वह बरसों से करता आ रहा था। डाइरेक्टर ने कहा कि हालात को देखते हुए ऐसा बड़ा काम रिजवी पर छोड़ना ठीक नहीं। सारे देश का मामला है...''

''क्या पिद्दी और क्या पिद्दी का शोरबा!'' शंकरदत्त को हँसी आ गई थी। एक तो निहायत बेमानी और सड़ा हुआ महकमा और उस पर वह दो कौड़ी का काम, जो रिजवी करता आ रहा था! अगर विभाग के प्रमुख होने के नाते डाइरेक्टर भी चाहता, तो कुछ नहीं कर सकता था, फिर रिजवी तो एक मामूली कर्मचारी था।

दफ्तर में मुसलमानों की संख्या कुल मिलाकर चार थी और उस पर भी नोटिस लिए जानेवाले तीन थे। युद्ध छिड़ते ही शहर के मुसलमानों में जो आतंक और भय समा गया था, उसका आभास दफ्तरों में पा लेना सबसे ज्यादा आसान था। दो-एक दिन हर क्षण यह लगता रहता था कि अब कोई दंगा छिड़ा, अब कोई फसाद हुआ। दरअसल, आम मुसलमान, झाड़ियों में दुबके खरगोश की तरह अजीब सकते के आलम में डरा हुआ और चौकस हो गया था। लोग दरवाजे-खिड़कियाँ बंद करके धीमी आवाज में रेडियो पाकिस्तान की न्यूज़ सुनते और जब भी दो या चार आपस में मिलते, खरगोशों के अंदाज में बातें करते।

इसी बीच एक घटना हुई। सकते के दौरान ही एक रात शहर के संभ्रांत मुसलमानों की एक आम सभा हुई और दूसरे दिन शहर के बीचोंबीच की एक इमारत पर हिंदी का एक बहुत बड़ा बोर्ड लटक रहा था—राष्ट्रीय मुस्लिम संघ।

शहर के नामी-गिरामी आदमी हामिदअली, जो दो बार हज करके लौटे थे, इसके प्रेसीडेंट चुने गए थे। हामिदअली के हस्ताक्षरों से मुसलमानों के नाम राष्ट्रीयता की शपथ दिलानेवाली कई बड़ी-बड़ी अपीलें निकाली गई थीं और इन अपीलों को प्रेस तथा अखबारों तक पहुँचाने का काम कुरैशी ने ही किया था।

''क्यों दोस्तो, लाहौर और कितना रह गया?''

युद्ध के बीच के दिनों में लगातार दो दिनों तक जैसे इसी प्रश्न से दफ्तर खुलने लगा था। टैंकों का नाश हो या आदमियों का, बड़ी अजीब-अजीब और

उत्साहवर्द्धक अफवाहें फैली हुई थीं। इनमें सबसे बड़ी अफवाह यह थी कि पाकिस्तानी फौज को गाजर-मूली की तरह काटती अपनी फौज लगातार आगे बढ़ती जा रही है और कि लाहौर पर अब बस कब्जा हुआ ही चाहता है।

"क्यों साहब, बहादुरों की किसी फौज को दस-बारह मील का फासला तय करने में कितना वक्त लगता है?"

उस दिन यह सवाल सबसे पहले कुरैशी ने ही किया था। दफ्तर अभी-अभी खुला था। रिजवी भी आ चुका था और रोज की तरह चुपचाप बैठा वह कोई अखबार पलट रहा था। कुरैशी ने वह सवाल हालाँकि पूरे दफ्तर से किया था, लेकिन पहले उसने रिजवी की ओर छिछलती और मानीखेज नजरों से देख लिया था।

"दस घंटे भी लग सकते हैं, दस दिन भी, और दस साल भी..."

"अमाँ, दस मिनट कहिए, दस मिनट!" दफ्तर में अपनी कायरता के लिए प्रसिद्ध एक साहब ने ऐसे जोश में कहा, जैसे वह क्लर्क नहीं, फौज के कप्तान हों।

"यार, लाहौर आ जाए," बगल की मेज से आवाज आई, "हम तो वहीं चलकर बसने की सोच रहे हैं, सुना है कि शहर साला बेहद खूबसूरत है।"

"हाँ, है तो, लेकिन वहाँ करोगे क्या?"

"क्यों, कुछ भी किया जा सकता है—अखबार है, प्रेस है। क्यों यार, वहाँ चलकर हिंदी का प्रेस डाल लूँ, तो कैसा रहे?"

"मैं तो भई होटल खोलूँगा।" एक दूसरे साहब ने पुलकित स्वर में कहा "पानी बेचो और पैसा सूँतो! साली होटल में बड़ी आमदनी है। और कुछ नहीं तो इस गुलामी से तो पिंड छूटे..."

"कल मैं तेरह रुपए पंद्रह आने का एक मनिआर्डर करने जा रहा हूँ।" सहसा दफ्तर के बीचोंबीच और रिजवी के सामने ऊँची आवाज में घोषणा हुई, "किसके नाम, जानते हो? प्रेसीडेंट अयूब के नाम! बेचारा बड़ा गरीब आदमी है। पारटीसन होते ही हमारे तेरह रुपए पंद्रह आने लेकर भाग गया था। यकीन न हो तो छिंदवाड़ा मिलिटरी कैंटीन का पुराना खाता देख लो..."

उसी समय रिजवी, जो अब तक सारी बातों को अनसुनी करता मेज पर गर्दन झुकाए बैठा था, सहसा उठ खड़ा हुआ और बिना किसी की ओर देखे झटके से बाहर निकल गया। एक क्षण को तो सब चुप हो गए थे, लेकिन दूसरे ही क्षण कुरैशी ने सबकी ओर देखकर आँख मारी थी और लोगों ने एक-दूसरे को कोहनियों से ठेला था।

"देख लिया दत्त जी," किसी ने सीधे शंकरदत्त पर हमला किया, "ये अचानक क्या हो गया! क्यों मिर्चें लग गईं?"

शंकरदत्त हमलावर का मुँह ताकते ही रह गए थे कि कुरैशी ने तपाक से कहा, "अजी, दत्त जी बेचारे क्या कहेंगे! अभी परसों जब मैं राष्ट्रीय मुस्लिम सघ की अपील लेकर गया था, तो हजरत कहने लगे, काहे की अपील और क्यों? पट्ठे ने दस्तखत करने से साफ मना कर दिया! कहने लगा, मैं क्या बेईमान हूँ, जो ईमानदारी का सबूत पेश करता फिरूँ... ?"

"बत्ती बुझाओ... बत्ती बुझाओ... !"

दूर से अभी स्वयंसेवकों की आवाज आ रही थी–किसी सूनी पहाड़ी से टकराकर लौटी और मुँह चिढ़ाती-सी। बाहर अँधेरा और हैबतनाक खामोशी थी, जैसे समूचे शहर को किसी ने ठंडे और अँधेरे गार में उतार दिया हो। रह-रह लड़ाकू हवाई जहाजों की आवाज सहसा आकाश के किसी कोने में जनमती, फिर वह शैतानी जबान की तरह लपलपाती हुई मानो प्रत्येक घर की छत-मुँडेरों को चाटती कहीं दूर निकल जाती। फिर वही हैबतनाक खामोश और बेपनाह धड़कता हुआ अँधेरा, जिसमें देर तक यूँ लगता रहता था, जैसे वह आवाज गई नहीं, अपनी छत पर रुकी हुई है।

"अब तो शहरों पर भी बम गिराए जा रहे हैं–सिविलियंस पर!" शंकरदत्त ने साँस भरकर कहा, जैसे अपने-आपसे बातें कर रहे हों। फिर रिजवी की ओर देखने लगे। वह दोनों घुटने उठाए गुड़ी-मुड़ी-सा बैठा था। कमरे में एक मरियल मोमबत्ती की हल्की-हल्की-सी रोशनी थी, जिसे खिड़की-दरवाजे बंद करके, या परदों को खींचकर रोका गया था। रोशनदान तक के शीशों पर कागज चिपकाकर उन्हें अंधा किया गया था।

"तुमने आज का अखबार देखा?" शंकरदत्त को अपनी ही आवाज कहीं दूर से आती सुनाई दी, "सिविलियन अस्पताल पर बमबारी और बेगुनाह मरीजों के बीमार जिस्मों का परखचे-परखचे उड़ जाना... हरे राम, क्या इस क्रूरता के लिए हमें ईश्वर कभी क्षमा कर सकता है? मुझे तो लगता है..."

उसी समय मोमबत्ती की लौ काँपकर टेढ़ी हो गई थी। लगा था, कमरे के नीम उजाले फर्श को पलटती हुई अँधेरे की कोई लहर आई हो। रिजवी ने घुटने पर से सिर उठाया। उसके होंठ भी खुले, लेकिन वह बोला नहीं। उसने केवल सिर हिला दिया। उठकर शंकरदत्त पास गए और मनानेवाले स्वर में अपनेपन

से बोले, ''अमाँ, भूलो भी उसे !''

''किसे ?''

''वही सब''''

''किसे भूलूँ, दत्त जी ?''

''क्या वही सब दुहराकर मैं फिर से तुम्हारा मन खराब करूँ ?'' शंकरदत्त ने अत्यंत स्नेहपूर्वक रिजवी के कंधे पर हाथ रख दिया, ''वसीम, मैं बराबर यही कहता रहूँगा कि नाइंसाफियों को लेकर मातम करना आज ऐसा ही है, जैसे आदमी की मौत पर सिर पटकना । क्या तुम समझते हो कि अपनी बच्चों-जैसी जिद में लड़कर तुम ऐसी दुनिया से जीत जाओगे, जो युद्ध से कहीं ज्यादा क्रूर है ?''

''बत्ती बुझाओ''' !'' दूसरे ब्लॉक में से आवाज आई । आवाज इस दफा काफी दूर से आई थी, लेकिन लगा, जैसे वे फिर इसी क्वार्टर के सामने आ गए हों । शंकरदत्त ने उठकर परदों को एहतियातन और ठीक कर दिया ।

ज़रा-सी बात का हंगामा हो गया था ।

पिछले कई दिनों से शहर में ब्लैक आउट चल रहा था । शहर कैंटोनमेंट एरिया में नहीं आता था, तो भी खतरा बना हुआ था । शाम होते ही सारा शहर उसी ठंडे और अँधेरे गार में उतर जाता था । चाहे नागरिकता के फर्ज के नाते हो, या प्राणों के डर से, लोग बेहद चौकस और समझदार हो गए थे । ब्लैक आउट बनाए रखने के लिए हर मोहल्ले में स्वयंसेवकों के जत्थे तैयार थे ।

रोज की तरह आवाज लगाते हुए आज भी स्वयंसेवकों के जत्थे आए थे, लेकिन एक जत्था इस ब्लॉक में पहुँचकर आगे नहीं बढ़ा—ऐन रिजवी के क्वार्टर के सामने आकर रुक गया था । शायद किसी खिड़की का परदा ज़रा-सा सरक गया था और रोशनी की शहतीर क्वार्टर से कूदकर सामने की सड़क पर पड़ रही थी ।

''बत्ती बुझाओ !'' किसी ने डपटकर आवाज लगाई थी । रिजवी घर पर मौजूद था । उसने झाँककर भी देखा था, लेकिन कोई असर लिए बिना वह चुपचाप बैठा पढ़ता रहा ।

''क्यों साब, बहरे हैं ?'' दो नौजवानों ने आगे बढ़कर पूरी ताकत से कुंडी खटखटाई ।

''क्या बात है ?'' कुछ क्रोध और कुछ कैफियत तलब करने के अंदाज से रिजवी बाहर निकल आया और बात शायद यहीं से बिगड़ गई थी । ''अपना फर्ज मैं खूब समझता हूँ, बत्ती बुझी हुई है ।'' आखिर में रिजवी ने कहा था ।

''अगर बुझी हुई है, तो यह रोशनी कहाँ से आ रही है ?'' किसी ने जलकर प्रहार किया, ''क्या मेरी ससुराल से ?''

''वह मोमबत्ती है। मैंने पढ़ने के लिए जलाई है।''

''क्या मोमबत्ती में रोशनी नहीं होती ?''

''उससे कोई फर्क नहीं पड़ता। मैं परदा ठीक किए देता हूँ।''

''फर्क पड़ता हो या नहीं, आप बत्ती बुझाइए!'' कहकर एक उत्साही नवयुवक तीर की तरह दरवाजे की ओर बढ़ा और जिसे अधबीच में बाँह अड़ाकर रिजवी ने रोक लिया था।

''वह बत्ती नहीं बुझेगी!''

''बुझेगी!''

''नहीं बुझेगी!''

''बुझेगी!''

''जिद बेकार है,'' रिजवी ने कहा था, ''पहले सामनेवाले क्वार्टर्स की मोमबत्तियाँ बुझवाइए!''

''उनकी उन पर छोड़िए! हम आपसे बात कर रहे हैं!''

''क्यों छोड़ दूँ? क्या उन पर हीरे-मोती जड़े हैं?''

एक क्षण को वह नवयुवक हतप्रभ-सा घूरता रहा, फिर सहसा वह शेर की तरह यों गरजा कि सारी कॉलोनी गूँज उठी, ''यह बत्ती जरूर बुझेगी!''

सन्न, सकता पल-भर का, जिसे तोड़ते हुए अँधेरे में से एक आवाज आई, ''मार साले जासूस को!''

''जासूस! जासूस!''

कई लमहों तक रिजवी काँपता खड़ा रहा, फिर एकाएक अँधेरे में वह उस ओर लपका, जिधर से आवाज आई थी।

देर हो चुकी थी, जब तक शंकरदत्त वहाँ पहुँचे और बीच-बचाव किया। काफी देर हो चुकी थी।

''भाईजान!'' कोई दस मिनट बाद जब वे दोनों भीतर आकर संयत हुए तो इस रुँधी आवाज से शंकरदत्त चौंके थे। भीतरी दरवाजे की चौखट से यह बेगम रिजवी की आवाज थी, गले में फँसी-फँसी और अवरुद्ध।

''भाईजान, हम पर एक अहसान कीजिए। इनसे कहिए कि मुझे और बच्चों को पहले जहर देकर सुला दें, फिर चाहे ये दुनिया से जूझते फिरें··· हम हमारा खुदा है···''

आगे उनका स्वर यक-ब-यक उमड़नेवाली रुलाई में फँसकर डूब गया था और शंकरदत्त को लगा था कि सहसा उनके टेंटुए के आसपास काँटे-से उग आए हैं। उन्होंने दरवाजे की ओर देखा, जहाँ बेगम रिजवी के दुपट्टे का पल्लू झाँक रहा था, पर कुछ बोल नहीं पाए। रिजवी के दोनों बच्चे अप्पू और सबा परदे से लगे सहमे हुए और भयभीत खड़े थे। खासकर अप्पू जैसी खामोश, कातर और डरी हुई आँखों से अपने पिता की ओर देख रहा था, उससे शंकरदत्त सहमकर रह गए। यक-ब-यक खयाल आया था कि वे भी हिंदू हैं। इतने बरसों में इस घर में पहली बार… फिर जैसे यह भी पहली बार ध्यान आया था कि रिजवी अब भी उस हुलिये में बैठा हुआ है, "फटी हुई कमीज, नुचे हुए बिखरे बाल, और निचले होंठ पर चोट का लहु-जमा निशान…"

"अप्पू बेटे!" सहमती हुई आवाज में शंकरदत्त ने धीरे-से पुकारा, "बेटे, अपने अंकल के पास आओ!"

अप्पू नहीं आया। एक बार उन्हीं आँखों से घूरकर वह परदे से और सट गया।

"पापा के लिए दूसरे कपड़े ले आओ, बेटे!" उन्होंने हतप्रभ हुए बिना कहा था।

थोड़ी देर में कपड़े आए। लेकर अप्पू ही आया था, लेकिन कपड़े रखकर बिना किसी से कुछ कहे वह लौट गया था। शंकरदत्त हाथ बढ़ाकर उसे पकड़ना चाहता था, लेकिन वह मछली की तरह हाथ से फिसलता चला गया था। बहुत हलके शंकरदत्त को कहीं चोट भी लगी, लेकिन उन्होंने फीकी हँसी हँसकर धीरे-से कहा था, "अप्पू हमसे नाराज है!"

पता नहीं, रिजवी ने उनकी बात सुनी थी या नहीं, स्वयं शंकरदत्त उसे देखते हुए भी नहीं देख रहे थे।

क्या अप्पू सचमुच नाराज नहीं है? क्या लोग ठीक कहते हैं कि बच्चों की आँख में अच्छे या बुरे को सहसा भाँप जाने की अद्‌भुत शक्ति होती है? लेकिन इतने बरसों में अब वे यक-ब-यक बुरे कैसे हो गए और क्यों? कहीं ऐसा तो नहीं है कि उन्हें लेकर घर पर इधर कोई बात हुई हो और बच्चे ने चुपचाप उसका असर ले लिया हो? एक बार यह भी मन में आया था लेकिन अभी कल तक?

युद्ध का ग्यारहवाँ दिन चल रहा था। यही ब्लैक आउट और अँधेरा! लेकिन कल भी वे ऐसे ही लुढ़क आए थे, जैसे ढलान की ओर राह खोजता जल… कोई

अगर संतानहीन शंकरदत्त से यह पूछता कि अक्सर शामें इस घर में गुजारने के पीछे सचमुच कौन है–रिजवी या अप्पू, तो क्या वह जवाब दे सकते थे ? और सचमुच कौन है ? रिजवी की बरसों पुरानी दोस्ती, या अप्पू की दहलीज पर से ही गले लिपट जानेवाली वह किलकारी, ''अपने अंकल आ गए··· अपने अंकल आ गए···· !''

कमरे में आग से फूटनेवाले काँपते उजाले की तरह ज़रा-सी रोशनी और बहुत-सा अँधेरा था । रह-रहकर तेज हवाई जहाजों का उसी तरह ऐन छत पर ठहर जाना··· बाहर शहर-का-शहर कब्र के पत्थर की तरह ठंडा और खामोश था ।

''अपने अंकल !'' रोज की तरह अप्पू कल भी आ गया था, लेकिन आदत के मुताबिक न तो उसने शंकरदत्त के गले में अपनी छोटी-छोटी बाँहों का गजरा डाला था और न···

''अपने अंकल, आपको पता है, यह लड़ाई कब बंद होगी ?''

''शंकरदत्त बेतरह चौंक गए थे, ''क्यों बेटे ?''

''बताइए, कब बंद होगी ?''

''लेकिन क्यों ?''

''अम्मी पूछ रही हैं । कहती हैं, अंकल से पूछकर आओ ।''

शंकरदत्त ने भीतरी परदे की ओर देखा । कहीं बेगम रिजवी तो नहीं खड़ी हैं ? नहीं थीं । लेकिन यह सवाल अकेले अंकल से क्यों, पापा से क्यों नहीं ? एक पल को उन्हें लगा था, जैसे वह कठघरे की ओर धकेले जा रहे हों । उसके छोटे-से बदन को समेटते हुए उन्होंने धीरे-से कहा, ''पता नहीं बेटे !''

अप्पू कुछ और कहता कि दूर कहीं उसी आवाज ने जन्म लिया । फिर कुछ ही पलों में वह आवाज सारे आकाश और सन्नाटे को रौंदती इतनी निष्ठुर और खतरनाक होकर पास आने लगी कि अप्पू उनसे जोरों से चिपट गया । थोड़ी देर बाद अपनी भयभीत आँखें छत की ओर उठाकर अप्पू ने कहा था, ''अंकल, आपको डर नहीं लगता ?''

''लगता है, बेटे !''

''आपको भी ?''

''हाँ, हमें भी ।''

'यह जहाज लड़ाकू था न, अंकल ?''

शंकर दत्त ने सिर हिला दिया ।

''यह बम गिराने जा रहा है ?''

''अप्पू, अब अंदर चलो !'' बीच में रिजवी ने टोक दिया था ।

''लड़ाई में लड़ता कौन है, अंकल ?''

''सैनिक लड़ते हैं, बेटे !''

''सैनिक कैसे होते हैं ?''

''जो फौज में होते हैं, वे सैनिक कहलाते हैं ।''

''अच्छा समझ गए । जैसे हमारे पाकिस्तानवाले मम्मा सैनिक हैं । हैं न ?''

''हाँ बेटे, वे भी लड़ रहे होंगे ।''

''बंदूक से ?''

''हाँ, बंदूकों से, हथगोलों से, टैंकों से ।''

''इन्हें फौज में भेजता कौन है, अंकल ?''

''देश भेजता है, बेटे !''

''देश ? देश कौन है ?''

''बेटे... देश...'' शंकरदत्त को एक पल सोचना पड़ा था, ''देश वो है जिसमें लोग रहते हैं, जैसे हम-तुम—हमीं देश हैं, बेटे !''

''लेकिन अंकल, आप तो कह रहे थे कि आपको लड़ाई से डर लगता है । फिर इन्हें क्यों भेजा ?''

''अप्पू !''

रिजवी ने इस बार डाँटने के स्वर में पुकारा था । अप्पू ने एक लमहे को अपने पापा की ओर देखा था, फिर उनकी ओर मुड़कर बोला, ''अच्छा अंकल, एक बात और—सैनिक डरते नहीं हैं ?''

''किससे ?''

''लड़ाई में, गोली-वोली से । उनके लगती नहीं है ?''

''लगती है ।''

''सच्ची-मुच्ची की ?''

''हाँ ।''

''फिर वे मर जाते हैं ?''

''मर जाते हैं ।''

''सच्ची-मुच्ची ?''

''हाँ, बेटे ! सच्ची-मुच्ची ।''

अप्पू की छोटी-सी पेशानी में बल पड़ा था और उसके छोटे-छोटे होंठ आश्चर्य और चिंता से खुल गए थे । एक पल उन्हें अजीब-सी आँखों से घूरने के बाद उसने सहसा पूछा था, ''तो अंकल, उन्हें पुलिस क्यों नहीं पकड़ती ?''

क्या शंकरदत्त उस सवाल का जवाब दे सकते हैं ? अगर रिजवी ने इस दफा और भी सख्ती से डाँटकर अप्पू को खामोश न कर दिया होता, तो वह क्या कहते ?

"बहुत तंग करता है !" अप्पू के चले जाने के बाद रिजवी ने धीरे-से कहा था।

"हाँ, सचमुच तंग करता है !" साँस भरकर शंकरदत्त बोले थे, "वसीम, तुम्हें उस दिन की याद है—उस दिन की, जब अप्पू ने तुमसे एक सवाल कर दिया था और जिसका तुम्हारे पास बिलकुल जवाब नहीं था। वह बात आज भी मुझे तंग करती है··· "

रिजवी ने सवालिया आँखों से उन्हें देखा था, फिर याद करती पलकें अपने-आप झुक गई थीं।

कोई छुट्टी का दिन था। यही बैठक। यही दोनों। यही देर तक चलनेवाली खामोशी। बेगम रिजवी अंदर थीं। अप्पू बाहर अपने दोस्तों के साथ खेल रहा था। अचानक जाने क्या हुआ कि खेल छोड़कर वह सीधे पापा के पास आ पहुँचा था और फिर गोली दागने-जैसा उसका वह सवाल था—

"पापा, हम हिंदू हैं कि मुसलमान ?"

"क्यों ?" बेतरह चौंकते हुए भी रिजवी ने उसे टालना चाहा था, "बाहर खेलो, बेटे ! हमें बात करने दो।"

"नहीं, पहले बताइए," अप्पू मचल गया था, "हम हिंदू हैं कि मुसलमान ?"

"लेकिन क्यों ?"

"बताइए !"

"अच्छा, मुसलमान !"

"अल्ला मियाँ कहाँ रहते हैं, पापा ? ऊपर आसमान में न ?"

"हाँ।"

"और भगवान ?"

"वे भी वहीं।"

"वहीं ?" कहते हुए अप्पू की आँखों में एक बहुत गहरा प्रश्न तैर रहा था। वह और आगे सवाल न पूछे, इसलिए डरकर रिजवी ने कहा, "जाओ, बाहर खेलो··· " पर अप्पू कोई अगला सवाल पूछने के लिए उतावला था और वे दोनों अपनी जान बचाने के लिए··· रिजवी ने निगाह बचाने के लिए दालान की तरफ देखा।

दालान में टँगे आईने पर बैठी एक गौरैया हमेशा की तरह अपनी परछाईं पर चोंच मार रही थी।

इमारत गिरानेवाले

दूसरे कमरे से सारी आहटें आ रही हैं—वे सारी आहटें जो किसी भी परिवार की सुबह के साथ वैसे ही आती हैं जैसे सूरज के साथ धूप ! हर घर की सुबह-जैसी सुबह जिसमें किचन की खटपट, चाय के प्यालों की खनक, नलों के चलने और खाली पत्थर पर पछाड़ें खाने का स्वर या बाथरूम में फ्लश की आवाज...

मैं जानता हूँ कि वह घड़ी आन पहुँची या अगर पहुँची न हो तो किसी भी क्षण अचानक पहुँच सकती है। फिर क्या होगा ? क्या मैं घबराया हुआ हूँ या डर रहा हूँ ? शायद दोनों ही बातें हो सकती हैं। बहुत मुँह-अँधेरे ही मेरी आँखें खुल गई थीं और मुझे अचानक ध्यान आया था कि मैं दूसरे के ड्राइंग रूम में सो रहा हूँ।

पहले मुझे विश्वास नहीं हुआ था कि मैं अपने घर के पलँग पर नहीं हूँ। बरसों पुरानी आदत के तहत मेरे सिर को अपने नर्म और गुलगुले तकिये पर होना था या मेरी बाँहों में पत्नी का सोया हुआ या बासी शरीर। लेकिन बर-अक्स मैं उसके सोफे पर अकेला पड़ा हुआ था और मेरी गर्दन गोल और सख्त तकिये के कारण दुख रही थी।

मुझे सख्त प्यास लगी थी और हलक में काँटे उग आए थे। असल में सूखे हलक ने ही मुझे वक्त से पहले जगा दिया था। नशा, जिसे मैं खुमार बिलकुल नहीं कह सकता, अभी भी मेरे सारे बदन पर तारी था। सच कहूँ तो इसका एहसास मुझे अब हो रहा था कि रात मैंने कितनी शराब पी थी। रात ! रात की याद आते ही मेरे सारे शरीर में झुरझुरी-सी दौड़ गई थी और कई पलों तक मेर शरीर सुन्न पड़ गया था। क्या जो कुछ हुआ या हो गया वह सच था या नशे मे आए हुए स्वप्न की झिलमिली-सी कैफियत ?

अभी अँधेरा था। अगर मैंने अपनी घड़ी न देखी होती तो मैं भी यहं

समझता कि अभी रात है। मैं धीरे-से उठा था और हल्की लड़खड़ाहट के बाद पानी की तलाश में किचन की ओर चल पड़ा था—दबे पाँव और धीरे। बाहर के दरवाजे को छोड़कर सारा घर खुला पड़ा था, किचन और बाथरूम की बत्ती तो खुली हुई थी ही, अनिल और चंद्रा का कमरा भी वैसा ही था जैसा मैं रात छोड़ आया था—पलँग के पासवाली तिपाई पर उल्टे-सीधे पड़े काँच के गिलास, नीचे लुढ़की हुई खाली बोतलें, उसके पास उतरी पड़ी चंद्रा की साड़ी और कमरे की खुली हुई रोशनी में तथा मसले हुए बिस्तर पर बेहोश पति-पत्नी!

किचन से दबे पाँव लौटते हुए मैं बड़ी देर तक वहाँ ठिठका रहा था। कई क्षणों तक मैं अपने दोस्त अनिल और उसकी पत्नी चंद्रा के सोए हुए शरीर को देखता रहा था। चंद्रा केवल एक पेटीकोट और ब्रा पहने हुए बेखबर सो रही थी। उसकी एक औंधी पिंडली घुटने तक खुली हुई थी। और उसे उस तरह देखते हुए यह विश्वास करना कठिन था कि यह वही रातवाली देह है···

मैं ड्राइंग रूम में लौट आया था, क्योंकि मैं नहीं चाहता था कि वहाँ देखता हुआ मैं पकड़ा जाऊँ। फिर इसके सिवा और कोई चारा भी नहीं था कि एक के बाद एक सिगरेट पिऊँ, वक्त को गुजरने दूँ, या सुबह होने का इंतजार करूँ।

एक बार यह भी मन में आया था कि अभी दोनों सो रहे हैं और उठने में देर भी हो सकती है, क्यों न चुपचाप उठकर अपने घर चल दूँ और आनेवाले संकट से बच निकलूँ। लेकिन फिर खयाल आया था कि मेरी हैसियत के लिहाज से यह कायरता होगी।

अनिल मेरा दोस्त था भी और नहीं भी। दोस्त वह इन अर्थों में था कि इधर मेरा सारा वक्त उसी के साथ या उसके घर गुजरने लगा था। और कारण चाहे जो हो, मैं इधर उसे पंसद भी करने लगा था। नहीं था इस मानी में कि हम दोनों में दोस्ती का कोई भी आधार नहीं था। वह एक दफ्तर की नौकरी में मामूली-सी हैसियत पर जिंदा रहनेवाला आदमी था और मैं··· ?

मेरा संबंध उस वर्ग से है जिसके स्रोतों के बारे में लोग साँप के पाँव का उदाहरण दिया करते हैं। यों कारोबार के लिहाज से मैं इमारतें गिराने और उठाने का काम करता हूँ, लिहाजा अनिल और मेरे वर्ग, हैसियत, शऊर और मिजाज में बड़ा अंतर था। यों भी अनिल मुझसे हमेशा दबा-दबा रहता था और मैं उस पर खूबसूरती से चड्डी गाँठे हुए था। हम दोनों इस बात को जानते थे। शायद दोस्ती का कोई आधार हो सकता था तो सिर्फ इतना ही कि अनिल के

अनुसार हम दोनों एक ही जगह के रहनेवाले थे।

इस शहर को अपने या अपने कारोबार के लिए मैंने यों ही नहीं चुना था। शुरू से ही यह मुझे यों दिलचस्प लगा कि एक में यहाँ दो शहर हैं या दो शहरों से मिलकर यहाँ एक शहर बन रहा है। एक तरफ पुरानी इमारतों का पुराना शहर है तो दूसरी तरफ नई इमारतों का बिलकुल नया शहर। मुझसे बेहतर कौन जानता है कि पहला जिस अनुपात में टूट रहा है, दूसरा उससे कहीं ज्यादा दिन-ब-दिन फैलता जा रहा है।

यहाँ आने के बाद भी कई साल तक हम लोग एक-दूसरे से टकराए नहीं थे। न तो उसे पता था कि मैं इस शहर में हूँ और न मुझे ही अनिल की जरूरत थी। अगर अपने कारोबार के सिलसिले में मैं अनिल के दफ्तर न गया होता तो शायद कभी भी यह नौबत न आती। दरअसल मैं अपने कारोबार को जिस तरह समझता हूँ, इन दफ्तरवालों को, चाहे वे क्लर्क हों या अफसर, ऐसा नहीं है कि कम अच्छी तरह समझता होऊँ। 'तुम डाल-डाल तो हम पात-पात' की चाल मुझे खूब आती है। शायद इसीलिए अनिल की गर्मजोशी ने पहले तो मुझे चौकन्ना कर दिया था लेकिन बाद में यह जानकर मुझे बेहद शर्मिंदगी हुई थी कि वह वो नहीं जो मैं समझ रहा था। यही नहीं, मुझ पर और पानी पड़ गया जहाँ उसने दफ्तर के कारोबारी संबंधों को बालाए-ताक करके पिछली जगह और उसमें गुजरे दिनों की याद दिलानी शुरू कर दी थी।

''मैं जानता हूँ, आपको तो याद भी नहीं होगा,'' उसने कहा था, ''लेकिन मैं पहले दिन ही आपको पहचान गया था। बोला इसलिए नहीं कि बड़े आदमी हैं, जाने आप क्या खयाल करें। आपको भला क्या याद होगा कि हम लोग स्कूल की निचली जमातों में भी साथ-साथ थे। याद कीजिए, दोपहर की रीसेज में आपको कच्ची इमली तोड़-तोड़कर कौन खिलाया करता था? सोचिए और बताइए कि छुट्टी के दिनों में जामुन और अमरूद के बगीचे में गुलेल लेकर आप किसके साथ भागे-भागे फिरते थे?''

मुझे कुछ भी याद नहीं था। न तो जगह की याद थी—न स्कूल की। सच तो यह है कि मुझे इसमें भी शक था कि वह मेरी जगह का रहनेवाला है, लेकिन मैंने जाहिर नहीं होने दिया।

अब मैं नहीं कह सकता कि अनिल के घर चलने के आग्रह को सबसे पहले मैंने कैसे और क्योंकर रख लिया था। मुमकिन है कि इस तरह मैं अपने बड़प्पन का एक और सबूत देना चाहता था। यह भी मुमकिन है कि मैं उसके बार-बार के इसरार से अपना पिंड छुड़ाना चाहता था। बहरहाल, कई दिनों और

कई-कई आग्रहों के बाद जब मैं इसके घर पहुँचा और अनिल ने अपनी पत्नी चंद्रा को मुझसे मिलाया तो मुझे इस बात का अफसोस हुआ था कि मैं इससे पहले उसके यहाँ क्यों नहीं पहुँचा। चंद्रा केवल सुंदर ही नहीं थी, बल्कि अपनी बातचीत, रख रखाव, आँख की मुद्राओं और अंदाज में उदास करने की हद तक खूबसूरत थी। मैं दस मिनट के लिए गया था, लेकिन पहली बार ही दो घंटे बाद लौटा और आनेवाले दो दिनों तक परेशान रहा। कहना फिजूल है कि अनिल का महत्व अब मेरी नजर में कई गुना बढ़ गया था।

मुझे यह बताने में हरगिज संकोच नहीं कि मैं बेहतर कारोबारी और साफ-सपाट आदमी हूँ। चाहूँ या न चाहूँ, हर चीज की कीमत मेरे यहाँ इस बात पर तय होती है कि वह जरूरी होने के साथ-साथ फायदेमंद भी है या नहीं। स्त्रियों के मामले में भी मेरा दृष्टिकोण सौ-फीसदी यही है। न तो मैंने कभी प्रेम किया है और न कभी इस मूर्खता पर विश्वास करता हूँ। मुमकिन है बहुतों को लगे कि मैं बहुत कारोबारी और बनिया जेहन आदमी हूँ, लेकिन अगर ऐसा है भी तो उसके लिए मैं जिम्मेवार नहीं हूँ। ऐसा मेरे साथ पहले कभी नहीं हुआ था। अजीब बात है कि चंद्रा से मिलने के बाद मेरे भीतर एक खास तरह की उथल-पुथल शुरू हो गई थी। जैसा कि मैंने कहा है, मैंने कभी प्रेम नहीं किया लेकिन लड़कियों या औरतों की मुझे कभी कोई कमी नहीं रही। एक खास वर्ग की औरतें फ्लर्ट करने या सोने के लिए मुझे हमेशा ही मिलती रही हैं। शायद एकाध बार एक स्त्री ने मुझे थोड़े समय के लिए उलझाया भी था, लेकिन बहुत सतही स्तर पर और बहुत जल्द मैं उस सबसे छुटकारा पा गया था।

यह पहली बार हो रहा था कि एक मामूली वर्ग की मामूली-सी औरत मुझे चुनौती की तरह लग रही थी और मेरे भीतर उदासी का रूप लेकर बैठ गई थी!

जब मैं उदास रहते-रहते हार गया, अपने भीतर की कैद से मुझे घबराहट होने लगी और उसका असर मेरे कारोबार पर पड़ने लगा तो इसके अलावा और कोई उपाय नहीं रहा कि इस बला से छुटकारा पाऊँ। बस, एक दिन मेरी चमचमाती हुई कार उस गली में जाकर खड़ी हो गई जहाँ अनिल का घर था। दोपहर का वक्त, मैं जानता था कि अनिल दफ्तर में होगा, लेकिन बहाने गढ़ने में मुझे क्या देर लगती है? पहले दिन चंद्रा घबरा गई थी। पर निहायत घरेलू और उल्टे-सीधे कपड़ों में मेरे सामने आकर उसका घबराना मुझे और भी आकर्षक लगा था। पता नहीं अनिल की गैर-मौजूदगी में पहुँचने के मेरे बहाने पर चंद्रा ने कितना विश्वास किया अथवा किया भी या नहीं।

"बुरा न मानें तो एक बात कहूँ," कुछ दिनों बाद चंद्रा मुझसे कह रही थी,

"क्या यह नहीं हो सकता कि आप उनकी मौजूदगी में ही आया करें।"

"क्यों?" मैंने अपने फक पड़ते रंग को बड़ी मुश्किल से सम्हाला था।

"कुछ अच्छा नहीं लगता," दूसरी ओर देखती हुई चंद्रा बड़ी मुश्किल से सिर्फ इतना कह पाई थी, "मेरा मतलब है... आप तो जानते हैं। अनिल के सिवा दुनिया में मेरा कोई नहीं है।" कहकर चंद्रा बिलकुल उदास हो गई थी और मैंने फैसला किया था कि नहीं, खेल का यह रंग, खुद मेरे लिए भी खतरनाक हो सकता है। फिर इस रास्ते मेरा इलाज भी नहीं था। मैंने अपना रास्ता एकाएक बदल दिया। अब अनिल के सूने में जाने के बदले मैंने शामें ही उसके साथ गुजारनी शुरू कर दीं और चूँकि हर शाम घर पर बिताई नहीं जा सकती, लिहाजा अनिल और चंद्रा को अपनी गाड़ी में लेकर मैं अक्सर बाहर निकल जाया करता। उन्हें मैं उन पॉश रेस्तराओं में ले गया जहाँ अनिल या उस-जैसी हैसियत के लोग घुसने की भी हिम्मत नहीं कर सकते। उनके सामने वे इंटरकांटिनेंटल डिशेज रखवाए जिनके उन्होंने नाम भी नहीं सुने थे। हम उन नाइट-क्लबों में गए जहाँ कैबरे-गर्ल स्ट्रिप करती हैं या फ्लोर-शो की आड़ में जहाँ पुरुष और स्त्रियाँ दोनों उत्तेजित होते हैं। हमने पी भी और पिलाई भी। अनिल तो एकाध बार ननु-नच करके शामिल हो गया था, लेकिन चंद्रा को तैयार करने में मुझे और अनिल को काफी मेहनत करनी पड़ी थी। पहले चंद्रा अलफ हो गई थी, मुझसे ज्यादा अनिल पर। इस चक्कर में दो-एक शामें बुरी तरह खराब भी हुई थीं, लेकिन मैं जानता हूँ कि—इस शहर में अनिल-जैसी हैसियत और वर्ग के लोगों की नैतिकता आखिर कितने पानी में है। मैंने वही कमजोर नस दबा रखी थी।

गोकि कल रात जो कुछ हुआ वह एक दिन होना ही था। यह एक दिन दो-चार रोज आगे-पीछे हो सकता था या यह हो सकता था कि इस तरह न होकर उस तरह होता या फिर किसी और तरह से होता। बहरहाल, सबकुछ इतनी तेजी से, इतनी जल्दी और इतने अनसोचे ढंग से हुआ कि मुझे हैरान होने का भी मौका नहीं मिला।

मैं साफ देख रहा था कि बाहर की चंद शामों ने ही हमें एक-दूसरे से बेहद बेतकल्लुफ कर दिया है। दूसरे शब्दों में मैंने उन्हें काफी हद तक खोल लिया था। जैसे अभी पिछली एक शाम को हम लोग सूने पार्क की एक बेंच पर बैठे हुए थे और अनिल ने चंद्रा को अचानक मेरे सामने चूम लिया था? जाहिर है कि मैंने जो पौधा रोपा था, उसमें फूटनेवाली यह पहली कली थी।

"ये क्या बदतमीजी है ?" चंद्रा पहले तो हक्की-बक्की रह गई फिर बेतरह बिगड़ते हुए उसने कहा था।

"क्या हुआ ?" अनिल ने हँसकर मेरी ओर देखा था, "हम लोग पति-पत्नी हैं और यह दोस्त है। इसके सामने अगर प्यार ही कर लिया तो कौन-सी आफत आ गई ?" अनिल की हँसी हँसी नहीं थी।

अचानक चंद्रा उठकर खड़ी हो गई थी।

अगरचे मैंने कुछ नहीं कहा, लेकिन मैं खुश था कि अनिल के मुँह में अब मेरी जबान है। मैं यह भी जानता था कि चंद्रा के विरोध और गुस्से के बावजूद वह पार्कवाली शाम अंत नहीं, एक तरह से शुरुआत थी–एक ऐसी शुरुआत, जिसका मोड़ आखिर मेरे रास्ते में ही आता था।

और कल वही हुआ।

हम तीनों अनिल के बेडरूम में बैठे पी रहे थे और खाना घर पर ही मँगा लिया गया था। बेडरूम में एक पलँग, एक नीम-आरामदेह कुरसी और एक स्टूल के अलावा और कोई फर्नीचर नहीं था, लिहाजा अनिल और चंद्रा पलँग पर बैठे हुए थे और मैं कुरसी पर। दो पेग के बाद दसियों बेमानी बातें हुई थीं और फिजूल-से मसलों पर बहस करते और चीखते हुए हम लोग देर तक हँसते रहे थे।

किसी पराई स्त्री के साथ शराब पीना मेरे लिए नई बात नहीं थी, लेकिन यह अनुभव बिलकुल नया था कि नशे में स्त्री इतनी उत्तेजक भी हो सकती है। शर्म और शराब का मेल था। चंद्रा अलाव की तरह दहक रही थी ! पता नहीं कितनी रात हो गई थी। यह भी पता नहीं कि हम लोग कितनी पी चुके थे। रह-रहकर अनिल और चंद्रा के शरीर मेरी आँखों में धुँधले और छोटे हो जाते थे। कई बार लगता जैसे हवा में तैरते हुए दूर के शोर की तरह चंद्रा का चेहरा पास आकर एकाएक लौट जाता है।

अनिल बहक रहा था। एक बार कौतुक के बहाने उसने अपने-आपको चंद्रा की गोद में लुढ़का लिया था। फिर एकाएक जाने क्या हुआ कि चंद्रा को बेशरमी से चूमते हुए उसने मेरी ओर देखा था और लड़खड़ाती आवाज में बोला था, "तुम··· तुम वहाँ क्या कर रहे हो ?"

"मैं ?" कहकर झेंपी हुई हँसी हँसने लगा था। वह हँसी नहीं थी। मैं नर्वस था। देखा, चंद्रा तमतमाकर लाल हो गई थी।

"ले-ले यार, चल, एक प्यार तू भी ले ले, क्यों चंद्रा ?"

अनिल ने अभी अपना वाक्य मुश्किल से पूरा किया होगा। मुझे चंद्रा की

ओर देखने या उसकी प्रतिक्रिया जानने की न तो जरूरत थी और न फुरसत। दो पलों के भीतर पटखनी खाई गेंद की तरह उछलकर मैं सीधे पलँग पर जा पहुँचा था।

सहसा परदे के पीछे से किसी के पाँवों और चूड़ियों की आहट सुनाई दी और मेरा जी जोर-जोर से धड़कने लगा। क्या सचमुच वह घड़ी आन पहुँची? दो-एक क्षण साँस रोके मैं उधर देखता रहा, फिर लंबी साँस लेकर मैंने सिगरेट जला ली। न चंद्रा थी और न अनिल, बरतन माँजनेवाली बाई थी। वह चुपचाप चाय रखकर लौटने लगी थी।

"साहब उठ गए?" मैंने उससे जल्दी से पूछा था।

"जी।"

"कहाँ..."

"बाथरूम में हैं।" मेरे सवाल के पहले ही पट से जवाब मिला।

"और बाई साब?"

"किचन में।"

एक पल को लगा जैसे नौकरानी भी सब जानती है।

मैं सिगरेट के लंबे-लंबे कश खींचने लगा। क्या मैं घबराया हुआ हूँ या डर रहा हूँ? लेकिन क्यों? कल रात मेरे पलँग पर पहुँचने के बाद अनिल इससे भी लंबे-लंबे कश खींचने लगा था। फिर जलती हुई सिगरेट एशट्रे में डालने की बजाय उसने यों ही फेंक दी थी, घबराहट में! और दो पल के एक टुकड़े में अनिल का वह चेहरा क्या मैं कभी भूल सकता हूँ? मेरे लिए यह सचमुच तजुर्बे की बात थी कि किसी चेहरे पर ज़रा से वक्फे में इतने सारे रंग आएँ और उतर जाएँ। हाँ, सबसे अंतिम और गहरा रंग कुछ वैसा था जैसे कोई बच्चा खेल-खेल में अनजाने ही जख्मी हो जाए और दर्द से डबडबाई आँखों के बावजूद, अपने छोटे-से पौरुष के सहारे, मुस्कराने के लिए विवश हो...

"...मार्निंग।"

अचानक अनिल की इस आवाज से मैं चौंका। वह सामने परदा हटाए खड़ा था, मुझसे चंद कदमों के फासले पर। हाँ, यही वह घड़ी थी जिसके खयाल से ही मेरी रूह काँप रही थी और मैं नहीं जानता था कि इसका सामना कैसे करूँगा। अपने अंदर फैले सारे तर्कों को मैं जल्दी-जल्दी समेटने लगा। मैंने सोच लिया था कि अनिल के आरोप या गुस्से या तकलीफ को मुझे किस तरह निबटाना

चाहिए। मुझ-जैसे खिलाड़ी के लिए यह बाएँ हाथ की बात थी कि अनिल-जैसे पिद्दी के वार को मारक बनाकर लौटा दूँ, ऐसे कि वह मुझसे आँख भी न मिला सके।

परदे को छोड़कर जैसे ही वह मेरी ओर बढ़ा मैंने साही की तरह अपने बाल और नोकीले काँटे फुला लिए। अनिल नपे-तुले कदमों से आकर मेरे पास खड़ा हो गया और मैंने आँखें उठाईं।

''क्यों?'' मुझसे आँख मिलते ही अनिल बोला, ''कैसी रही?'' मैंने उसे बहुत गौर से देखा। माई गुडनेस! उसके होंठों पर हल्की-सी मुस्कराहट भी थी!

मुझे खुश होना चाहिए था। अब मैं बिना किसी लानत-मलामत के अपनी जीत की खुशी में इतराता हुआ वहाँ से निकल सकता था, लेकिन हैरत है कि न तो मुझसे उठते बन रहा था और न ही यह मुमकिन था कि वहाँ बैठा रह सकूँ। शायद मुझे धक्का लगा था। कुछ उसी तरह, जैसे किसी पुरानी इमारत को गिरवाते हुए एक बार मैं जख्मी हो गया था, कैसे, मुझे नहीं मालूम!

बिरादरी

वहाँ पहुँचते ही मुझे लगा कि आना गलत था। बिलकुल गलत। लेकिन तब तक देर हो चुकी थी और लौटना मुमकिन नहीं था। मैं क्या करता सिवाए इसके कि चुपचाप उस दृश्य का एक हिस्सा बन जाऊँ। 'क्या हो गया, क्या हो गया' कहता हुआ मैं इसमें शामिल हो गया।

एक दस-बारह साल का छोकरा पिट रहा था—लात, घूँसों और थप्पड़ों से और आस-पास खड़े सात-आठ लोग तमाशा देख रहे थे। नहीं, उस दृश्य में शामिल होते ही मुझे लगा, तमाशा तो घरों के लोग देख रहे थे। वे सात-आठ लोग तो अपनी-अपनी जबानों से भी उस छोकरे को पीटने में लगे थे।

''क्या हो गया भई!'' आखिर मैंने त्रिपाठी के मारते हुए हाथ को पकड़ लिया।

अब दृश्य बदल गया था और लोग पास-पास सिमट आए थे।

"चोरी," किसी ने कहा, "साला, चोरी कर रहा था और क्या।"

मैंने त्रिपाठी को इतने गुस्से में इससे पहले कभी नहीं देखा था। उसका चेहरा तमतमा रहा था, नथुने फूल गए थे, सिर के सारे बाल पेशानी पर आ गए थे। और झूमा-झटकी या मार-पीट में उसका गिरेबान फट चुका था।

"साले ने आज सारा घर ही कोल दिया था।" कहकर त्रिपाठी ने छोकरे को फिर एक घूँसा जड़ दिया, इतनी जोर का कि छोकरा औंधे मुँह गिर पड़ा और सूअर की तरह चिल्लाने लगा–

"मैंने चोरी नहीं की साब," छोकरे ने मेरी ओर देखकर गुहार लगाई। उसका आधा चेहरा धूल में सन गया था और निचले होंठ से खून बह रहा था। वह बिलखने लगा, "अल्ला कसम, मैंने किसी चीज को हाथ नहीं लगाया, अल्ला कसम, कुछ भी नहीं लिया..."

"हरामजादे," त्रिपाठी ने छोकरे की बाँह पकड़कर उठाया और दुबारा एक झापड़ रसीद करनेवाला था कि मैंने उसका हाथ पकड़ लिया। नर्मी से बोला, "रुको त्रिपाठी, मारो मत। आखिर समझने तो दो कि हुआ क्या।"

"अरे साहब, होगा क्या," घेरे में से किसी ने कहा, "देख तो रहे हैं कि चोरी करता हुआ पकड़ा गया। वो तो किस्मत अच्छी थी वरना..."

"त्रिपाठी जी, और लगाइए साले को," एक दूसरे ने कहा, "सूअर के बच्चे ने सारे मुहल्ले को तंग कर रखा है। आए दिन चोरी, आए दिन हंगामा..."

नेक मशविरा देनेवाले इस सज्जन की ओर देखना मैंने मुनासिब नहीं समझा। सीधे छोकरे को संबोधित कर मैंने जोर से डपटते हुए पूछा, "क्यों बे, चोरी कर रहा था?" छोकरे ने और जोर से बिलखना शुरू कर दिया और अपनी सफाई देने लगा। वैसे भी मेरे वहाँ पहुँचते ही उसने सीधे मुझे मुखातिब करना शुरू कर दिया था। शायद यह समझकर कि सारी भीड़ एक है और वहाँ हमदर्दी मुझसे ही मिल सकती है। वह एक ही रट लगाए हुए था, "साब, मैंने कोई चोरी नहीं की, मैंने कुछ भी नहीं लिया..."

"इस हरामी से पूछो," त्रिपाठी ने मुझसे कहा, "अगर यह चोर नहीं है तो सूने घर में घुसा यह क्या कर रहा था। पीछे की दीवार फाँदकर यह क्यों गया था?"

"गुसलखाने के पास था," छोकरे ने कहा, "मैं नहाने गया था।"

"नहाने के लिए सूने घर की दीवार फाँदी जाती है, और वह भी दूसरे के घर की?"

कई लोग हँसने लगे। "देखा, कितना चालबाज है।" किसी ने कहा।

"यह अँगूठी आज चली गई थी।" त्रिपाठी मुझे बताने लगा, "वो तो पाँच मिनट की भी देर हो गई होती तो साले ने अँगूठी तो मार ही दी थी—सारा घर भी कोल दिया था।"

किस्सा सिर्फ इतना था कि त्रिपाठी के एक मित्र, पड़ोसी और सहकर्मी अपने परिवार के साथ छुट्टियाँ बिताने कश्मीर गए हुए थे। चूँकि टी.टी. नगर में दिन-दहाड़े चोरियाँ आम बात थीं लिहाजा एहतियातन उन्होंने घर की चाबियाँ त्रिपाठी को सौंप दी थीं, इस आग्रह के साथ कि वे घर की देखरेख करते रहें और हो सके तो रात को वहीं सो जाएँ। शरमा-हुजूरी में त्रिपाठी ने वह जिम्मा ओढ़ लिया था और पिछली रात वह अपने बीवी-बच्चों को छोड़कर पहली बार वहाँ सोया था। सुबह घर लौटने के बाद शेव करते वक्त सहसा ध्यान आया कि अपनी सोने की अँगूठी तो वह वहीं भूल आया है। गर्मियों का जमाना। वह सहन में चारपाई डालकर सोया था और आदतन उसने अँगूठी उतारकर बगल के स्टूल पर रख दी थी। सोचा, लौटकर अँगूठी उठा लाऊँ वरना रह जाएगी लेकिन वहाँ पहुँचकर जो देखा तो होश उड़ गए। अँगूठी स्टूल से गायब थी। वह नीचे पड़ी हुई थी और एक छोकरा त्रिपाठी को देखकर गुसलखाने के पीछे दुबक रहा था।

"क्यों?" अब मैंने भी छोकरे को पकड़ लिया। डपटती आवाज में कहा, "बुलाऊँ पुलिस को! दूँ दो-एक हाथ मैं भी? हरामखोर कहीं का। याद रखना, आइंदा ऐसी हरकत की तो हड्डी-पसली बराबर हो जाएगी। भाग यहाँ से, चल फूट···"

अपने को छुड़ाकर जब वह छोकरा बगटुट भाग निकला तो सहसा मुझे लगा कि मैं सबकी जलती हुई आँखों का केंद्र बना हुआ हूँ। उनमें से एक ने आगे बढ़कर उसे पकड़ने की भी कोशिश की थी लेकिन वह मछली की तरह हाथों से फिसल गया था—एक मिनट के अंदर यह जा, वह जा।

"भई, यह तो बड़ी ज्यादती है," किसी ने तिलमिलाए हुए स्वर में कहा, "मुहल्ले में चोरियाँ होती रहें और हमीं लोग शह दिए जाएँ।"

यह सरकारी कर्मचारियों का नेता बर्मन था, बनियान और पट्टीदार पाजामे में। आवेश में वह कह रहा था, "मैं अच्छी तरह जानता हूँ कि पिछले दिनों मेरी छत से सारी लकड़ियाँ इसी लौंडे ने पार की हैं। सोचते हैं जाने दो, बच्चा है, गरीब है···"

"अरे बच्चा-वच्चा नहीं, उस्ताद है।" मुहकमए-मछलियात के भट्ट ने

प्रतिवाद किया। भट्ट ने एक और रद्दा कसा, "जो आपके भी कान काट दे वह बच्चा कैसे हुआ?"

कुछ लोग हँसने लगे।

"अमाँ, हँसी की बात नहीं," भट्ट ने सम्हलते हुए कहा, "छोकरे की उम्र देखो और उसकी हरकतें देखो। मैंने खुद अपने गार्डन का बल्ब चुराते इसे दो बार देखा है।"

"मैं बताता हूँ," एकाएक आगे बढ़कर चौधरी बोला, "गया इतवार को हाम पीक्चर गया था फैमिली का साथ। मेटनी शो। तारपोरे लौटकर देखा तो पीछू का आँगन से वाइफ का शाड़ी गायब। उहाँ एक लोटा परा था, शाला वो भी ले गीया..."

मुहल्ला छोटे अफसरों और बड़े बाबुओं की बस्ती का। मुहल्ला भी क्या आमने-सामने खड़े बत्तीस क्वार्टरों का एक ब्लॉक। सुबह के नौ बजे होंगे, शायद साढ़े नौ। बदली थी, आकाश का मुँह उतरा हुआ। सड़क के किनारे लगे युक्लिप्टिस के पेड़ चुप थे, पत्तियाँ तक जमी हुईं। ऊपर से मौसम छलनेवाला था लेकिन लोग जानते थे कि ज्यादा समय नहीं है। दफ्तर की भगदड़ शुरू होने का वक्त करीब-करीब ही था। वहाँ खड़े हर आदमी के पास कोई-न-कोई अपनी शिकायत थी जिसे जल्द-से-जल्द सुनाकर वह हल्का होना चाहता था। सभी का खयाल था कि इधर आए दिन जो चोरियाँ होने लगी थीं, उन सबकी जड़ में यही छोकरा है।

"भई, कुछ करना चाहिए," बर्मन ने कहा, "वरना इसका हौसला तो बढ़ता ही चला जाएगा।"

"पुलिस में दे दो," एक सुझाव आया, "पाँच-दस हंटर पड़ेंगे तो अक्ल ठिकाने आ जाएगी।"

"उससे कोई फायदा नहीं होगा। पुलिस इसे दो-तीन बार ले जा चुकी है।" किसी ने बताया, "लेकिन पट्ठा वहाँ से भी निकल आता है। असल में पुलिस भी क्या करे। छोकरा नाबालिग है, डाँट-डपटकर पुलिस भी छोड़ देती है।"

"उसका सही इलाज तो वही है जो त्रिपाठी जी कर रहे थे।"

"इलाज मैं बताता हूँ," मुहकमए-मछलियातवाले भट्ट ने कहा तो सब उसकी ओर देखने लगे। भट्ट खुद कालोंच मछली की तरह फूला हुआ और भद्दा था। उसकी आँखों में हराम का गोश्त चढ़ा हुआ था और वह बतख की तरह चलता था। कहने लगा, "उस शाख को ही काट फेंको जिस पर उल्लू बसेरा करता है। सवाल यह है कि वह झुग्गी क्यों नहीं हटाई जा सकती जिसमें यह

छोकरा पल रहा है। मैं तो अपनी तरफ से कारपोरेशन और पी.डब्ल्यू.डी. के अधिकारियों को कह चुका हूँ। अब अगर हम मिलकर लिखें तो क्या मजाल कि यह झुग्गी घंटे-भर में न हट जाए... "

इस पर थोड़ी चख-पक हुई। सलाह-मशविरे। तू-तू मैं-मैं। फिर बिना किसी नतीजे पर पहुँचे लोग अपने-अपने घरों की ओर खिसक गए। सभी को दफ्तर की जल्दी थी।

"आओ," मैंने त्रिपाठी के कंधे पर हाथ रखकर कहा। दरअसल, यह बात मुझे बुरी तरह कोंच रही थी कि त्रिपाठी ने मुझसे एक बार भी बात नहीं की थी और मुझे लग रहा था कि मेरी दखलंदाजी शायद उसे पसंद नहीं आई।

"कहाँ?"

"अपने घर चलते है," मैंने बेहद नरमी से कहा, "कम-से-कम पुलिस को तो फोन कर दें।"

"अच्छा हुआ, तुमने मुझे रोक दिया।"

बड़ी देर बाद त्रिपाठी ने कहा। अपने कमरे में आकर बैठे हुए देर हो चुकी थी! चाय आ-जा चुकी थी और हम दोनों सिगरेट पी रहे थे। टेलीफोन पास ही रखा हुआ था लेकिन पुलिस को फोन करने का ध्यान न तो उसे आया और न मुझे।

"तुम्हें इतने गुस्से में मैंने पहले नहीं देखा था," मैं बोला।

"हाँ, मेरा खून खौल रहा था। मैं शायद उसे और मारता अगर तुमने बीच में आकर उसे बचा न लिया होता।"

"जानता हूँ," मैंने कहा, "दरअसल, वह जिस तरह पिट रहा था उससे मुझे लगा कि कहीं साला मर-मरा गया तो एक मुसीबत... तुम मुहल्ले में नए-नए आए हो। इन लोगों को नहीं जानते। तुम क्या समझते हो कि जितने लोग वहाँ तमाशबीन बने तुम्हें उकसा रहे थे वे तुम्हारे साथ होते, अगर खुदा ना ख्वास्ता..."

"मुझे मालूम है," त्रिपाठी ने अधैर्य के साथ कहा, "लेकिन बात वह नहीं है। यार सोचो तो, अगर इसका यही हाल रहा तो आगे चलकर यह कितना बड़ा पेशेवर होगा। कहता है नहाने गया था। भई, नहाना है तो अपने घर पर नहा। सूने घर में छलाँग लगाने की क्या जरूरत है।"

"पुलिस को फोन करें?"

"करते हैं," उसने कहा, "हालाँकि यह सच है, पुलिस कुछ नहीं करेगी। ज्यादा-से-ज्यादा दो-चार झापड़ मारकर छोड़ देगी। यह अच्छा तमाशा है, कानून की गिरफ्त में वह आता नहीं क्योंकि नाबालिग है, आप कुछ कर नहीं सकते क्योंकि बच्चा है, गरीब है... यह झुग्गी कहाँ है?"

"पीछे ही है, गली में। एक तरह से हमारे घर से लगी हुई। विधानसभावाले सिद्दीकी साहब के यहाँ काम करती है इस छोकरे की माँ। बेवा है, दो छोटे-छोटे बच्चे और हैं। दरअसल, उसका मियाँ विधानसभा में चपरासी था, एक दिन अचानक मर गया। मासूम बच्चों के साथ यह औरत कहाँ जाती सो सिद्दीकी साहब ने अपने घर काभ पर रख लिया। शायद उन्हीं की मदद से इसने पास में झुग्गी बना ली है।"

"तो उसे बुलाकर कहें," त्रिपाठी बोला, "डाँटते हैं कि अपने लौंडे को सम्हाल।"

"वो तो खुद परेशान है। मसल है न, राँड का बेटा साँड।"

त्रिपाठी ने बेचारगी में एक नई सिगरेट निकाली और सुलगाने लगा। मैंने खिड़की के बाहर, सीखचों से कटे-पिटे आसमान को देखा, महज देखने के लिए। बदली अभी भी थी लेकिन कुछ हवा चलने लगी थी। पेड़ों के पत्ते हल्के-हल्के काँप रहे थे। इस बीच त्रिपाठी की छोटी बच्ची घर से संदेश लेकर आई, "मम्मी पूछ रही हैं, क्या आज दफ्तर नहीं जाना है।" "आते हैं बेटे, तुम चलो।" त्रिपाठी ने हँसकर कहा, "अभी तो वक्त है।" बच्ची चली गई लेकिन कोई दो मिनट बाद फिर लौट आई यह खबर लेकर कि कोई औरत उनसे मिलने आई है। त्रिपाठी ने फिर यह कहकर लौटाया कि उसे यहीं भेज दे।

"साबिर की अम्मा है।" बच्चों में से किसी ने बताया।

"साबिर कौन?"

"वही छोकरा। शायद उसकी माँ आई है।"

सुनकर त्रिपाठी कुछ सोचने लगा, सिगरेट की राख झाड़ने के बहाने।

दरवाजे का परदा सरकाकर साबिर की माँ खड़ी हो गई, वहीं दहलीज पर। मैले कुरते और इंतजार में वह अधेड़ औरत घिसी हुई लगी, अल्मूनियम के पुराने बर्तन की तरह। उसका साँवला रंग जला हुआ और ठंडा था, चूल्हे की बुझी हुई और राख-ढँकी लकड़ी की तरह। और आँखें? वे बारिश के छोटे-छोटे और गँदले डबरों की तरह थीं, बाढ़ उतर जाने के बाद। मेरा खयाल था कि वह त्रिपाठी को कोसने-काटने आई है, शोर मचाएगी, लेकिन वह ऐसे खड़ी थी जैसे कठघरे में हो।

"क्यों ?" त्रिपाठी ने गला साफ कर संयत स्वर में उससे कहा, "देख ली अपने लौंडे की करतूत !"

अपनी गरदन झुकाकर वह दूसरी तरफ देखने लगी।

"मालूम है, तुम्हारे छोकरे ने क्या किया है ?" अब मैंने पूछा।

"वह कहता है, मैं नहाने गया था।"

"कौन नहाने गया था ?" त्रिपाठी चिल्लाया, "तुम्हारा साबिर ? हमें झूठा बनाती हो। मैंने अपनी आँखों से देखा है उसे सूने घर में। वह अँगूठी को ताकता बैठा था। अपने हाथों से मैंने छोड़ दिया वरना हड्डी-पसली एक कर देता। बुलाऊँ पुलिस को ? दे दूँ तुम्हारे इस लाड़ले को ?"

"दे दो साब," उसने नरमी से जवाब दिया, "हम तो खुद तंग आ चुके हैं। मैं उसे कितना समझाती और मारती-पीटती हूँ, क्या बताऊँ। कई बार तो मैंने उसका गला मसक दिया है। वह मरता भी नहीं है। मुझे तो इस माटी मिले पेट के दोजख से ही फुरसत नहीं मिलती। हो गई, अपनी तो जिंदगी ही बरबाद हो गई...."

कहते-कहते उसका गला रुँध गया और वह रोने लगी।

"वह क्या करता है ?" एकाएक खिच गए सन्नाटे को तोड़ते हुए मैंने पूछा।

"एक दुकान में लगा रखा है। साड़ियों पर कढ़ाई का काम करता है, सुबह नौ बजे से शाम सात बजे तक। यह भी अच्छा है कि उसे वक्त नहीं मिलता वरना खुदा जाने वह कितनी आग मूतता ?"

"कितना मिलता है ?"

"दो रुपए रोज।"

"यार सुनो," मैंने एकाएक उत्साह में भरकर त्रिपाठी से कहा, "अब मुझे याद आया कि यह लौंडा तो बहुत हुनरमंद है। एक दफा हमारे यहाँ साड़ियाँ लेकर आया था। मैं तो उसकी कढ़ाई देखकर हैरान रह गया। ऐसी सफाई, खूबसूरती और नफासत कि यकीन नहीं होता।"

"हाँ साब," उस औरत ने साँस भरकर कहा, "अल्लाह ने उसके हाथ में हुनर तो दिया है लेकिन कोई वसीला नहीं दिया।"

"वसीला-मसीला सब निकल आता है," त्रिपाठी बोला, "पहले वह अपनी आदत तो सुधारे। मैं उसे अच्छी जगह काम दिला दूँगा। दो के बदले दस मिलने लगेंगे। कौन-सी बड़ी बात है ?"

स्वीमिंग पूल से लौटकर हम दोनों बाहर लान पर बैठे हुए थे। उस घटना के सात-आठ दिन बाद गर्मियों की शाम थी। रोज की तरह बदली नहीं थी। ऊपर धुआँ-खाए बादलों की जगह चमकीला आसमान था, नर्म हवाओं के बीच। युक्लिप्टिस की पत्तियों, मेहँदी की बाड़ और लान की घास पर पारदर्शी आकाश उतरा हुआ था।

"शाम अच्छी है," त्रिपाठी ने कहा।

"बहोत।"

"कुछ देर बाद और ठंडी हवाएँ चलेंगी।"

"हाँ, लाल घाटी से।" मैंने कहा, "ये हवाएँ वहीं से आती हैं।" हम दोनों कोल्ड-कॉफी खत्म कर रहे थे। स्वीमिंग के बाद आई थकावट-भरी ताजगी थी जो हमें रोज ऊपर हवाओं में फेंक देती है—सेमल के गाले की तरह तैरने के लिए।

"क्या प्रोग्राम है?" कुछ देर बाद मैंने पूछा।

"आज सेटरडे ईवनिंग है न," त्रिपाठी ने कहा, "भट्ट के हाँ चलना है।"

शनिवार की शाम हम लोग वीक-एंड मनाते थे। त्रिपाठी के आने के बाद तीन-चार दोस्तों का एक ग्रुप बन गया था। मछलियातवाला भट्ट इस ग्रुप में यकीनन नहीं था, लेकिन पिछले दिनों अपनी कंपनी ने उसे आज के लिए फाँस लिया था। वैसे वह कंजूस और दिखाऊ था। मुहल्लेवाले उसे मिनी-आई. ए.एस. अफसर कहते थे क्योंकि वह रोज शाम को गाउन पहनता था और अपने कुत्ते को लेकर देर तक सड़कों पर टहलता था। उसके बारे में यह बात खासतौर पर मशहूर थी कि वह अपने फ्रिज में शराब की कई बोतलें रखता है, लेकिन शराब की मिक्दार न तो बढ़ती है और न घटती है, हमेशा तलहटी में चिपकी हुई।

"गुरु," मैंने त्रिपाठी से कहा, "सच पूछो तो मेरा भट्ट के यहाँ जाने का कोई इरादा नहीं है। साले की आँख में सूअर का बाल है। सरकार को कोल कर अपना घर भरे जा रहा है और उस पर ऐंठता भी है। सवाल यह है कि आप हर वक्त मछली की बात क्यों करते रहते हैं।"

त्रिपाठी हँसने लगा। सयानी-सी हँसी।

"याद है, साबिरवाली उस घटना के दिन वह कितना कूद रहा था! लग रहा था जैसे वह तुमसे भी ज्यादा गुस्से में हो।"

"हाँ, याद आया," त्रिपाठी बोला, "सुनो, क्या मैंने तुम्हें बताया है कि वह छोकरा उसके बाद मुझे घेरने लगा था?"

''क्यों ?''

''अरे उस दिन मेरे मुँह से कुछ निकल गया था न । साले ने जबान ही पकड़ ली । कहता है, कोई अच्छा काम दिला दो । अब यहाँ हम कहाँ इन चक्करों में पड़ें । पता चला कि जमानतदार की तरह एक दिन त्रिपाठी जी थाने पर खड़े हैं ।''

बताया मैंने भी नहीं था । त्रिपाठी को भी नहीं । सिर्फ घरवालों को मालूम था कि साबिर की अम्मा मेरे घर दो-तीन चक्कर लगा चुकी है । पहले वह उस घटना के एकाध हफ्ते बाद आई थी । कहने लगी, मुहल्लेवाले उसकी झुग्गी हटवाना चाहते हैं । मिल-जुलकर दरख्वास्त दी गई है और कोशिशें हो रही हैं, खुदा के लिए मैं उसकी मदद करूँ ! मैं क्या करता ? क्या मैं कानून के हाथ पकड़ लेता । वैसे भी उस दिनवाली घटना में पड़कर मैंने मुहल्ले में काफी बदनामी उठाई थी । भट्ट और उस-जैसे दो-एक लोगों ने दबी जबान से कहा था कि मियाँ भाई ने छोकरे को तरकीब से भगवा दिया । साफ-साफ शह दी जा रही है क्योंकि एक ही बिरादरी के हैं । कहा गया है अमाँ, कुछ भी कहो खून पानी से गाढ़ा होता है···

''वह औरत भी मेरी जान को लगी है,'' मैंने ऊबे हुए स्वर में त्रिपाठी से कहा, ''आज सुबह भी आई थी । कह रही थी कारपोरेशनवाले पुलिस लेकर आए थे। धमकी दे गए हैं कि शाम तक नहीं हटी तो सामान फेंककर झुग्गी गिरा दी जाएगी ।''

त्रिपाठी मेरा मुँह देखने लगा ।

''क्या मुहल्ले से कोई दरख्वास्त गई थी ?''

''हाँ, काफी पहले । भट्ट ने सबके दस्तखत कराए थे । क्या वह तुम्हारे पास नहीं आया था ?''

''नहीं,'' कहते हुए चोट लगी । सिर्फ चोट नहीं, वह धक्का था । आखिर क्या समझकर भट्ट ने मुझे छोड़ दिया ? अगर वह मेरे पास भी आता तो क्या मैं दस्तखत करने से मना कर सकता था ?

''साब, मैं किसके पास जाऊँ ?'' सुबह उस औरत ने रोते हुए मुझसे कहा था, ''सिद्दीकी साहब दौरे पर हैं और आपके सिवा हमारा यहाँ कोई नहीं । यहाँ तो जिसे देखो हाथ में तीर-कमान लिए बैठा है । लोगों का तो जैसे कलेजा सफेद हो गया । अब अपनी बिरादरी के होकर आप भी मेरे लिए कुछ न करें तो··· ''

''देखो बीया,'' मैंने झल्लाकर गुस्से में कहा था, ''बिरादरी-मिरादरी की बकवास तो तुम यहाँ रहने दो, क्या मैं चोरों की बिरादरी का हूँ ?''

ड्राइंग रूम में हम आम चुनाव की बात कर रहे थे, शराब के सहारे। बाहर लॉन से हम कभी के उठ आए थे। वहाँ हवा थी, सिर पर खुला आसमान था, हरी मेहँदीवाली बाड़ की ठंडक भी लेकिन ज्यादा देर बैठना वहाँ मुश्किल हो गया। भट्ट का जिक्र निकलते ही मैं कुत्ते की तरह टूट पड़ा था। इससे पहले मैं खुद भी नहीं जानता था कि मैं उससे इतनी नफरत करता हूँ।

''यार, मैं भट्ट का पक्षधर नहीं हूँ,'' त्रिपाठी ने मेरा रुख देखकर कहा था, ''तुम्हारे गुस्से को भी समझता हूँ लेकिन सवाल यह है कि भट्ट ही क्यों, कोई और क्यों नहीं या वह व्यवस्था क्यों नहीं जिसके चलते ये छुट्टे साँड बने हुए हैं या साबिर-जैसे लोग पैदा होते हैं। क्या भट्ट अकेला है? क्या उसके साथ पूरी-की-पूरी बिरादरी नहीं है और क्या हम-तुम भी उस बिरादरी में शामिल नहीं हैं? असल में दोस्त, हमारा-तुम्हारा दर्द यह नहीं कि भट्ट सरकार को कोल रहा है, तकलीफ यह है कि हाय उसकी जगह हम क्यों नहीं हुए?''

'अपना निशान, तीर कमान—
तीर कमान। तीर कमान'

सहसा पासवाले नुक्कड़ से लाउड-स्पीकर की सामूहिक आवाज आई थी—

''जीतेगा भई जीतेगा,
तीरवाला जीतेगा।''

टैक्सी थी, चुनाव अभियानवाली। एक तो मेरे मुँह का स्वाद कड़वा हो गया था, दूसरे सारा शोर इधर ही बढ़ता आ रहा था। चलो, अंदर ही बैठते हैं, एकाएक उठकर मैंने कहा था और हम लोग भीतर आ गए थे। वह अच्छा ही हुआ। एकाएक उस अप्रिय बहस से छुटकारा मिल गया था और चुनाव की बात चल पड़ी थी। मैंने फ्रिज खोलकर बोतल निकाली थी, बहुत सारे आइस-क्यूब्स लिए थे। और दो-एक मिनट बाद त्रिपाठी की ओर गिलास बढ़ाकर कह रहा था, ''व्हिस्की आन राक्स, चीयर्स।''

कॉलेज के दिनों में मैं कम्युनिस्ट पार्टी का कार्ड-होल्डर था और त्रिपाठी ने बताया था कि वह सोशलिस्ट पार्टी का सक्रिय सदस्य था। सरकारी नौकरी में आने के पहले त्रिपाठी सोशलिस्ट पार्टी के एक अखबार का संपादक था और जन-सभाओं में आग उगला करता था। कहा जाता है कि उसके बढ़ते हुए प्रभाव को देखकर ही तत्कालीन मुख्यमंत्री ने एक दिन उसे पालतू बना लिया और उसके गले में सरकारी तौक पड़ गया। अब हम दोनों सरकारी नौकर थे। दोनों के मुँह पर ताले पड़े हुए थे लेकिन दिल पर किसका ताला हो सकता था? बहस-मुहाबसे में अब भी हम अक्सर नाराज होते थे और इस बात की गहरी

चिंता थी कि देश की प्रगतिशील ताकतें दिन-ब-दिन कमजोर होती जा रही हैं...

''डबल्रोटी... ब्रेडवाला...''

सहसा दूर से एक फेरीवाले की आवाज आई, खामोशी को चीरती हुई। एकाध मिनट बाद उसकी साइकिल हमारी सड़क से गुजर रही थी। डबलरोटीवाला था, यानी नौ बज गए। मैंने उठ... खिड़की के पल्ले ठीक किए और उसके कोनों पर खटके लगाए। वह बार-बार बंद हो रही थी। न्यू मार्केट में चल रही आम-सभा की आवाज अब साफ आने लगी थी। बाहर हवा तेज थी। बहुत तेज और ठंडी—यानी लाल घाटियोंवाली। मेहँदी की बाड़ आपस में झकोले खा रही थी। खिड़की पर आधी झुक आई बेगन-बेलिया बार-बार गर्दन झुकाकर यूँ हवा से लड़ रही थी जैसे उसके सींग हों। काले आसमान की पीठ पर टिका युक्लिप्टिस का पेड़ एकदम सफेद लग रहा था— चँवर डुलाता और धीरे-धीरे शोर करता हुआ...

मैंने लौटकर रेकार्ड-प्लेयर खोल दिया। गजलें सुनने या खामोशी को भरने के लिए, पता नहीं।

''एक और ?'' मैंने त्रिपाठी का गिलास उठाते हुए पूछा।

हम लोग दो-दो पैग पी चुके थे और मैं तीसरा बनाना चाहता था। त्रिपाठी ने सहमति से सिर हिलाया। अभी मैं गिलास लेकर उठा ही था कि बाहर से गेट खुलने की आवाज आई। बरामदे में लेटी हुई रानी जोर-जोर से भौंकने लगी थी।

''कौन है ?'' त्रिपाठी ने आँख के इशारे से पूछा।

मैंने थोड़ी देर बाहर की आहट लेने की कोशिश की फिर अपना काम करने लगा। होगा।

'गरीबों का साथी कौन ?'

'दिलावर खान, दिलावर खान।'

दूसरे नुक्कड़ पर चुनाववाली टैक्सी फिर कहीं से आ गई थी। एक मिनट रुककर लाउड-स्पीकर की आवाज दूर होने लगी। ... 'दुखियारों का कौन ?'

'दिलावर खान, दिलावर खान।'

'जीतेगा भई जीतेगा...'

''साबिर की माँ आई है।'' कुछ देर बाद भीतर बुलाकर बीवी मुझसे कह रही थी। वह मुसल्ले के पास खड़ी थी और शायद नमाज पढ़ने जा रही थी।

''कहाँ ?''

''बाहर खड़ी है।''

''इस वक्त ?''

''अल्लाह तोबा, किस कदर रोए जा रही है।'' बीवी ने कहा, ''कुछ बताती तो है नहीं। बस, कहती है, मियाँ से मिलवा दो।''

लगा, नशे के बावजूद मेरा चेहरा फक पड़ गया है। उस एक क्षण में झुग्गी, साबिर की माँ, साबिर सबके चेहरे आँखों में घूम गए। गुस्सा अपने ऊपर आया। मैं ही घपले करता रहता हूँ। क्यों नहीं साफ-साफ कह दिया मैंने सुबह ? कह दिया, देखेंगे। क्या देखेंगे ?

''मैं जानता हूँ वह क्यों आई है,'' मैंने झल्लाकर कहा, ''अच्छी मुसीबत गले पड़ी है। तुम ही बताओ मैं इसमें क्या कर सकता हूँ। एक तो सरकारी और कानूनी मामला है, दूसरे मैं... ''

''उससे क्या कह दूँ ?''

''भई कुछ भी कह दो। टालो उसे यहाँ से।''

लौटकर मैंने तीसरा पेग बनाया और दोनों गिलासों में बहुत-से आईस-क्यूब्स भर दिए। इतने कि उनमें पानी तक की जगह नहीं रही।

''क्या बात है ?'' त्रिपाठी ने मुझसे पूछा।

''अमाँ यार... ''

कहकर मैं रुक गया। आगे न तो बोलना था और न मुझसे बोला गया। गिलास में घूँट लेते हुए भी मेरे कान बाहर लगे हुए थे। वहाँ मेरी ही बीवी कह रही थी, ''साबिर की अम्मा, तुम सुबह मिल लेना। अभी तो वो सो रहे हैं !''

जहाँपनाह जंगल

उजाला अब इतना था कि सबके चेहरे नजर आ रहे थे। मेरा भी। अलस्सुबह का झुटपुटा था या ऐसी मटमैली रोशनी, जब सूरज कहीं होता तो है लेकिन दिखाई नहीं देता और जब तक कि आप सोचें, वह अचानक चमकने लगता है—जंगल में धूप की तरह। उस नीमरोशनी में मैंने साफ-साफ देखा कि सबके

चेहरों से वहशत टपक रही है। लोग अपनी-अपनी गुफाओं और ठीयों से बाहर निकल आए थे और स्क्वेर के बीचोंबीचवाले पार्क में घबराए-से जमा हो गए थे—एक-एक कर। फ्लैट नं. 32-बी के नेवला, 39-सी के भेड़िया, 44-ए के अजगर, 38-ए के अरना भैंसा, 41-एफ के सियार, 42-डी की लोमड़ी, 45-डी के कैप्टन जेबरा और 40-एफ के कबरबिज्जू··· इन चरिंदों के अलावा कुछ परिंदे भी थे लेकिन जिनके मैंने नाम नहीं दिए थे—ये कुछ भी हो सकते थे या थे—मोर, फाख्ते, कठफोड़वा, चील या गिद्ध···

बुड्ढी डॉक्टर सेई अपनी छत पर खड़ी थी— कॉलोनी की और औरतों की तरह जो अपनी-अपनी बालकनियों या छतों या दरवाजों पर गिलहरी की तरह खड़ी देख रही थीं या उस फिराक में थीं कि क्या हुआ या होने जा रहा है। पार्क में कुछ नहीं था, सिवाए एक उस सुविधा के कि वहाँ से हादसेवाली जगह नजदीक पड़ती थी और ठीक-ठाक देखी जा सकती थी हालाँकि जिस फ्लैट में वह घटना हुई थी वहाँ अब देखने के लिए कुछ नहीं था। पुलिस के एक-दो सिपाही बाहर बैठे डंडे हिला रहे थे—ऐसे चरते हुए घोड़ों की तरह जो थोड़ी-थोड़ी देर में अपनी पूँछ हिला लेते हैं दाएँ-बाएँ, बाएँ-दाएँ।

"भई, हद हो गई।" किसी ने कहा।

"अंधेर है, अंधेर··· "

"मुल्क का तो सत्यानाश हो गया। रसातल को जा रहा है देश।"

"लोगों का लहू सफेद हो गया।" कोई रिरियाया, "किसी के जान-माल का कोई पुरसानेहाल नहीं।"

"अल्लाह, रहम कर।" साँस भरकर मास्टर खरगोश बोले।

"कितना माल-मत्ता गया ?" अचानक 39-सी के भेड़िया ने मुझसे धीरे-से पूछा। मैं चौंका जरूर लेकिन मैंने जवाब नहीं दिया—जान-बूझकर। इस हरामजादे से मुझे इतनी नफरत है कि उसका चौखटा देखते ही मैं गुस्से से भर जाता हूँ लेकिन वह है कि मौका-बेमौका मेरे ही आस-पास ठँस जाता है।

"जब जान ही के लाले पड़ जाएँ तो माल-मत्ते का क्या है !" मेरे पास खड़े अरना भैंसे ने जवाब दिया। उसने सुन लिया था। कालू भेड़िये ने बेशर्मी से गर्दन हिलाई यानी वो तो है। तभी एक जीप आकर उस फ्लैट के सामने रुकी और उसमें से एक वर्दीधारी इंस्पेक्टर उतरकर अंदर चला गया। वह लकड़बग्घे की तरह चलता था और जब वह आया तो पार्क के पेड़ों के पीले पत्ते एकाएक झरने लगे। दस-बारह लोगों के छोटे-छोटे बतियाते ग्रुप यक-ब-यक चुप हो गए। क्या हुआ ? लगता है, जीप अस्पताल से लौटी है। औरत तो यहीं

अधमरी हो चुकी थी शिकार में पिटी नीलगाय की तरह। लगता था, मृत्यु की औपचारिक घोषणा-भर के लिए अस्पताल ले जाई जा रही है लेकिन आदमी की हालत गनीमत थी, हालाँकि जब वह यहाँ से ले जाया जा रहा था, उसका सिर भी फट चुका था और खून में लथपथ था। जानना मैं भी चाहता था कि क्या हुआ लेकिन हिम्मत की खिसके ने। वह ग्रुप से टूटकर सीधे उन सिपाहियों तक जा पहुँचा, थोड़ी देर चील की तरह आसपास मँडराता रहा और खबर ले आया कि औरत बस अब-तब की मेहमान है और आदमी की हालत भी अच्छी नहीं।

''और बच्चा ?'' किसी ने पूछा।

''हाँ जी, बेचारे बच्चे का क्या हुआ ?''

क्या होना था बच्चे का ? अगर मैं इस कॉलोनी का न होता तो शायद इस हमदर्दी पर कुर्बान हुआ जा सकता था लेकिन मैं इसी कॉलोनी का था—कॉलोनी ही नहीं, इसी स्क्वेर का और सबकुछ का बराबरी का हिस्सेदार। सारी आवाजें मैंने भी सुनी थीं—शुरू से लेकर आखिर तक, लेकिन अपने फ्लैट के अंदर दुबका हुआ मैं भी अनजान बना हुआ था दरार में छिपे गोह की तरह, कैप्टन जेबरा की तरह, 41-एफ के सियार की तरह, सामनेवाले अरना भैंसे की तरह या अपने पड़ोसी कबरबिज्जू की तरह···

यह संयोग नहीं था कि मैं उस वक्त जागा हुआ था। रात मैं देर से लौटा था एक पार्टी से। पार्टी क्या, अपनी ही चंडाल-चौकड़ी से। मेरे तीन-चार दोस्तों का यह गिरोह जब भी इकट्ठा हो जाता है, शाम को शगल में तब्दील कर लेता है। कोई भी हलाल हो सकता है या हम बारी-बारी से एक-दूसरे को हलाल करते रहते हैं—गरज शाम काटने से या उससे बचने से है। बहरहाल, रात कोई बारह के आसपास जब मैं लौटा तो मेरे पेट में शराब के तीन-चार पैग पड़े हुए थे और मैं मस्त था। ऐसे में नींद तो फौरन आ जाती है लेकिन जाने क्या होता है कि दो-तीन घंटे बाद अचानक आँख खुल जाती है और मैं करवटें बदलता हुआ अपनी जिंदगी का तखमीना तैयार करने लगता हूँ—क्या खोया ? ये-ये-ये। क्या पाया ? खाक-धूल ! कहाँ पहुँचे ? दादरी से दिल्ली। दिल्ली पहुँचकर कौन-सा तीर मार लिया ? क्यों, दिल्ली में रह लेना ही क्या तीर मारना नहीं है ?··· कल क्या करोगे ? वही जो गुजरे हुए कल में किया था या उसके पहलेवाले कल में किया था या उसके पहलेवाले कल में किया था····

कोई साढ़े तीन या चार का वक्त होगा। सीटी बजाकर चोरों को सावधान करनेवाला नेपाली चौकीदार जाने कब का गायब हो चुका था। एकाएक कोई गाड़ी आकर रुकी—पार्क के इस या उस कोने पर। तब मैंने ध्यान नहीं दिया

था। जब वह दुबारा भागने के लिए चली तब याद आया कि हाँ, आई थी। पहले गोली चलने की आवाज हुई थी, फिर किसी महिला की चीख। चीख नहीं, अँधेरी खामोशी को चीरता हुआ आर्तनाद। फिर यक-ब-यक चुप्पी। फिर कुछ खटर-पटर के साथ आदमी का चिल्लाना जो एकदम रोक दिया गया। फिर कोई धप्-धप् की आवाज के साथ भागा था—'बचाओ, बचाओ' चिल्लाता हुआ। यह कोई बच्चा था जो पार्क में आ गया था और हैबतनाक आवाज में जोर-जोर से चिल्ला रहा था—बचाओ, बचाओ… पहले मैं उठकर बैठा था। फिर पत्नी। बत्ती जलाई थी लेकिन पत्नी ने डाँटकर बुझा दी। खिड़की के बाहर अँधेरे पार्क में देखने की कोशिश की थी जहाँ से बच्चे की चीख सुनाई दे रही थी। दो-चार और फ्लैट्स में बत्तियाँ जली थीं, एकाध में बत्ती जलकर बुझ भी गई, मेरी तरह। लेकिन कोई बाहर नहीं निकला था। चंद चीखों के बाद बच्चा भी जाने कहाँ गुम हो गया था। वह तो बाद में किसी फ्लैट के अँधेरे ज़ीने में बिलखता हुआ मिला—तब जब लुटेरे गाड़ी में बैठकर भाग निकले थे और स्क्वेर के मुझ-जैसे शेर धीरे-धीरे बाहर निकलकर पार्क में आए थे यह कहकर ताज्जुब करते हुए कि भई, क्या हो गया?…

कौन नहीं जानता था कि क्या हो गया। जब लोग अपने-अपने फ्लैट्स के अंदर थे तभी सब जान गए थे कि स्क्वेर के एक फ्लैट में लुटेरे घुस आए हैं, माल-असबाब तो जा ही रहा है, वहाँ जान के लाले पड़े हुए हैं। कुछ जानकारी बाहर आने पर मिली थी। यह कि किस तरह लुटेरे कॉलोनी में आए—जंगल में अंधड़ की तरह और सीधे उस फ्लैट में दाखिल हुए, किसने हील-हुज्जत की, कौन लोहे के सरियों से बिछा दिया गया, कौन लहू-लुहान गिर पड़ा और कैसे बच्चा निकल भागा—मुहल्लेवालों को गुहार लगाता हुआ…

धूप अभी भी निकली नहीं थी। शायद बदली थी। पास के मंदिर में घंटा बजने लगा था और गुरुद्वारे की नगर-कीर्तन करनेवाली टोली झाँझ-मँझीरे के साथ वापस लौट रही थी। इसी समय हादसेवाले फ्लैट के सामने खड़ी जीप स्टार्ट हुई और वर्दीधारी इंस्पेक्टर को लेकर चली गई। सिपाही अब इत्मीनान से डंडे हिलाने लगे।

नल के आने का वक्त हो चुका था, लोग अब खिसकने लगे। पहले अरना भैंसा गया, फिर जेबरा और उनकी देखादेखी दो-चार और। जो चले गए, बचे हुए उनकी बखिया उधेड़ने लगे।

"बड़ा तुर्रमखाँ बनता था," एक ने लौटते हुए जेबरे को देखते हुए कहा, "एक मासूम बच्चा इसी के फ्लैट के सामने गुहार लगाता-लगाता ढेर हो गया,

लेकिन पट्ठा बाहर नहीं आया। अरे हमारे पास होती ट्वेल्व बोर गन··· बताते।''

''रिवॉल्वर तो यार तेरे पास भी है,'' किसी ने जड़ दिया, ''तू क्यों नहीं निकला ?''

''तुम चुप रहो जी,'' उसने भड़ककर जवाब दिया, ''तुम ही निकल आते डंडा लेकर। मुकाबले के लिए हथियार नहीं, हिम्मत की जरूरत होती है···''

तभी पड़ोस में, 35-बी की गूँगी और पगली लड़की जोर-जोर से चीखने और चिल्लाने लगी। यहाँ से वहाँ तक टहलती हुई। यह उसके रोज का क्रम था।

जिस किसी ने भी कॉलोनी का नाम रखा था, था वह दिलचस्प। दिलशाद नगर का नाम सुनते ही मेरी तबीयत खुश हो गई थी। कुछ तो नाम का आकर्षण था, फिर नई दिल्ली और वह भी साउथ में रहने की जिद, मैं खिंचा चला आया था और उसमें मैंने हजार खूबियाँ ढूँढ़ निकाली थीं। माना कि ज़रा दूर है लेकिन उससे क्या हुआ ? दिल्ली में दूरियों का भला कोई मतलब होता है ! अगर बसें ठीक-ठाक हैं तो जैसे सात किलोमीटर वैसे सतरह। फिर मैं कई धक्के खा चुका था। पहले जंगपुरा एक्सटेंशन, फिर तालकटोरा गार्डन, फिर न्यू राजेंद्रनगर, फिर वापस जंगपुरा एक्सटेंशन। मैं टाँड-टबीला उठाए यहाँ से वहाँ भागते तंग आ चुका था और कुछ बरस एक जगह सुकून से रहना चाहता था।

तीन साल पहले कॉलोनी नई-नई बसी थी। मस्जिद मोठ और तुगलकाबाद के बीच एक जंगल था। था क्या, है—जहाँपनाह जंगल। उसके सामने कभी शायद दिलशाद सराय नाम का गाँव था—उजड़ा हुआ। उसे पूरी तरह उजाड़कर दिल्ली विकास प्राधिकरण ने यह कॉलोनी बसाई थी।

जहाँपनाह जंगल के सामने एक पीला बोर्ड पहले ही लगा हुआ था :

देहली डेव्हलपमेंट अथॉरिटी
जहाँपनाह
सिटी फॉरेस्ट

देखते-देखते ऐन उसी के सामने दिलशाद नगर का एक और पीला बोर्ड लग गया और वहाँ बसें रुकने लगीं।

जो लोग दूरदर्शी थे और जिन्होंने समय पर रजिस्ट्रेशन करवा लिया था, देखते-देखते उनके नाम फ्लैट निकल आए थे। कुछ खुद आ बसे थे लेकिन

अधिकांश ने अपने फ्लैट किराए पर उठा दिए थे। पहले-पहले यहाँ आते हुए लोग झिझकते थे लेकिन मकान की तंगी और आसमान छूते किराए ने अच्छों-अच्छों को यहाँ धकेल दिया था और अब यह आलम था कि साइकिलवाले से लेकर टोयोटावाले तक एक साथ रहने लगे थे। बस्ती पंचरंगी हो गई थी—अजब घालमेलवाली। नौकरीपेशा लोगों में छोटे, मँझोले और बड़े तीनों थे और तिजारत करनेवालों में सब्जीफरोश से लेकर ट्रांसपोर्टर्स और एक्सपोर्टर्स तक एक साथ डटे हुए थे। कुछ ऐसे लोग भी थे जिनके धंधे का पता नहीं लगता था लेकिन जिनके पास खुदा का दिया सबकुछ था—वीडियो तक। सोलह सौ चौंसठ फ्लैटोंवाली इस कॉलोनी की इमारतें शीशम के पेड़ जितनी ऊँची थीं, पके पत्ते-जैसे रंग से पुती हुई। तिमंजिला थीं और प्रत्येक स्क्वेर में चौंसठ फ्लैट थे। हर स्क्वेर के बीचोंबीच एक-एक पार्क बना हुआ था—यह अलग बात है कि हर पार्क बच्चों के लिए खेल के मैदान में बदल चुका था—एक जे सिर की तरह जो बीच में तो चमकता है लेकिन जिसके किनारे-किनारे झालरें उड़ती रहती हैं।

मैं अपने स्क्वेर को सबसे अच्छा समझता था—अकारण। हालाँकि कारण ढूँढ़ने लगूँ तो पसंदगी से ज्यादा नापसंदगी के निकल आएँगे। मेरे ऐन सामने एक कबरबिज्जू रहता था जिससे मुझे सख्त नफरत थी। नफरत इसलिए कि वह मेरे मरने का इंतजार कर रहा था। यहाँ एक कैप्टन था जो आदमी से ज्यादा ज़ेबरा लगता था, एक बैंकवाला था, जिसकी शक्ल नेवले से मिलती-जुलती थी और एक एक्सपोर्टर था, जिसे देखकर भेड़िये की याद आती थी। हमारे बगलवाले फ्लैट में एक ऐसा परिवार रहता था जिसकी जवान लड़की पागल थी और गूँगी भी। उसे वक्तन-फवक्तन पागलपन के दौरे पड़ते थे और वह कभी भी चीखने लगती थी। वह कुछ कहती थी लेकिन क्या—यह किसी की समझ में नहीं आता था। अक्सर रातों को हम उसकी चीख़ से घबराकर उठ बैठते थे क्योंकि अँधेरे में वह आवाज बहुत हैबतनाक लगती थी—जंगल में बनबिलाव की तरह।

स्क्वेर अगर मुहल्ला कहा जा सकता था तो मुहल्ले में किसी से किसी की राह-रस्म नहीं थी। कैप्टन ज़ेबरा और कबरबिज्जू-जैसे दो-एक फालतू लोगों को छोड़कर किसी के पास न तो वक्त था और न इच्छा। स्वयं हमें रहते तीन बरस हो गए थे लेकिन एकाध को छोड़कर हम किसी के नाम तक नहीं जानते थे। पहले हम लोग फ्लैट के नंबरों से काम चलाया करते थे, फिर पत्नी और मैंने मिलकर एक रास्ता निकाल लिया। उस रास्ते में तफरीह भी थी और सुविधा भी। जानवरों की मुनासिबत से हरएक को एक-एक नाम दे द ौर

छुट्टी। खुद मुझे पीठ-पीछे शायद गोह कहा जाता था। इसमें गलती मेरी ही थी। एक बार विनोदप्रियता के ज़ोम में आकर मैंने कह दिया था—यह भी कोई फ्लैट हुआ ? मुझे तो यह एक ऐसी दरार की तरह लगता है, जिसमें मैं गोह की तरह रह रहा हूँ...

हाँ, इस मानी में एक आदमी खुशनसीब था—फ्लैट न. 38-बी का खिसके। खिसके उसका नाम नहीं था, हम लोगों ने दे रखा था, खिसके। इसलिए कि वह अपनी जगह से खिसका हुआ था यानी थोड़ा-सा पागल। थोड़ा-सा इसलिए कि वह बेज़रर था। बेज़रर इसलिए कि न तो वह किसी को तंग करता था और न चीखता-चिल्लाता था। सच तो यह है कि वह किसी से बहुत ज्यादा बोलता-चालता भी नहीं था। वह कुछ करता नहीं था लेकिन सारा दिन व्यस्त दिखाई देता था—गलत को सही करता हुआ। वह काम कॉलोनी के खोए हुए बच्चे को उसके घर पहुँचाने से लेकर लुढ़के हुए डस्टबिन को सही जगह रखने तक कुछ भी हो सकता था—बहुत पहले वह पुलिस में था—कोई छोटा-मोटा अफसर—लेकिन पता नहीं क्या हुआ कि वह घर बिठा दिया गया. वक्त से बहुत पहले। अब उसका घर-बार था, बीवी-बच्चे थे, वह उनके साथ रहता भी था लेकिन एक बेकार फर्नीचर की तरह। पत्नी किसी कंपनी में काम करती थी सो घर चल रहा था।

उसके चाल-ढाल में ही कोई ऐसी बात थी कि वह एकाएक किसी का भी ध्यान अपनी ओर खींच लेता था, हालाँकि वह कमीज के साथ पाजामा पहनता था और दहिने पायँचे को जाँध के पास से चुटकियों में पकड़ते हुए नेफे तक उठाए तेज-तेज चलता था—चीते की तरह। वह अक्सर अपने गेट पर खड़ा रहता था, अंदर जाने के लिए। फिर अंदर जाता था बाहर आने के लिए और एकाएक बहुत तेजी से निकल पड़ता था, चौराहे से वापस लौटने के लिए। अक्सर वह किसी राहगीर को एकाएक पकड़ लेता था। उसे रोककर कहता—सुनिए, आप पोस्ट आफिस तो नहीं जा रहे हैं ? न भी जा रहे हों तो मेरा एक काम कर दीजिए, प्लीज। यह चिट्ठी डाल दीजिए। बहुत जरूरी है।

जरूरी नहीं कि वह हाँ या ना के जवाब के लिए रुके। उसका काम था रोकना, रोक लिया। चिट्ठी थमानी थी, थमाई और उल्टे पाँव तेजी से वापस ! दरअसल वह एक पुरजा होता था किसी अनाम को संबोधित और शिकायतों से भरा हुआ। शिकायतें कुछ इस तरह की होतीं कि मेरी बीवी हर्राफा है और मुझे मार डालना चाहती है। उसने मेरे बच्चों को सिखा रखा है कि वे मुझे तंग करें। ये लोग मुझे खाना नहीं देते और मेरे मरने का इंतजार कर रहे हैं। मेरे पड़ोस में

रहनेवाला बुड्ढा कालू लैंपपोस्ट के बल्ब तुड़वाता है ताकि वह अँधेरे में बैठकर शराब पी सके और मुहल्ले की बहू-बेटियों की ताक-झाँक करे। वह बहुत हरामी है या अमुक फ्लैट में रहनेवाली अमुक कबूतरी की जगह वह नहीं है, उसकी सही जगह है फ्लैट नं.… । मैं पुलिस में कहकर एक-एक को सही करा दूँगा।

शुरू-शुरू में जब लोग जानते नहीं थे तो एकाध बार बावेला मचा था लेकिन जब लोग समझ गए तो उन्होंने ध्यान देना बंद कर दिया। खिसके ने भी थोड़ी ज्यादती कर दी थी। उसने पड़ोस की एक बहुत सुंदर महिला को उसके घर जाकर ऐसी ही कोई चिट्ठी दे दी थी और वह रोज यही करना चाहता था…

''आप क्या कर रहे हैं?'' पार्क से बाहर जाते हुए खिसके ने मुझसे पूछा। वह पता नहीं कब मेरा हमराह हो गया था और साथ-साथ चलने लगा था।

''कहाँ क्या कर रहे हैं?''

''यहीं और कहाँ?''

वही कर रहा हूँ जो आप।'' मैंने कहा, ''रह रहा हूँ।''

''रह तो आप नहीं रहे हैं,'' उसने तलखी से कहा—''हाँ, घुसे हुए जरूर हैं। दिलशाद नगर में सिर्फ मैं रह रहा हूँ, बाकी सब घुसे हुए हैं। अँधेरी दरार में घुसे हुए गोह की तरह…''

मुझे लगा, वह मुझ पर व्यंग्य कर रहा है। खासकर गोह सुनकर और भी। इस कमबख्त को भी पता है कि मुझे गोह कहा जाता है।

''बताइए, आप कौन-सा तीर मार रहे हैं?'' मैंने गुस्से में कहा।

''मारे तो नहीं हैं, हाँ, अब जरूर मारूँगा। आप देखते ही रह जाएँगे। मैं पुलिस से कहकर एक-एक को सही करा दूँगा।''

''वह तो आप करा ही रहे हैं।'' मैंने हादसेवाले फ्लैट की ओर इशारा करके कहा। वहाँ अब भी पुलिसवाले बैठे डंडे हिला रहे थे। मैं हँसने लगा।

वह मुझे कई क्षण तक घूरकर देखता रहा। फिर पाजामे के पायँचे को नेफ तक उठाए तेजी से चला गया। घर नहीं, आगे चौराहे की ओर।

उस दिन दफ्तर को जानेवाली अपनी चार्टर्ड बस में भी सिर्फ उसी की गूँज थी। लोग गुस्से में थे लेकिन सहमे और डरे हुए! अपनी ही कॉलोनी में इतनी बड़ी घटना हो गई थी—भला कौन अछूता और बचा हुआ रह सकता था। यो इस तरह की घटना दिल्ली में अब नई बात नहीं रह गई थी। आए दिन ऐसी

खबरें मिलती ही रहती थीं—हर घटना कमोबेश एक-जैसी ही होती थी, सिर्फ क्षेत्र बदल जाता था—कभी करोलबाग तो कभी ईस्ट पटेलनगर, आज राजौरीगार्डन तो कल जमनापार का आदर्शीविहार···

अजीब बात है कि जब तक ऐसी घटना कहीं और होती है, हम उसे खबर की तरह लेते हैं लेकिन जिस दिन हमारे आसपास होती है, हम यक-ब-यक डर जाते हैं और हमें गुस्सा आता है—खासकर सरकार पर···

यही गुस्सा बस के लगभग सभी यात्रियों के चेहरे पर था। सभी को अचानक समाज और देश की याद आ गई थी और कानून-व्यवस्था की बिगड़ती हालत पर गुर्राया जा रहा था, हालाँकि यह सभी जानते थे कि वह गुर्राना किसके लिए था। और-तो-और, मैं भी शर्मिंदा नहीं था कि मेरे ही स्क्वेर की दुर्घटना की तफसील मुझे बस में मिल रही थी और वह भी दूसरों से। मालूम हुआ कि जिस फ्लैट में दुर्घटना हुई उसके मालिक का नाम रामेश्वर वर्मा था। पैंतालीस-पचास के आसपास वह आदमी एक मँझोले दर्जे का व्यापारी था और पत्नी और बच्चे के अलावा परिवार में और कोई नहीं था। बहन मेरठ में थी और बड़ा भाई बंबई में। चाहे उसकी युवा पत्नी के बदन पर दमकते जेवर का आकर्षण हो या पैसों का, रिवॉल्वर और लोहे के सरियों से लैस तीन लुटेरे एक कार में अंधड़ की तरह आए थे और थोड़ी ही देर में सबका वारा-न्यारा कर आगे बढ़ गए थे—अगली कॉलोनी में लूट के लिए। उस दिन आसपास तीन डकैतियाँ हुई थीं और सात लोग अस्पताल पहुँचाए गए थे।

"उस बच्चे का क्या हुआ?" मैंने एकाएक बात काटते हुए पूछा। प्रश्न मैंने जिससे किया था, वह पूरा जानकार था। पता नहीं क्यों उसका सारा बदन चितकबरा था और वह चीतल की तरह लगता था लेकिन उसने सुनकर भी [illegible] बात का जवाब नहीं दिया।

मेरे पड़ोस में बैठे रोज के सहयात्री और इंडियन एयरलाइंस के सुकुमार बनर्जी ने एक बार मेरी ओर देखा, फिर आसपास से निर्लिप्त खिड़की के बाहर देखने लगे—सामने फैली हरियाली को, पेड़ों को, बिना बादलोंवाले आकाश को और उस हवा को जिसमें सोने-जैसी धूप घुली हुई थी। दिल्ली में ये सितंबर के अंतिम दिन थे जब धूप बहुत नर्म होती है, हवा बहुत तेज और पेड़ों के पत्ते निखरकर बहुत हरे हो जाते हैं—पीले पत्तों को गिराते हुए।

बस इंडिया गेट के पास से गुजर रही थी।

"क्या आपने कभी इस जहाँपनाह जंगल को देखा है?"

अभी कुछ दिन पहले ही बनर्जी ने एकाएक मुझसे पूछा था। हम दोनों बस

का रास्ता देख रहे थे। जहाँपनाह जंगल के ही सामने।

"मैं अक्सर सोचता हूँ कि किसी दिन इस रहस्यमय जंगल को अंदर से देखा जाए। ये सारे पेड़ शीशम के हैं और अंदर शायद बहुत-से अनार लगे हुए हैं। अक्सर सुबह जब बहुत-से मोरों की गुहारती हुई आवाज यहाँ से आती है तो मुझे बेचैनी-सी होती है और लगता है कि अभी चलो। लगता है, देखना चाहिए कि आखिर इससे लोग डरते क्यों हैं। इतनी सारी कहानियाँ इसके बारे में कही-सुनी जाती हैं। क्यों आए दिन किसी-न-किसी जवान आदमी की कटी-पिटी लाश यहाँ मिलती है। लेकिन फिर सोचता हूँ..."

कहते-कहते बनर्जी रुके थे, और मुझे यह देखकर ताज्जुब हुआ था कि वे फाख्ते की तरह मासूम लग रहे हैं। उन्होंने एक बार मेरी ओर अपनी गोल-गोल और गुलाबी आँखों से देखा था और फिर भावुक स्वर में कहा था—"पता नहीं, क्या सोचता हूँ। आप बताइए!"

दिल्ली में चार्टर्ड बसें जिन्नात की तरह होती हैं। वे रोज सुबह हमें एक खास वक्त पर घरों से निकालती हैं और अपने-अपने दफ्तरों में जमा कर देती हैं। रोज शाम को वे कुछ खास-खास जगहों से उठाती हैं और ठीक वक्त पर हमें वापस अपने-अपने घरों में फेंक जाती हैं। हम जिन्नात से बचना चाहते हैं लेकिन हर बार अपने-आपको इनके हवाले कर देते हैं—यह जानते हुए भी कि ये हमें वहाँ ले जाते हैं जहाँ हम जाना नहीं चाहते। शायद इसीलिए जाते या आते हुए हम अक्सर चुप रहते हैं।

लेकिन उस शाम को वापस घर लौटते हुए मैं चुप ही नहीं था, एक धड़का भी लगा हुआ था। जैसे मैं जानता था कि घर के आसपास कुछ डरावना-सा मेरी राह देख रहा है—अँधेरे खँडहर में लटके हुए चमगादड़ की तरह। पत्नी गेट पर ही मिली, राह देखती हुई नहीं, सहमी हुई बिल्ली की तरह एक ओर देखती हुई। रामेश्वर वर्मा के फ्लैट के सामने जो दो-चार लोग मुँह लटकाए खड़े थे उसमें खिसके भी था। "क्या हुआ?" मैंने घबराकर पूछा तो पत्नी ने उस फ्लैट की ओर इशारा कर दिया।

मालूम हुआ कि रामेश्वर वर्मा बच नहीं पाए और उनकी पत्नी अब भी अस्पताल में बेहोश पड़ी है। बच्चा न तो घर पर था और न अस्पताल में। पता नहीं वह कहाँ था।

मालूम हुआ कि रामेश्वर वर्मा की छोटी बहन खबर सुनते ही मेरठ से आ

गई है। आई थी वह भाई-भावज को देखने लेकिन घर पर स्वागत किया एकाध पड़ोसी और पुलिस के उस सिपाही ने जो रामेश्वर वर्मा की लाश लेकर उसी वक्त अस्पताल से आया था।

मैंने देखा, स्क्वेर में कहीं कोई हलचल नहीं थी। और-तो-और, उस फ्लैट से भी रोने की आवाज नहीं आ रही थी।

हाँ, पड़ोस की गूँगी और पगली लड़की जरूर सरेशाम ही चीखने लगी थी। आज उसका स्वर कई गुना हिंसक और आक्रामक हो गया था!

दिलशाद नगर में शाम रोज की तरह हुई। रात उसी तरह। कॉलोनी की सड़कें उसी तरह गुलज़ार थीं—खोमचेवालों, फेरीवालों और आइसक्रीम के ठेलों से। बच्चों की उँगली पकड़े सुंदर स्त्रियाँ थीं, मस्ती करते हुए नौजवानों के गोल थे और जीन्स में ठिलठिलाती हुई लड़कियाँ... स्वयं अपने स्क्वेर को देखकर यह विश्वास करना कठिन था कि वहाँ के एक सूने फ्लैट में एक मैयत पड़ी है और बहन अपने बंबईवाले भाई का इंतजार कर रही है। पता नहीं, कब से कर रही है।

रात के समय कोई ग्यारह बजे थे। मैं कॉलोनी की खास सड़क पर आदतन टहल रहा था, या सच कहूँ तो लेंडू कुत्ते की तरह शिकार की टोह में था, रोज की तरह। सड़क के एक सिरे पर रोशनी थी और दूसरे में अँधेरा। मैं लोमड़ी-जैसी चालाकी के साथ चहलकदमी कर रहा था कि एक बार किसी ने मुझे एकाएक पकड़ लिया। कंधे से। चौंककर देखा तो खिसके था, अँधेरे में प्रेत की तरह मुझे घूरता हुआ। उसकी आँखें अँधेरी झाड़ी में छिपे हुए चीते की तरह जल रही थीं।

"क्या है?" मैंने अपने डर को छिपाते हुए झल्लाकर पूछा। उसने कोई जवाब नहीं दिया। कई पल वह मुझे ऐसे घूरता रहा जैसे मुझे खा जाएगा। फिर उसने मुझे एक चिट्ठी पकड़ा दी। वह उन लोगों में से था जो सरेशाम सो जाया करते हैं। ताज्जुब हुआ कि आज वह इतनी रात गए अँधेरे में कैसे भटक रहा है?

कहा, "जरूरी है, बहुत जरूरी है।"

और तेजी से चला गया।

मैंने वह चिट्ठी बेध्यानी में रख ली थी—दिल के पासवाली ऊपरी जेब में—ऐसे जैसे मैंने उसे सही जगह पहुँचा दिया हो। उसकी इबारत क्या होगी, शायद यह मैं जानता था। लेकिन यह नहीं जानता था कि वह पत्र पहली बार

जिस किसी के नाम भेजा जा रहा है, उसका पता होगा

देहली डेव्हलपमेंट अथॉरिटी
जहाँपनाह
सिटी फॉरेस्ट

दोज़खी

मैं दबे पाँव दाखिल हुआ। बाहर का गेट भी मैंने धीरे-से खोला—ऐसे कि आवाज़ न हो। घर के सामनेवाला दरवाज़ा उढ़का हुआ था—हमेशा की तरह। मैंने उसे भी धीरे-से धकेला था। असल में मैं जमील के सामने बिलकुल अचानक आना चाहता था—दिल के दौरे की तरह।

यह भोपाल-जैसे शहर की दोपहरी थी—ढलती हुई। दिन में इतना सूनापन और आलस्य था कि अक्सर लोग सो रहे थे। मैं जानता था कि यह जमील के घर पर मिलने का वक्त था। शहर और उसके अपने मिज़ाज के लिहाज़ से ही नहीं, उसके काम के एतबार से भी। उसका कॉलेज सुबह-शाम लगता था और सारी दोपहर खाली रहती थी।

जमील दीवान पर लेटा हुआ था, दीवार की ओर मुँह किए। आहट से चौंककर जब उसने देखा तो एकाध पल बस देखता ही रह गया। हैरान! फिर 'अरे' कहता हुआ हड़बड़ाकर उठा और हम दोनों लिपट गए। उसकी जकड़ ज़बरदस्त थी। बाँहें उसकी लंबी और मज़बूत थीं और हथेलियाँ जैसे मेरी पीठ में धँस जाना चाहती थीं, गोश्त-पोश्त को छेदती हुई। पहली बार लगा कि हाथ की अँगुलियाँ भी बोलती हैं।

"कब आया?" कई पल बाद उसने गर्दन हटाकर पूछा, लगभग रुँधे हुए स्वर में। उसका चेहरा अब भी मेरे इतने पास था कि दोनों एक-दूसरे को देख नहीं पा रहे थे।

"सुबह," मैंने कहा, "दक्षिण एक्सप्रेस से।"

अलग हुए। बैठे।

''मैं आज सुबह ही याद कर रहा था,'' वह बोला और गावतकिए से टिककर मेरी ओर देखने लगा। वह ऐसी भरपूर नज़र थी, जिसमें आप समो लेना चाहते हैं—सबकुछ। तभी बगलवाले कमरे का परदा हटाकर बीबी कनीज़ आई, हँसती हुई। सलाम किया। पास बैठी। बोली। पूछा। खुश हुई।

''बाजी कैसी हैं?'' मैंने कनीज़ से कहा, ''उनसे मेरा सलाम...''

''नमाज़ पढ़ रही हैं,'' वह अंदर देखती हुई बोली, ''और तुम्हारे लिए क्या लाऊँ? पहले खाना खा लो...''

''इस वक्त?'' मैं हँसने लगा, हमेशा की तरह। मैं जानता था कि आखिर वह खाना लाएगी और मैं खाऊँगा। वह उठकर अंदर चली गई।

''अब बाजी की तबीयत कैसी रहती है?'' मैंने जमील से पूछा।

बाजी का तख़्त बाहर से ही दिखता है और घर में दाखिल होते हुए मैंने देख लिया था कि वह नमाज़ पढ़ रही हैं। सवाल जैसे असुविधाजनक था। जमील सिगरेट का पैकेट टटोलने लगा। मिला तो एक ज़लाई और मेरी ओर देखकर सिर हिला दिया, यानी बस ठीक है। और फीकेपन से मुस्कराया। बाजी-भाईजान यानी माँ-बाप। बाजी कई महीनों से बीमार चल रही थीं। घर पर हुए नए हादसे से भी पहले। शायद तभी जब एक दिन भाईजान अचानक नहीं रहे थे। रात वे ठीक-ठाक सोए थे, लेकिन सुबह नहीं उठे, बस!

''कौन है अल्लन?'' भीतर से बाजी की आवाज़ आई। वह शायद मुहल्ले से उठ रही थीं। अल्लन यानी जमील। जमील ने मेरा नाम बताया। कहा कि मैं दिल्ली से आया हूँ, सलाम कर रहा हूँ। उन्होंने वहीं से दुआएँ दीं, बहुत थकी हुई आवाज़ में। फिर कुछ बड़बड़ाती-सी रहीं। क्या, यह मेरी समझ में नहीं आया। सोचा कि दरवाज़े तक जाकर उन्हें देख लूँ, लेकिन हिम्मत नहीं पड़ी। उनका सामना करना मेरे बस की बात नहीं थी।

''और?'' थोड़ी देर बाद जमील ने मुझे वापस लाते हुए कहा, कहीं और ले जाने के लिए।

''तेरी दिल्ली कैसी है?''

''मेरी!''

जमील मुस्कराया।

''दिल्ली एक दोज़ख है,'' मैं पहले अक्सर कहा करता था। चार साल पहले जब मैं इस शहर से निकाला गया था तो मेरे मन में बहुत तल्खी थी। यह देश-निकाला पिछली सरकार की इनायत थी और मेरे लिए यह भूलना मुश्किल था कि मैं दिल्ली आया नहीं, फेंका गया हूँ। अब वह बात नहीं रही,

लेकिन न तो मैं दिल्ली का हो सकता हूँ और न दिल्ली मेरी, जमील यह जानता था।

"चल, मेरठ की मारकाट ही सही। क्या हाल है?"

"वहाँ दंगे का इतिहास बहुत पुराना है, सन सैंतालीस से भी पुराना। नया मैं क्या बताऊँ! वही कह सकता हूँ जो अखबारों में है। हाँ, सुना है कि मुरादाबाद और अलीगढ़ में बहुत तनाव है।"

"तुझे अखबारों पर भरोसा होता है?"

मैं चुप हो गया।

"जो लोग दहाने पर बैठे हैं, वे जानते हैं।" उसने कहा।

"कहाँ है दहाना?"

"दिल्ली दहाना नहीं है—मुल्क का, मेरठ का, जमशेदपुर या भागलपुर का····?"

मैं कमरे की दीवारों को देखने लगा, जिनमें कई आकारों की पेंटिंग्स लटकी हुई थीं, कनीज़ की बनाई हुई। उनमें हुसैन और हेबार का मिला-जुला प्रभाव साफ था। ज़ाहिर है कि मैं बचना चाहता था। शायद हम दोनों बचना चाहते थे, उससे जिसके छिड़ जाने का डर हम दोनों को ही था।

"तेरी पुरानी शक्ल लौट आई है," जमील ने बात पलटते हुए कहा, "पिछली बीमारी में जाने वह कहाँ चली गई थी!"

"यह हार्ट-अटैक की देन है," मैंने कहा और दंभभरी हँसी हँसने लगा, ऐसे जैसे मैं कोई किला जीत आया हूँ।

"अब तो तू बिलकुल ठीक है न?" उसने पूछा।

"बिलकुल का तो पता नहीं। हाँ, ठीक ज़रूर हूँ। उतना ही ठीक, जितना दिल के मरीज़ रहते हैं।"

और यह कहने के साथ ही मुझे लगा कि मेरे स्वर में आत्मदया आ गई है। मैंने पुराने दम्भ में लौटते हुए कहा, "असल में, अब मैंने परवाह करना छोड़ दिया है। जब आना है, आ जाएगी। तब न डॉक्टरों के चलते रुकेगी और न मेरे रोके।"

"बहुत दिनों तक यहाँ किसी को पता नहीं था," जमील ने कहा, "अफवाह की तरह खबर आई थी कुछ उल्टी-सीधी। हम लोगों ने घबराकर दिल्ली फोन किया था, लेकिन तुम्हारे वहाँ के दोस्तों ने कहा कि वैसी कोई बात नहीं है। अस्पताल में ज़रूर है, 'इंटेन्सिव केयर यूनिट' में भी है; लेकिन हार्ट-वार्ट का मामला नहीं है। वो तो दिल्ली से तुझे देखकर लौटे पंकज ने बताया कि सबकुछ

कितना सीरियस था… यह हुआ कैसे?"

"उसी तरह, जैसे यह होता है—अचानक!"

"घर पर?…"

"नहीं, दफ्तर में।"

"कैसे?"

"मैं बातें कर रहा था एक मिलनेवाले से। एकाएक मुझे बेचैनी-सी हुई। सीने में जकड़ने और दर्द के बगूले उठ आए थे और मैं पसीने में सराबोर हो गया। मेरी आवाज बिलकुल मद्धिम हो गई थी, दिल डूबने लगा था। मैं उठना चाहता था, लेकिन मुझमें दम नहीं था। मैं बैठे रहना चाहता था, लेकिन इतनी बेचैनी और घबराहट कि… थोड़ी ही देर में फर्श पर लेटा छटपटा रहा था…"

कहते-कहते मैं रुक गया क्योंकि जमील के चेहरे पर एक आतंक मैं साफ-साफ देख रहा था, जो मैं चाहता था। मुझे खुशी थी कि मेरी जिस यातना को यहाँ मामूली ढंग से लिया था, मैं उसका हिसाब बराबर कर रहा था। दिल्ली के अपने दोस्तों के रवैये पर गुस्सा आ रहा था, सो अलग। यह ठीक है कि एक मसलेहत के तहत मेरी बीमारी की संजीदगी को छिपाया गया था, लेकिन उस मसलेहत ने मुझे उस सबसे यहाँ महरूम कर रखा था, जो मैं चाहता था। लगभग एक साल के बाद मैंने इस शहर में प्रवेश किया था, एक ऐसे आदमी की तरह जो दुर्लभ होते-होते एकाएक रह गया।

"तुम्हें याद है, मैंने ताजियत का खत तुम्हें कब लिखा था? वह सात अप्रैल का दिन था, और कोई घंटे-भर पहले मैंने तुम्हें लिखा था। तब मैंने सोचा भी नहीं था कि थोड़ी ही देर बाद मैं भी उस रास्ते पर पहुँच जाऊँगा जहाँ से हसीन कभी नहीं आया।"

तभी भीतर से कनीज़ निकल आई और मेरे सामने कबाब-रोटियों की रकाबी रखती हुई बोली, "लो खाओ!" फिर एक स्टूल खींचकर सामने ही बैठ गई। पहला ही लुकमा तोड़ते हुए मुझे लगा कि हसीन का नाम मुझे नहीं लेना चाहिए था। शायद मैं चाहता भी नहीं था, लेकिन बात की रौ थी, लेकिन क्यों नहीं? क्या मैं पुरसे के लिए नहीं आया था? पुरसा और वह भी हसीन का। यह वह आदमी था जो अभी कल तक इसी शहर में दूसरों के पुरसे के लिए आया करता था और नहीं जानता था कि उसे क्या कहना चाहिए। वह चुपचाप बैठ जाया करता था—सूनी आँखों से एक तरफ देखता हुआ।

खबर मुझे यह भी दफ्तर से मिली थी, दिल्ली में, जमील ने नहीं दी थी। इस शहर से भी नहीं गई थी, बुरहानपुर से सईद महमूद ने लिखा था—

"तुम्हें यह जानकर बहुत सदमा होगा," उसने खत में कहा था कि "हम दोनों का अजीज दोस्त हसीन अहमद सिद्दीकी का नाइजीरिया में इंतकाल हो गया। उसका हार्ट-फेल हो गया था। नसरीन भाभी उसकी मैयत लेकर भोपाल आई थीं, और उसे दफनाकर मैं कल लौटा हूँ। हम लोगों का जो होना था, हुआ, लेकिन सोचो कि तीन छोटे-छोटे बच्चों के साथ रह गई एक जवान औरत के साथ जो नाइन्साफी हुई है, क्या उसकी कोई तलाफी हो सकती है ?"

बड़ी देर तक मैं खत लिए बैठा रह गया था। मैंने उसे कोई तीन बार पढ़ा था और हसीन के नाम पर पाँच बार नजर डाली थी। मैं यकीन करना चाहता था, लेकिन हो नहीं रहा था और जब हुआ तो उस पल के हजारों में राहत और छुटकारे की साँस थी। फिर मैंने दुख को धीरे-धीरे समेटकर अपने भीतर इकट्ठा किया था और एकदम दुखी हो गया था।

"यह भी कोई बात हुई ?" मैं उसके बाद हर आनेवाले को बताकर कह रहा था, "क्या यह उसके जाने की उम्र थी और वह भी दिल के दौरे से ! वह तो मुझसे भी दो साल छोटा था। वह खुदा से खौफ खानेवाला और परहेजगार आदमी था और सिगरेट तक नहीं पीता था।"

यह सब कहते हुए या तो मैं डरा हुआ था या शायद अपने डर को दूर कर रहा था, हालाँकि दफ्तर से लौटते तक भी उससे पीछा नहीं छूटा था। वह कहीं इतने अंदर पहुँचकर बैठ गया था कि उसने मुझे एकाएक चुप कर दिया। खबर यह घर के लिए भी बड़ी थी, लेकिन मैंने उस दिन बीवी से भी नहीं कहा—इस डर से कि घर पर भी देर तक वही जिक्र होता रहेगा और रात को हसीन का चेहरा मुझे सोने नहीं देगा। उस रात मैं सो तो गया, लेकिन हसीन ने तंग बराबर किया। उसका चेहरा चारों ओर से आकर मुझ पर आक्रमण करता था और सपने में सारी रात उसकी मैयत दिखाई दी—कई दिन पुरानी मैयत ! यह उस दिन ही नहीं, उसके अगले दिन भी हुआ था और उसके भी अगले दिन, हालाँकि मैं किसी से कुछ भी नहीं कह रहा था। ताजियत का खत भी तीन दिनों तक टालने के बाद मैंने जमील को लिखा था और मैं भी हसीन की तरह नहीं जानता था कि पुरसे में क्या कहना चाहिए...

बात अजीब सही, लेकिन सच तो यह है कि हसीन मेरा दोस्त नहीं रह गया था, खासकर इधर के बरसों में—जब वह नाइजीरिया चला गया था या शायद उससे भी पहले जब मैं धीरे-धीरे उसके छोटे भाई जमील का दोस्त हो गया था।

पंद्रह बरस पहले जब मैं भोपाल आया था तो दोस्ती उसी से हुई थी। दोनों

भोपाल में बाहर से आए हुए थे और वहाँ हमारा कोई घर नहीं था। हसीन में एक खास तरह का मरदाना आकर्षण था—सीधे अपनी ओर खींच लेनेवाला। वह लंबा और छरहरा था और हल्के-हल्के गंजा हो रहा था। पहले ही दिन मैंने देख लिया था कि वह एक महीन अहसासोंवाला ऐसा गुस्सैल और आक्रामक आदमी है जो अपने-आप पर ही हँस सकता था। वह इतने छोटे-छोटे और खूबसूरत मुबालगे करता था कि कोई भी हँसता-हँसता उसका हो जाता था। तब हम लोग पुराने भोपाल की अमीरगंज गली में रहते थे और जवान थे। हसीन एक प्राइवेट कॉलेज में विज्ञान पढ़ाता था और मैं एक दफ्तर में कलम घसीट रहा था। मुहल्ला पुराने रईसों और खमीरों का था और हम-जैसे फटेहाल इक्का-दुक्का ही पड़े हुए थे अपने-अपने मुँह छिपाए हुए।

असल में, हम दोनों की दोस्ती दो तंगदस्त, कुंठित और गुस्सैल आदमियों का ऐसा मेल था जो दोनों को राहत देती थी। रीझा पहले मैं ही था, बाद में उसे रिझा लिया था, हालाँकि हम दोनों अलग-अलग किमाश के लोग थे। वह विज्ञान पढ़ाता था लेकिन दकियानूस और मजहबी था और हँसी-हँसी में अपने को जन्नती कहता था। मेरा विज्ञान से कोई लेना-देना नहीं था, लेकिन मैं उसी के सहारे अपने को आधुनिक लगता था और प्रगतिशील बना हुआ था—हसीन का फतवा सिर-माथे पर लिए हुए कि मैं दोज़खी हूँ। सच्चाई यह है कि हम दोनों एक-दूसरे को दोज़खी समझते थे और दोनों मिलकर उस तीसरे को जो हमारे बीच नहीं होता था, लेकिन जिसे हम कांदू कहते थे।

"तुम मक्कार हो," एक बार उसने गुस्से में खेलते हुए मुझसे कहा था, "अव्वल दर्जे के पाखंडी और धूर्त⋯"

"क्यों, क्या तुमसे भी बड़ा?"

"हाँ, मैं तो तुम्हारे पाँव की धूल भी नहीं हूँ।"

"वह तो तुम वैसे भी नहीं हो।" मैंने हँसकर उड़ाना चाहा था।

"तुम दोनों जहान के मजे मारना चाहते हो," उसने करीब-करीब बाल नोचते हुए कहा था, "नास्तिक-वास्तिक कुछ हो नहीं, वह तुम्हारा ढोंग है।"

"तुम्हारे जन्नती होने से भी बड़ा ढोंग?" मैंने प्रतिवाद किया था, "क्यों नाहक फाके करते हो यार!"

मैं अक्सर कहा करता था कि जो सचमुच रोज़ेदार होते हैं, वे सेहरी के बाद इफ्तार और इफ्तार के बाद सेहरी की फिक्र नहीं किया करते। जो लोग रमजान के दिनों में सुबह-शाम थैली लिए बाजार भागते नजर आते थे, कभी मुर्ग तो कभी तीतर के लिए, कभी लवे तो कभी बटेर, कभी मछली तो कभी बिरयानी के

लिए, मैं उनका मजाक उड़ाता था—यह जानते हुए भी कि इससे हसीन को चोट लगती है क्योंकि मैं यही चाहता था।

"तुम न हीयों में हो और न शीयों में। न यहाँ, न वहाँ। अल्लाह तुम पर रहम करे।" वह मुझसे कहता था।

यह सिर्फ एक दिन की बात नहीं थी। अक्सर हम दोनों किसी-न-किसी ऐसी बात पर लड़ते थे। गुस्से में एक-दूसरे से कभी न बोलने की धमकी देते थे, लेकिन अगले दिन या उसके अगले दिन फिर मिलते थे। फिर से लड़ने के लिए...

यह वह दौर था, जब मुल्क में फसाद की फसल आई थी और एक के बाद कई शहरों में दंगे हो रहे थे—जबलपुर, भिवंडी, जलगाँव, अहमदाबाद, जमशेदपुर और...

हम लोग भोपाल-जैसे शहर में रह रहे थे, जिसमें दंगे का कोई इतिहास नहीं था, फिर भी डरे हुए थे, क्योंकि शहर में तनाव था। सरकार सतर्क हो गई थी। जगह-बेजगह पुलिस और होमगार्ड के जवान तैनात थे। रोज अफवाहें उड़ती थीं और बाहर से रोज खबरें आती थीं— हैबतनाक खबरें! बरसों से साथ-साथ रहे आए हिंदू-मुसलमान एक-दूसरे को संदेह और डर से देखने लगे थे, और छोटे-छोटे समूहों में बँट गए थे।

"देख लो," एक ऐसी ही शाम हसीन ने घबराए हुए स्वर में कहा था, "हैवान के बच्चों ने मुल्क का बँटवारा करके क्या कर दिया है...."

उसने सुबह के अखबार में कुछ और दिल दहलानेवाली खबरें पढ़ ली थीं। उसका शेव बढ़ा हुआ था और बाल रूखे थे—उड़े-उड़े-से। वह और दिनों से ज्यादा गंजा लग रहा था।

"अब यह मुल्क रहने लायक नहीं रहा!" वह बोला, "किसी दिन हम लोग भी काटकर फेंक दिए जाएँगे और कोई रोनेवाला नहीं होगा।"

"क्यों, मैं जो हूँ।" मैंने हँसकर कहा। दरअसल, मैं अपने और उसके डर को हँसकर उड़ाना चाहता था—अँधेरे में गाये जानेवाले गीत की तरह।

"तुम भी नहीं होगे," उसने आँख तरेरकर तल्खी से जवाब दिया, "कल —ब काफिरों का जत्था गँडासे और खंजर लेकर तुम्हारे दरवाज़े पर आएगा, तब ाई नहीं पूछेगा कि तुम क्या सोचते हो या तुम्हारे खयालात क्या हैं! पहचान के ाए तुम्हारा नाम काफी है।"

"तुम तो कह रहे थे कि पहचान के लिए सिर्फ नाम काफी नहीं होता!"

"वह और बात थी। दूसरे सिलसिले में कही गई थी। मसलों को

गड्डमड्ड मत किया करो। मैं जानता हूँ, तुम चालाकी कर रहे हो।"

हाँ, मैं चालाकी कर रहा था। जान-बूझकर अनजान बने रहने की चालाकी। सच्चाई से डरकर भाग खड़े होने की चालाकी। हसीन से असहमत होने और उसे आहत करने की चालाकी। मैं हसीन से बिलकुल सहमत नहीं होना चाहता था, क्योंकि उसकी बात मानना अपने पाँवों के नीचे के उस टीले को काटना था. जिस पर मैं खड़ा था।

इस बीच एक ऐसी बात हुई जिसके बारे में मैंने कभी सोचा भी नहीं था हसीन एकाएक मेरे लिए दुर्लभ हो गया था। सुबह उसका कॉलेज हुआ करता था, दोपहर से मेरा दफ्तर। एक शाम का ही वक्त था, जिसमें हम अक्सर मिला करते थे, लेकिन इधर वह कई शामों से गायब था। मेरे लिए हसीन का घर अपरिचित नहीं था, जमील भी मेरे लिए नया नहीं था। मैं जानता था कि वह हसीन का छोटा भाई है और उसी कॉलेज में पढ़ता है। जब-जब मैं हसीन के यहाँ गप-शप, चाय या खाने पर होता, अक्सर जमील भी हुआ करता था—यहाँ तक कि उनके बाप-भाईजान भी। वह इस अर्थ में अजीब घर था कि वहाँ पहुँचे किसी भी दोस्त या मेहमान से पूरा घर मिलता था और सभी लोग बातचीत में शरीक होते थे। मुझे भाईजान का अपने बीच होना कई बार खलता था, क्योंकि उससे हमारी आजादी छिनती थी, लेकिन जमील का होना मुझे अच्छा लगता था। दरअसल, मैं जमील को शुरू से पसंद करता था।

अब सोचता हूँ तो लगता है कि जमील का पहले मुझसे न टकराना या हसीन के माध्यम से मिलना महज एक संयोग था, वरना शायद मैं सीधे उसी का दोस्त होता। यह बात तब भी लगी थी जब मैं हसीन का अता-पता करने कई बार उसके घर गया था और जमील मुझे अकेले मिला था। फिर मैं धीरे-धीरे हसीन से कट गया था।

"हसीन भाई से आजकल शाम को मिलना मुश्किल है," मेरी दो-तीन बार की मायूसी के बाद जमील ने मुझे बताया था, "दरअसल वे और सईद महमूद उसी चक्कर में हैं।"

"किस चक्कर में ?"

"ताज्जुब है कि आपको पता नहीं ! क्या आप नहीं जानते कि दोनों बाहर निकलने की जुगाड़ में हैं ?"

"बाहर, यानी ?"

"बाहर यानी कहीं भी। मिडिल ईस्ट, लीबिया, अफ्रीका कहीं भी, जहाँ जॉब मिले, अच्छे पैसे मिलें! सईद महमूद की तो मजबूरी है। इस कॉलेज की मास्टरी में वह वैसे ही कंगाल है। चार-चार बेटियाँ सीने पर बैठी हुई हैं और बेटा पोलियो का शिकार है··· हसीन भाई का यह है कि वे बेहतर जिंदगी चाहते हैं···"

सईद महमूद तब भोपाल में था और उसी कॉलेज में अंग्रेजी पढ़ाता था। वह हम तीनों का दोस्त था, लेकिन किसी के हाथ नहीं आता था। क्योंकि हर वक्त वह जल्दी में होता था—एक ऐसी बेचैनी-भरी जल्दी जो उसे कहीं दो पल से ज्यादा टिकने नहीं देती थी। वह आता तो बैठता नहीं था। बैठता तो पर तोलने लगता था और सच तो यह है कि उसके आते ही यह धड़का लगा रहता था कि वह किसी भी पल चला जाएगा। हसीन और उसकी दोस्ती एक हद तक पेशे की वजह से थी, लेकिन मिजाज के लिहाज से वह मेरे ज्यादा नजदीक पड़ता था। फिर भी मुझे ताज्जुब नहीं हुआ, क्योंकि दोनों एक ही मकसद के लिए इकट्ठे हुए थे, भले ही कारण अलग-अलग हों।

"क्यों, भाग लिए?" कई दिनों के बाद जब हसीन पकड़ में आया तो मैंने उसे धर दबोचा। हसीन ने मुझे उसी अंदाज से देखा जिसमें उसकी छोटी-छोटी आँखें गोल होकर नोकीली हो जाती थीं और आक्रामक लगती थीं।

"कौन भाग रहा है?"

"तुम और कौन!"

"मैं भाग नहीं रहा, जा रहा हूँ।"

"एक ही बात है!"

"एक ही बात नहीं है," उसने जोर देकर कहा, "भागनेवाले पाकिस्तान हैं और वे कभी लौटकर नहीं आएँगे।"

"तुम कौन लौटकर आनेवाले हो!"

"क्यों, मैं क्या काले और हब्शियों के बीच मरने जा रहा हूँ?"

"क्या पता!"

"तुम-जैसे दोस्त तो यही दुआ करेंगे। करो···"

"मैदान तो छोड़ ही रहे हो।"

"दो-चार साल के लिए घर से बाहर निकलना मैदान छोड़ना है, भागना है?" उसने बौखलाकर कहा, "मैं अपने और अपने बच्चों के मुस्तकबिल के बारे में कुछ न सोचूँ? यहीं पड़ा सड़ता रहूँ? अपने आसपास लुच्चों, लफंगों, बदकारों और बदमाशों को पनपता हुआ देखता रहूँ? रोज कुढ़ूँ··· रोज लहू जलाऊँ?"

"मुस्तकबिल और बच्चे तो मेरे भी हैं।" मैंने कहा।

''तुम अगर कीचड़ में पड़े रहना चाहते हो तो कोई क्या कर सकता है !'' वह बोला, ''न तो तुम ऊपर उठ सकते हो, न उठना चाहते हो।''

''पैसों के पीछे भागना ऊपर उठना है ?''

''यह बीमारों, निकम्मों और बुजदिलों की फिलासफी है,'' उसने चिल्लाकर कहा, ''इसे तुम अपने ही पास रहने दो।''

और वह तेजी से चला गया।

नाइजीरिया जाने से पहले हसीन से यह मेरी आखिरी बातचीत थी। कम-से-कम इस सिलसिले में। इसके बाद हम मिले जरूर, लेकिन हर मुलाकात सरसरी थी और हमारी बातों का कोई मतलब नहीं था। वैसे भी तब तक एक-दूसरे से हम लोग कट चुके थे। फिर एक दिन सुना कि वह चला गया—मुझसे बिना मिले और मुझे कहीं गहरे चोट करता हुआ। गया सईद महमूद भी, लेकिन उसका जाना एक उम्मीद पर लगाई हुई छलाँग थी। वह बीवी के बचे-खुचे जेवर और मौरुसी जमीन बेचकर सऊदी अरब गया था, जबकि हसीन को नाइजीरिया के किसी स्कूल में बाकायदा काम मिला था और उसके लिए हवाई जहाज का टिकट आया था···

''और कुछ लाऊँ ?'' कनीज़ मुझसे कह रही थी मेरे सामने खड़ी और रकाबी की ओर बढ़ती हुई। मैं जैसे चौंका।

''और क्या ?''

''कबाब या एकाध रोटी ?''

''बस, बस,'' मैंने कहा, ''अव्वल ही बहुत हो चुका। कायदे से मुझे खाना भी नहीं चाहिए था। दोपहर का खाना अक्सर मैं टालने की कोशिश करता हूँ—खासकर बाहर। डॉक्टर कहते हैं कि इसे नियम बना लो···''

''और तुमने मान लिया ?'' जमील ने मुस्कराकर टोका और मैं हँसने लगा। जमील जानता था कि दिल्ली के ये तीन-चार बरस मैंने डॉक्टरों के पीछे कितनी एड़ियाँ रगड़ी हैं। अभी दिल्ली में पाँव भी नहीं जमे थे कि मालूम हुआ, मैं एक घातक बीमारी की चपेट में हूँ। क्या करता ? नफरत या उनके खिलाफ अपने बड़बोलेपन ने मेरी कोई मदद नहीं की और मैं अस्पताल पहुँचकर एक फाइल बन गया था—केस नं. सी-535।

वे दोज़ख के दिन थे।

रकाबी उठाकर कनीज गई नहीं, खड़ी रही, फिर दो पल मुझे घूरकर पूछा,

"अभी पिछले दिनों तुम्हारा क्या हार्ट-वार्ट का कुछ…"

मैंने चौंककर देखा। हाँ, चोट लगी थी। क्या कनीज़ को खबर भी नहीं थी ? मैं तो समझ रहा था कि इस घर में कभी मेरे लिए नीम मातम का माहौल बना होगा और जब पहुँचूँगा तो मुझे ऐसे लिया जाएगा, जैसे लगभग खोया हुआ आदमी अचानक बरामद हो गया हो।

"इसकी बुरी हालत हो गई थी," जमील कनीज़ से कहने लगा, "मैस्सिव हार्ट-अटैक था। कोई पचास घंटे जिंदगी और मौत के बीच झूलता रहा। वह तो दिल्ली-जैसी जगह थी, पेस-मेकर लगाकर बचा लिया, वरना खुदा जाने क्या होता!"

क़नीज़ का चेहरा एक पल के लिए सफेद हो गया—भय से। उसके बहनोई इसी से गए थे, बहन इसी से, ससुर इसी से और अब जेठ भी—जेठ यानी हसीन भाई। जाने से पहले वह सँभलती हुई बोली—

"और सिगरेट पीना-भर मत छोड़ना, अच्छा!"

थोड़ी देर बाद मेरी तिपाई के सामने चाय की ट्रे आ गई। स्टूल खींचकर कनीज़ मेरे सामने बैठ गई और चाय बनाने लगी। अंदर के कमरों में बाजी थीं, लेकिन उनके वहाँ होने का आभास यहाँ से मुश्किल था। पहले तो खैर, वह नमाज पढ़ रही थीं, लेकिन इतनी देर में न तो वह बाहर आई थीं और न मुझमें ही इतना साहस था कि उठकर मैं ही उनसे मिल लूँ! मैं फिर दीवारों को देखने लगा, जिन पर कनीज़ की पेंटिंग्स लटकी हुई थीं—बरसों से उन्हीं जगहों पर और वैसी ही। लेकिन जैसे पहली बार ध्यान आया कि वे तुगरों के आसपास हैं। एक तुगरा था अल्लाह। दूसरा था मुहम्मद। उस दरवाजे के ऊपर, जो घर के भीतर खुलता था, कुरान की एक आयत थी—'इनल्लाहे मुअस्साबेरीन' यानी सब्र करनेवाले के साथ खुदा है।

क्या मैंने सब्र किया था ? चाय का आखिरी घूँट लेते हुए मैंने सोचा—क्या मैंने उन मित्रों को माफ नहीं किया था, जो अस्पताल में मुझे देखने या मुझसे मिलने नहीं आए थे, और क्यों उन दुश्मनों के लिए भी मैं नर्म हो गया था जो मेरे पलँग के पास आकर खड़े हो गए थे ?

"या अल्लाह!" तभी अंदर से बाजी की गुहारती हुई आवाज आई—

"रजा बे रब्बी…"

कनीज़ ने बर्तनों को जरूरत से ज्यादा आवाज करते हुए समेटा और ट्रे में रखने लगी—एक के बाद एक। फिर उठकर अंदर चली गई।

"बाजी को कैसे सँभाला था ?" कुछ पलों की चुप्पी के बाद मैंने पूछा।

''सब अपने-आप सँभल जाते हैं,'' वह बोला, ''जिस वक्त हसीन भाई की खबर नाइजीरिया से मिली थी, बाजी सख्त बीमार थीं। लगता था, बचेंगी नहीं। मेरी समझ में नहीं आ रहा था कि मैं क्या करूँ। डाक्टर से पूछा तो कहने लगा, पता नहीं ऐसी हालत में यह सदमा बर्दाश्त भी कर पाती हैं या नहीं, लेकिन उन्हें न बताना भी तो ज्यादती होगी। आखिर कब तक छिपाओगे ? मैं दो दिनों तक सबसे लड़ता रहा कि उन्हें न बताया जाए। तुम तो जानते हो, वे हसीन भाई को हम सबसे ज्यादा चाहती थीं। मेरा कहना था कि क्या यह मुमकिन नहीं कि उन्हें कभी पता ही न चले। झूठी चिट्ठियाँ मँगवाई जा सकती हैं या ऐसा ही कुछ··· ज्यादा-से-ज्यादा उन्हें इतनी चोट तो लगती न कि लड़के ने आँखें फेर लीं और नालायक निकल गया··· लेकिन आखिर मुझे ही हारना पड़ा। फिर उन्हें बताया गया और अब सबकुछ तुम्हारे सामने है···''

मैंने कुछ तो लिया, लेकिन मुझे पूछने के साथ ही मुझे अपने सवाल के बेतुकेपन का ध्यान आया। यह वही सवाल था जो हर मिलनेवाला मुझसे भी पूछता था और मुझे झुँझलाहट होती थी। मैं कहने लगा, ''मेरा मतलब है कि इससे पहले पूछ····''

''नहीं, कभी कुछ नहीं। दो-एक दिन पहले अपनी तबीयत के ठीक न होने की शिकायत जरूर कर रहे थे। उस दिन वे रोज की तरह काम पर गए थे। भाभी से कह रखा था कि शाम को डॉक्टर के पास चले चलेंगे। शाम को वे तैयार भी हो गए थे, लेकिन उसी वक्त उनका एक पाकिस्तानी दोस्त आ गया—एक वीडियो कैसेट के लिए और वे टी.वी. देखने लगे। शायद तुम नहीं जानते कि इधर उन्होंने हिंदी फिल्म के कैसेट्स और हिंदुस्तानी संगीत के एल-पीज़ का कितना बड़ा जखीरा कर रखा था।''

हाँ, मैं नहीं जानता था। सात साल पहले ज़ब हसीन यहाँ था, तो वह हिंदी फिल्मों से नफरत करता था और उसे हिंदुस्तानी संगीत में कोई दिलचस्पी नहीं थी।

''अपने पाकिस्तानी दोस्त को ड्राइंग रूम में छोड़कर वे अंदर एक कैसेट लेने गए थे, लेकिन कैसेट देखते-देखते उन्हें बेचैनी हुई और वे लेट गए। बस, मुश्किल से दो मिनट लगे होंगे··· मैं समझ रहा था कि उनका कफन-दफन वहीं हो चुका होगा। हम लोग रो-धोकर चुप भी हो चुके थे। कोई दस-बारह दिनों के बाद जब भाभी और बच्चों को लेने मैं बंबई पहुँचा तो मुझे गुमान भी नहीं था कि वे नाइजीरिया से हसीन भाई का ताबूत लेकर आई हैं। फिर सबके जख्म खुले, फिर एक बार नए सिरे से मातम हुआ···

"और नसीब की संगदिली तो देखो," थोड़ी देर ठहरकर जमील कहने लगा, "इसे तब होना था जब वे लौटने को ही थे। अभी छह महीने पहले जब वे यहाँ आए थे तो कहने लगे—बस, कुछ दिनों की बात और है, इस कांट्रेक्ट के खत्म होने के बाद मैं हिंदुस्तान लौट आऊँगा। कहने लगे—अब और वहाँ नहीं रहा जाता। कुछ भी कहो, अपना मुल्क फिर भी अपना मुल्क है··· उन्होंने यहाँ 'शिमला-हिल्स' में अपनी पसंद का शानदार मकान बनवा लिया था। लौटने के बाद वे यहाँ क्या करेंगे, यह तय हो चुका था और वे बहुत खुश थे। तब उन्होंने कभी नहीं सोचा होगा कि जिस घर की एक-एक ईंट उन्होंने इतने प्यार से रखवाई थी, उसमें वे कभी नहीं रह पाएँगे··· पिछली बार एक अजीब बात हुई थी। जब मैं उन्हें एयरपोर्ट छोड़ने गया था तो जिंदगी में पहली बार एक हुमक-सी उठी थी। एकाएक जी में आया था कि उन्हें बहुत जोर से भींच लूँ, एकदम कलेजे से लगाकर, लेकिन फिर लगा कि यह कोरी जज़्बातियत होगी। हसीन भाई कौन हमेशा के लिए जा रहे हैं और अपने को रोककर मैंने वह मौका हमेशा के लिए खो दिया। अब वही तकलीफ इतनी बड़ी कसक बन गई है कि हर वक्त मुझे तंग करती रहती है। क्या तुमने कभी सोचा है कि हम अक्सर किसी जोम, किसी बौद्धिक गिरह या एक नामालूम-सी जिद के तहत ऐसे अवसरों को खोते रहते हैं जिनमें अक्सर वह आदमी छिपा होता है। हम उन्हें आगे के लिए मुल्तवी कर देते हैं—बिना यह जाने कि वे हमारी जिंदगी में फिर कभी नहीं आएँगे···"

कनीज़ ने पान की तश्तरी मेरी तरफ बढ़ा दी। वह कब पानदान लेकर आ बैठी थी, मुझे पता नहीं था। मैंने चुपचाप पान ले लिया।

मैं जानता था कि जमील ने मुझे कहीं गहरे छू लिया है। लेकिन क्या वह सिर्फ छूना था, अपनी गिरफ्त में लेकर निचोड़ना नहीं? मैं सामने की दीवार की ओर देखने लगा, जिस पर तुगरा लगा हुआ था—अल्लाह, अल्लाह, अल्लाह··· देखते हुए।

फिर तस्वीरें आईं हसीन की। हसीन भाई अपने बाग में तीनों छोटे बच्चों के साथ। हसीन भाई अपनी गाड़ी में स्टीयरिंग के सामने जबकि भाभी कार का दरवाजा पकड़े खड़ी हैं। मैंने वह तस्वीर उठा ली जो इधर हाल की थी—शायद यहाँ की। उसमें सिर्फ हसीन था, सिर्फ उसका हँसता हुआ चेहरा। तस्वीर में वह बहुत तेजी से बुढ़ाता हुआ लगा और यह देखकर ताज्जुब हुआ कि उसके चेहरे पर संपन्नता की कोई छाप नहीं थी। उल्टे वह एक पेड़ की तरह सूख रहा था। वह पहले से कहीं ज्यादा गंजा हो गया था और उसकी दाढ़ी बढ़ी हुई थी।

''यह तो यहीं की लगती है ?'' मैंने कहा ।

''हाँ, वे इसी जगह लेटे थे और मैंने तस्वीर ले ली थी। अभी पिछली बार ।''

''इसमें हजामत क्यों बढ़ी हुई है ?''

''इधर उन्होंने दाढ़ी रख ली थी। तुम उनसे कब मिले थे ?''

''तीन-चार साल पहले, यहीं पर। उस बार मैं दिल्ली से आया था, तो इत्तफाक से वह यहीं था । बीच में एकाध बार अपने वीज़ा वगैरह के सिलसिले में दिल्ली आया तो उसने खबर भेजी थी, और मेरे घर भी पहुँचा था, लेकिन मैं जाने कहाँ उलझा हुआ था कि वक्त पर नहीं पहुँच सका और वह बिना मिले चला गया ।

मैं जमील से साफ झूठ बोल रहा था । सच तो यह है कि मैं हसीन से मिलना नहीं चाहता था और उसे जान-बूझकर टाल गया था । शायद मैं उससे बचना चाहता था, पता नहीं क्यों । हालाँकि मैं उसी की तस्वीर हाथ में लिए बड़ी देर से देख रहा था और मुझे एक बेचैन करनेवाली और नामालूम-सी तकलीफ हो रही थी ।

''मालूम है, जब मुझे दौरा पड़ा तो डॉक्टरों ने क्या पूछा था ?''

जमील मेरी ओर देखने लगा । कनीज़ वहाँ से जा चुकी थी और हम दोनों अकेले थे ।

''कहने लगे, बताइए, जिस दिन आपको यह तकलीफ हुई उस दिन या उसके दो-एक दिनों में क्या हुआ था ? किसी तरह का तनाव, कोई सदमा, कोई ऐसी-वैसी खबर जिसने आपको डिस्टर्ब किया हो ? मैंने कहा, नहीं, ऐसा कुछ भी नहीं । यह ठीक है कि मेरठ में दंगे हो रहे थे, लेकिन वहाँ मेरा कोई अजीज़ नहीं था । यह भी सही है कि पुरानी दिल्ली में तनाव था और कर्फ़्यू लगा हुआ था, लेकिन मैं तो नई दिल्ली में रह रहा था ।'' फिर मैंने कुछ सोचकर हसीन को बता दिया था, यह कहते हुए कि वह मेरा दोस्त जरूर था, लेकिन इधर कई बरसों से हम दोनों एक-दूसरे से बहुत दूर हो गए थे । अब लगता है कि पता नहीं उस बात में कहाँ तक सचाई थी । सच तो यह है कि सबकुछ के बावजूद हसीन एक साफ, ईमानदार और नेक आदमी था और मैं उसे बहुत प्यार करता था, बहुत...''

और यह कहते-कहते मैंने देखा कि मेरा गला रुँध गया है, आँखें भर आई हैं और मैं सचमुच रोने लगा हूँ...

हाँ, सचमुच !

परस्त्रीगमन

पहला अध्याय

मैं लंपट हूँ—इबलीस का भाई या चलिए, मैं क्यों छिपाऊँ, मैं खुद इबलीस हूँ। मेरे दूसरे नाम शैतान से शायद आप मुझे जल्दी पहचान लेंगे और पहचान क्या लेंगे, आप मुझे अच्छी तरह जानते हैं क्योंकि मैं अपने नाम से ही बदनाम हूँ और आप ही के दिलों में रहता हूँ डर की तरह। दिलों में नहीं, हवा में। दोनों में। या ज्यादातर हवा में, जहाँ मैं अपने शिकार की तलाश में अदृश्य रूप में तैरता रहता हूँ। दिखाई नहीं देता लेकिन मेरा खेल चलता रहता है। हर वक्त, हर कहीं, हर कभी सिर्फ़ रमज़ान के एक महीने को छोड़कर जब मैं बेरहमी से कैद कर दिया जाता हूँ और मेरा बस नहीं चलता।

मेरा शिकार कोई भी हो सकता है या हर कहीं हर कोई होता रहता है। जैसे ही मैंने देखा कि शिकार पास आ रहा है, मैं हवा से बाज़ की तरह उतरकर सीधे उसे दबोच लेता हूँ और उसके दिल में अपना घर बना लेता हूँ। घर किराएदार की तरह हो सकता है या मकानदार की तरह—इस बात पर मुनहसर करता हुआ कि शिकार कितना कमजोर या ताकतवर है, कितना सीधा या चालाक है अथवा कितनी देर तक वह मेरा बंदा बना रहता है और कब मैं उसे अपनी सवारी बना लेता हूँ···

जी हाँ, सवारी। बिलकुल मुहर्रम के ज़माने में उठनेवाली सवारी की तरह सवारी। क्या आपने मुहर्रम की सवारियाँ नहीं देखीं ? वे मुहर्रम की सातवीं या नवीं तारीख से उठने लगती हैं और गली-मुहल्लों से होती हुई, ताज़ियों के जुलूस के आगे या पीछे चलती हैं। नहीं, चलती नहीं, दौड़ती हैं। उनके ठंडे होने के लिए करबला की ज़रूरत नहीं पड़ती। दौड़ती-दौड़ती थककर वे कभी भी ठंडी हो जाती हैं—सड़क पर नालियों के किनारे या ताज़ियों के साए में···

आपने शायद किसी मुहर्रम की सवारी को चढ़ते हुए नहीं देखा। आदमी-जैसा आदमी होता है वह, लेकिन देखते-ही-देखते यानी उत्तेजक धुन में बजनेवाले बाजे, नारे-वारे, ऊदबत्ती-लोबान की खुशबू या नौहे के प्रभाव में आकर वह एकाएक काँपने लगता है यानी उस पर हाल आ जाता है और वह इमाम हुसैन की सवारी हो जाता है।

मैं इमाम हुसैन नहीं हूँ और मेरे बंदे पर 'हाल' आने के लिए मुहर्रम या किसी मौसम की जरूरत नहीं पड़ती। मेरे बंदे को सवारी बनने के लिए न बाजे-गाजे चाहिए, न लोबान-ऊदबत्ती और न नौहे-मरसिये, सिर्फ एक स्त्री काफी है—वह बस में हो सकती है या सड़क पर, दफ्तर में हो सकती है या सभा-सोसायटी में। वह आपके पड़ोस में हो सकती है, वह आपकी सहेली हो सकती है और बुरा मत मानें, वह आप खुद हो सकती हैं।

आपको पता भी नहीं चलता और चुपचाप खेल हो जाता है या होता रहता है···

अगर आप जानना चाहते हैं कि कैसे और किस तरह तो भी मैं आपको संतुष्ट कर सकता हूँ। यह संयोग की बात नहीं है कि मेरे पास आज और अभी भी एक बंदे की मिसाल मौजूद है। मुझे पूरा यकीन है कि आप इस बंदे को फौरन पहचान लेंगे क्योंकि वह रोज़ सुबह आपके साथ बस में चलता है, आपके दफ्तर में काम करता है, शाम को आपके ड्राइंगरूम में आकर बैठता है और आपकी पत्नी को भाभीजी-भाभीजी कहकर फुसलाता रहता है····

आप पूछ सकते हैं कि पहले बंदगी और फिर अपनी सवारी के लिए मैंने इसी बंदे को क्यों पकड़ लिया? क्या इसने मेरे पास आकर 'बंदगी जनाब' तो नहीं कहा था? दरअसल, यह खेल ऐसा है जिसमें शुरू में बंदगी मैं ही करता हूँ लेकिन धीरे-धीरे बंदी वह हो जाता है—अंत में मेरी सवारी बनने के लिए···

जिस सवारी की कहानी मैं आपको बता रहा हूँ, वह एक मँझोले शहर का, मँझोले कदवाला, मँझोले दर्जे और मँझोले दिल का अफसर था। वह राजनेता, पत्रकार, वकील, व्यवसायी वगैरह भी हो सकता था या हो सकता है····

लेकिन मैं इस बंदे के बारे में बताते हुए 'था' क्यों कह रहा हूँ? वह तो है—आज भी, अभी भी आपके ही सामने पलँग पर बैठा हुआ। यह अलग बात है कि उसके मुँह पर उसका चेहरा नहीं है और हम दोनों एक मँझोले दर्जे के होटल के अँधेरे कमरे में बंद हैं···

दूसरा अध्याय

इस बंदे से मेरी मुलाकात कोई पच्चीस-तीस बरस पहले हुई थी—एक छोटे-से कस्बे में। तब यह अधेड़ सतरह-अठारह बरस का नौजवान हुआ करता था—कमजोर, दब्बू और एक हद तक लड़कियों की तरह शरमीला।

कस्बा इतना छोटा था कि वहाँ लड़कियाँ होती ही नहीं थीं। सड़कों पर बच्चे होते थे या स्त्रियाँ। जवान होते-न-होते लड़कियाँ पता नहीं, कहाँ छिप

जाती थीं कि लड़के धूल-भरी गर्म दोपहरियों में भी छटपटाकर रह जाते थे। वे बुरकों में समा जातीं या, घर उन्हें लील जाते, यह पता नहीं चलता था। फिर वे एक दिन अपनी ही शादी में अचानक बरामद होती थीं—लड़कों को परेशान करती और ये कहती हुई कि वे वहीं थीं।

एक दिन मैं हवा में तैरता हुआ सफेदे के जंगल से गुज़र रहा था कि अचानक इस पर नज़र पड़ी। बंदा अनारों के झुरमुट में छिपा बैठा था और कुछ कर रहा था। जब मैं नीचे उतरा तो मैंने देखा कि वह कमर से नीचे नंगा है। उसकी आँखें सपनीली-सी होकर सामने कहीं जमी हुई थीं, चेहरा गर्म होकर लाल हो गया और होंठ पपड़ाकर खुल गए थे। उसका दाहिना हाथ, दाहिनी जाँघ से होता हुआ सामने की ओर मुड़ा हुआ था। और वह उसे तेजी से हिला रहा था।

—क्या है ? क्या…

जैसे ही मैंने उसे धर लिया, उसने घबराकर कहा था। मैंने सीधे उसके हिलते हुए हाथ को पकड़ लिया था। जब वह मेरी ओर मुड़ा तो मैंने देखा कि उसका चेहरा डर के मारे सफेद पड़ गया है।

—पूछंना तो मुझे चाहिए, मैंने उसे अपने अड़सट्टे में लेने लिए कहा—यह क्या है ?

उसने शर्म से अपनी गर्दन झुका ली और अपने कपड़े पहनने लगा। मैंने देखा कि वह थर-थर काँपने लगा है।

—लड़की कौन है ? मैंने पूछा।

—लड़की ? उसने इधर-उधर देखते हुए कहा—लड़की कहाँ है ?

—बको मत, मैंने उसे डाँट लगाई—मैं सब जानता हूँ। बताओ, लड़की कौन है ?

—है एक। मुहल्ले में।

—क्या तुम उससे प्रेम करते हो ?

—पता नहीं।

—फिर तो वह लड़की नहीं, मैंने कहा—लड़कियाँ हैं, सारे कस्बे की लड़कियाँ जो ऐसे में मिलकर एक स्त्री बन जाती हैं। खासकर तुम-जैसे लड़कों के लिए। क्या तुमने अपना चेहरा गौर से देखा है ? उसमें नूर क्यों नहीं ? आँखों के नीचे स्याह हलके क्यों आ गए हैं ? यह झाँई-सी क्यों ?

उसने मेरी बात का जवाब नहीं दिया। थोड़ी देर तक वह सोचता रहा, फिर गिड़गिड़ाने लगा :

—मुझे छोड़ दीजिए, वह बोला—मुझे आपसे बहुत डर लगता है…

—क्यों छोड़ दूँ?

—मैं एक मामूली आदमी हूँ, उसने कहा था—और मेरी जिंदगी अभी शुरू भी नहीं हुई है। सुनिए, मेरे माँ-बाप बहुत नेक हैं।

—नेकी? मैंने कहा था—नेकी एक झूठा और भरमानेवाला शब्द है। तुम्हारा बाप कितना नेक है, यह मैं जानता हूँ। वह वैसा ही है जैसा कि उसका बाप था या उसके माँ-बाप का बाप था...

—मैं तुम्हारे बहकाने में नहीं आनेवाला, वह बोला—मैं अपनी तरह की जिंदगी बिताना चाहता हूँ।

कायर और डरपोक की तरह, उसने एकाएक अपना हाथ छुड़ा लिया था और वहाँ से भाग खड़ा हुआ था।

—मैं तुम्हारे बहकाने में नहीं आऊँगा।

मुझे उसकी भागती हुई चिल्लाहट सुनाई दी थी और मैं मुस्कराकर रह गया था। क्या आपने सेमल की रुई के एक गोले को हवा में तैरते हुए देखा है? अक्सर वैसी ही किसी चीज पर सवार होकर मैं उड़ रहा होता हूँ। क्या आप जानते हैं कि सेमल का एक छोटा और काला-सा बीज रुई के पंख लगाकर कहाँ-कहाँ उड़ता फिरता है और कहाँ-कहाँ पहुँच सकता है?

उस दिन मैं वहाँ से रुई का एक ऐसा ही गोला बनकर उड़ गया था, फिर कभी लौटने के लिए।

मैं जानता था कि जब कभी दुबारा लौटूँगा वह बड़ा हो चुका होगा और तब उसे अपना बंदा बना लेना मेरे लिए बहुत आसान होगा।

लेकिन ऐसा हुआ नहीं। वह मुझसे इतना डरा हुआ था कि थोड़े ही दिनों में उसने ताबड़तोड़ अपनी शादी कर ली ताकि मेरा रास्ता हमेशा के लिए बंद हो जाए। मैं चौंका जरूर लेकिन मेरे लिए मायूसी का कोई कारण नहीं था। मैं जानता था कि शादी या पत्नी की किले-बंदी बहुत दिनों तक उसे मुझसे नहीं बचा सकती। मुझे सिर्फ दो-तीन साल ही रुकना पड़ा। जब मैंने देखा कि उसका किला टूट चुका है तो मैं उस पर एक ऐसे बाजार में झपटा जहाँ आमतौर से सुंदर स्त्रियाँ देखी और घूरी जाती थीं या यों कहें कि जहाँ इसका खूब संयोग बनता था।

—तुम फिर आ गए? उसने घबराई हुई आवाज में कहा।

वह डरा हुआ था और सहमे हुए ढंग से अपने आसपास देख रहा था।

—कहाँ आ गए?

—मेरे पास।

—मैं गया ही कहाँ था ? यहीं था तुम्हारे ही आसपास । वह अलग बात है कि तुम शादी या अपनी नई-नई पत्नी के जोश में थे । एक किला बनाकर उसमें बंद तुम इस खुशफहमी में थे कि पूरी तरह सुरक्षित हो । तुम्हें पता नहीं था लेकिन मैं जानता था कि उस किले की बुनियाद रेत पर खड़ी है ।

—चाहते क्या हो ?

—चाहना क्या है और कहना क्या ! तुम्हें मेरी जरूरत है और मुझे तुम्हारी ।

—मुझे तुम्हारी जरूरत नहीं है ।

—झूठ मत बोलो, मैंने उसे डाँटते हुए कहा—कल ही तुम्हें मेरी जरूरत पड़ी थी और मैंने तुम्हारी मदद की थी । इतनी जल्दी भूल गए ?

—कल ? कल कब ?

—दोपहर को जब तुम अपनी पत्नी और कस्बे की आँखों में धूल झोंककर एक कुँवारी लड़की को सूने जंगल में ले गए थे ।

—लड़की ? कौन-सी लड़की ? उसने झूठी अकड़ दिखाते हुए कहा था, हालाँकि कहते-कहते उसका चेहरा यक-ब-यक नीचे गिर पड़ा था, ऐसे मानो वह नौटंकी का मुखौटा हो ।

—अपना चेहरा उठा लो, मैंने उस पर तरस खाते हुए कहा—वह धूल में खराब हो रहा है ।

उसने चेहरा उठाकर गुस्से में पहनते हुए कहा—मैं उसे प्रेम करता हूँ ।

—वही प्रेम जो तुम अपनी पत्नी से करते रहते हो ?

वह चुप हो गया था, जैसे जवाब ढूँढ़ रहा हो ।

—मक्कारी छोड़ो । मैंने हंसकर कहा था—उसमें कुछ नहीं रखा है ।

—तुम चाहते क्या हो ?

—कुछ नहीं । बस, मेरे साथ चुपचाप दोस्ती कर लो । उसी में हम दोनों का भला है ।

—मैं अपना भला-बुरा अच्छी तरह समझता हूँ, उसने एक नए तेवर के साथ कहा और वहाँ से एकाएक भाग खड़ा हुआ ।

मैं हँसता रहा । मैं जानता था कि वह भागकर भी कहीं नहीं जा सकता और सच पूछो तो वह भाग नहीं रहा था, बाँहें फैलाकर सीधे मेरी ओर दौड़ा आ रहा था ।

—अब बोलो, कई बरस बाद मैंने उसे एक दूसरे शहर में जा पकड़ा था, ऐसी जगह जहाँ तक कम ही लोग पहुँच पाते हैं । वह एक परस्त्री या दूसरे की पत्नी का पलँग था और दोनों जिस हाल में पकड़े गए थे उसमें बहस की कोई

गुंजाइश नहीं थी। फिर भी वह बहस करने लगा था हालाँकि यह कहते हुए वह घिघयाने लगा था।

—तुम अगर समझते हो कि जगह बदलकर तुम मुझे चकमा दे सकते हो तो यह तुम्हारी भूल है। मैंने कहा था—मैं हवा में रहता हूँ और हवा हर जगह है।

—मैंने जगह नहीं बदली, वह बोला—जगह ने मुझे बदल लिया है।

—इस लफ़्फाजी से कोई फायदा नहीं होगा, मैंने सयानेपन से कहा—तुम दूसरी हर जगह उसी से बच निकलते हो लेकिन मुझसे नहीं। मैं जानता हूँ कि यही वह हरबा है जिससे तुम शिकार करते हो। इसके एक सिरे पर धार है और दूसरे पर कवच।

—वह सब मुझे नहीं मालूम।

—मालूम है, मैंने कहा—तुम्हें अच्छी तरह मालूम है कि कहाँ क्या करना या कहना चाहिए। वे स्त्री-रिझाऊ लटके कहलाते हैं और चौंकना मत, उनका सोता मेरे ही बदन से फूटता है।

—फूटता होगा, उसने बेपरवाही से कहा—लेकिन वह मुझ तक नहीं पहुँचता। मुझे उससे कोई मतलब नहीं है।

—मतलब कैसे नहीं, मैं बोला—बताओ, शुरू से लेकर अंत तक क्या वह एक ही सिक्का नहीं है जिसे भुना-भुनाकर तुम यह खेल करते रहे हो? इसी के सहारे पहली बार तुम एक कुँवारी लड़की को जंगल ले गए थे और उसका कुँवारापन नष्ट हुआ था।

—वह लड़कपन था।

—और वह भी लड़कपन था जब तुम उस छोटे-से कस्बे से निकल आए थे और सत्ताइस की उम्र में तुमने एक स्त्री को रिझाया था और कई बरस तक वह तुम्हारे आसपास झूलती रही?

—कौन-सी स्त्री?

—मुझसे पूछते हो? तो सुनो, वह एक मूर्ख स्त्री थी। वैसी ही जैसे प्रेम के मामले में अधिकांश स्त्रियाँ होती हैं। वह कुँवारी नहीं थी लेकिन विवाहिता भी नहीं थी। दोनों के बीच लटकी वह एक ऐसी औरत थी जो आमतौर पर कमजोर होती हैं और सबसे पहले चारा पकड़ती हैं। वहाँ भी तुमने वही पुराना सिक्का भुनाया था और यहाँ भी। यह औरत भी उसी सिक्के से भुन गई क्योंकि दुर्भाग्यवश यह खुद अपनी देह की मारी हुई है और जिसके पलँग पर पहुँचना तुम्हारे लिए ज्यादा मुश्किल नहीं था। क्या अब भी यह कहोगे कि यह प्रेम है?

—हाँ, प्रेम है और प्रेम····

—कुरान में कहा गया है, मैंने उसकी बात काटकर कहा था—अल्लाह कहता है कि औरतें तुम्हारी पोशाकें हैं और तुम उनकी पोशाक। तुम दो-दो, तीन-तीन, चार-चार···

—मैं जानता था, बीच में झपट्टा मारकर वह हँसता हुआ बोला—एक-न-एक दिन तुम कुरान की आयतें जरूर पढ़ोगे।

—और तुम क्या कर रहे हो? मैंने तिलमिलाकर हमला किया—अपनी बदकारी के लिए प्रेम-जैसे शब्द का सहारा लेकर क्या तुम खुद कुरान के पीछे नहीं छिप रहे? याद रखो, तुम्हारी यह चालाकी मेरे सामने नहीं चलनेवाली····

वे अगस्त के आखिरी दिन थे और सितंबर उस शहर के आखिरी चौरस्ते तक आ गया था। लोग सर्दियों का इंतजार कर रहे थे लेकिन बरसात आकर नहीं दे रही थी। पिछले कई दिनों से झड़ी लगी हुई थी और रोज कई-कई घर गिर रहे थे। डरे हुए लोगों ने बारिश रोकने के लिए मुल्लाओं की शरण ली थी और सारे शहर की मस्जिद से अजान की सदाएँ अखंड कीर्तन की तरह गूँज रही थीं—लगातार, लगातार···

बड़ी देर बाद उस बंदे ने कहा था—क्या तुम्हारे दिल में हमदर्दी का कोई खाना नहीं है?

—है क्यों नहीं, मैंने पैंतरा बदलते हुए कहा था—मैं जानता हूँ कि इसमें तुम्हारा कितना दोष है और कितना उसका जिसकी तुम पैदावार हो। असल में, यह कमबख्त दुनिया—औरत जिसका एक अहम हिस्सा है—ही ऐसी है। यह अपनी चमक-दमक और खूबसूरती से पहले आपको रिझाती है। जब आपकी आँखों में चौंधा पड़ जाता है तो एक कोने में दबोचकर यह मार डालती है और फिर सुर्खरू होना चाहती है। क्या तुमने उन फरिश्तों के बारे में नहीं सुना?····

—प्रेम! उसने मुझे रोककर कहा था—तुम भले ही मत मानो पर यह प्रेम है और मैं इसे बचाना चाहता हूँ।

—उसे बचा रहे हो जो है ही नहीं, मैंने कहा—जब तुम्हारे पाँव में अचानक झुनझुनी पड़ जाती है तो तुम क्या करते हो? किसी दीवार का सहारा लेकर बैठ जाते हो ताकि वह निकल जाए तो तुम फिर से चल सको। औरत-मर्द का रिश्ता भी ऐसा ही है। और अगर यह प्रेम भी है तो इसे तुम किस तरह बचा रहे हो? कैसे?

—वह ऐसे, वह बोला—कि मेरी बीवी अब ढीली होकर खमीर की थैली-जैसी बन चुकी है। ऊब पैदा करती है। जब भी मैं किसी परस्त्री के पास

से पत्नी के पास लौटता हूँ, पता नहीं क्या होता है कि वह उबाऊ नहीं रह जाती। वह पहले से कुछ बेहतर और अलग हो जाती है और हम दोनों एक-दूसरे को फिर प्यार करने लगते हैं····

—क्या तुम्हारी बीवी भी यही कहती है ? कहकर मैं जोर से हँसा और हँसता चला गया। वह इतनी जोर की हँसी थी कि उसमें मैं उसका वह चेहरा भी न देख सका जिससे रंगत और जिंदगी दोनों उड़ चुके थे।

तीसरा अध्याय

प्यारे दोस्तो,

यह है मेरे इस बंदे की कहानी जो अब खत्म हुआ चाहती है। कहानी या जीवनी ? मैं जीवनी कहना ज्यादा पसंद करूँगा क्योंकि मेरा संबंध लोगों की कथाओं से न होकर सीधे उनके जीवन से होता है। आप कुछ भी कर लीजिए, कहानी कभी भी जीवन के नाप की नहीं हो सकती। या तो वह जीवन से तंग होती है या ढीली, छोटी होती है या बड़ी और शायद इसीलिए मैं लोगों की कहानियों में तो गायब होता हूँ लेकिन उनकी जीवनियों में अक्सर मौजूद होता हूँ।

जीवनी की बात पर मुझे याद आया। आपको ध्यान होगा कि आरंभ में अपनी जीवनी से मैंने बात शुरू की थी लेकिन थोड़ी देर में मैं अपने बंदे की जिंदगी में चला गया या आपको घसीट ले गया। क्या आपको यह अच्छा नहीं लगा ? लेकिन आप ही बताइए, क्या अलग से या अपने-आपमें मेरी कोई जीवनी हो सकती है ? क्या मेरे बंदे की जीवनी मेरी नहीं अथवा क्या मेरी जीवनी मेरे बंदे की नहीं हो सकती ? क्या आपने नहीं सुना कि जैसा खुदा, वैसा बंदा : जैसी रूह, वैसा फरिश्ता। यह सिलसिला बराबरी पर टूटेगा।

आप भी कहेंगे कि अजीब है, बीच-बीच में लफ्फाजी करने लगता है और हमें बहकाना चाहता है। जिसे बंदा कहता है, उसे अकेले छोड़ आया है—वहाँ, उस मँझोले शहर के मँझोले दर्जे के होटल में····

लीजिए, यह रहा वह होटल और यह रहा वह कमरा—कमरा ही नहीं, वह पलँग जहाँ वह बंदा अँधेरे में बैठा हुआ है। अव्वल तो उसके मुँह पर उसका चेहरा ही नहीं, दूसरे अगर होता तो भी कोई फर्क न पड़ता। वह वैसा ही लग रहा है जैसाकि हाल उतरने के बाद मुहर्रम की सवारी लगती है—थका और पिटा हुआ।

आप पूछ सकते हैं कि मैंने उसे इस दूर-दराज के मँझोले शहर में कैसे पकड़

लिया जबकि वह किसी और शहर में रहकर अपना खेल कर रहा था। तो एक तो यह सुन लें कि कोई भी खेल बहुत दिनों तक एक-सा नहीं चल सकता चाहे वह पत्नी के साथ हो या पराई स्त्री के साथ। दूसरे यह है कि कई साल पहले जब मैंने उसे एक परस्त्री के पलँग पर पकड़ा था तब यह बंदा नहीं जानता था कि मैं उसका खुदा हो चुका हूँ, और वह बहुत जल्द मेरी सवारी बननेवाला है। मैंने भी तय कर रखा था कि मैं उसे आखिरी बार ऐसी जगह पकड़ूँ कि वह मुँह भी न खोल सके। लिहाजा जब उसके दौरे की तैयारी हो रही थी तो उसके भी पहले मैं वहाँ पहुँच चुका था। भला हवा को कहीं पहुँचने में कितनी देर लगती है!

—ऐश कर रहे हो यार!

उस मँझोले शहर में पहुँचते ही उसने अपने एक पुराने दोस्त से कहा था। दोस्त सचमुच ऐश कर रहा था। अगर वह ऐश कर रहा था तो यह देखकर मुझे हैरत नहीं हुई कि उसका वह दोस्त बहुत पहले मेरा ही बंदा रह चुका था—इतने पहले कि मैं अब उसे भूल चुका था। वह एक पत्रकार था। रोज शाम को वह नियम से शराब पीता था और नशे में आते ही शहर की बाहरी गलियों की तरफ निकल जाया करता था। हर दिन उसे एक नई औरत चाहिए थी।

फिर भी ऐश की बात पर दोस्त चौंका था।

—तुम कौन नहीं कर रहे?

—मैं? बंदे ने कहा था—क्या हम और क्या हमारा ऐश? तेली के बैल की तरह आँखों पर पट्टी बँधी है और वहीं चक्कर लगा रहे हैं जहाँ घानी है।

—तो बाहर निकल आओ, दोस्त बोला था।

—निकालो न, यह मेरा बंदा था। कहने लगा—क्या सचमुच यह सब इतनी आसानी से होता है?

—हाँ, सबकुछ इतनी आसानी से होता है और बनो मत, तुम जानते हो। फिर भी अगर तुम कहते हो तो....

और सबकुछ मिनटों में तय हो गया था। पत्रकार दोस्त से बिचौलिया हो गया था और उसी दोपहर को एक पेशेवर कुटनी होटल के कमरे में आ गई थी।

कोई डेढ़ घंटे के बाद कुटनी फिर आई तो उसके साथ एक स्त्री थी। कमरा छोड़ते कुटनी ने पूछा था—फिर कितनी देर बाद आऊँ?

—घंटे-डेढ़ घंटे बाद, बंदे ने उससे आँखें मिलाए बिना कहा था और जल्दी से दरवाजा बंद कर लिया था।

मैं उत्तेजना से काँपने लगा। कितने बरसों से मुझे इसी दिन का इंतजार था।

स्त्री पलँग के सामनेवाली कुर्सी पर बैठी हुई थी। सुंदर वह नहीं थी लेकिन उसे असुंदर कहना मुश्किल था। जवान, भरे हुए और ठोस बदन की वह औरत रंग से गोरी नारी थी और अपने पहनावे, चेहरे-मोहरे और रख-रखाव से मँझोले घराने की कुलीन गृहणी लगती थी। उल्टे पल्ले की साड़ी, माँग में सिंदूर, माथे पर बिंदी, पाँवों में आलता और उँगलियों में चाँदी के बिछिए।

मैं दीवार के एक कोने में दुबका हुआ था। मैं तस्वीर बनकर लटका हुआ था। मैं उस होटल के गंदी निवारवाले पलँग का सीलन-भरा गद्दा, दागदार चादर और चिपचिपा तकिया था।

अपने बंदे का बुरा हाल था। वह पसीने-पसीने था और उसका हलक सूख रहा था। मैं देख रहा था कि अपने पर काबू पाने और साहस बटोरने के लिए वह शराब पी रहा था और उठकर कमरे में टहलने लगता था। खासकर तब जब पहली बार आकर कुटनी उस औरत को लाने चली गई थी। उसके बाहर निकलते ही वह बेसब्री के साथ प्रतीक्षा करने लगा था उस स्त्री की जिसे उसने कभी नहीं देखा था लेकिन जो थोड़ी ही देर में उसके बिस्तर पर होनेवाली थी।

—चट्टी-पट्टी हा-हू
गाड़ी न आए तो खा गूँ।

उसकी संदेह-भरी चहलकदमी और बेचैनी देखकर मैं उसे चिढ़ाना चाहता था लेकिन लगा कि खेल ही बिगड़ जाएगा। मुझे ताज्जुब हो रहा था कि उसके व्यवहार में यह किशोर-सुलभ बेचैनी कहाँ से आ गई? वह तो ऐसे आचरण कर रहा था जैसे उसने स्त्री ही न देखी हो।

बहरहाल, गाड़ी आ गई और वैसी कोई नौबत नहीं आई। अब एक परस्त्री, उसके पलँग के सामने बैठी उसके एक इशारे का इंतजार कर रही थी और बंदे की समझ में नहीं आ रहा था कि वह कैसे शुरू करे।

—यहाँ आकर बैठो।

कुटनी के जाने के बड़ी देर बाद उसने कहा था और बची हुई शराब के लंबे-लंबे घूँट लेने लगा था।

स्त्री यंत्रवत् कुर्सी से उठी थी और उसी जगह खड़े-खड़े उसने साड़ी का पल्लू गिरा दिया था फिर साड़ी उतार फेंकने में उसे पच्चीस पल लगे थे और पेटीकोट गिराने में मुश्किल से पल-भर। अब वह कमरे में पूरी तरह अधनंगी खड़ी थी और अपने ब्लाउज की ओर संकेत करती हुई बंदे से पूछ रही थी:

—इसे भी उतारूँ या रहने दूँ?

—उतार दो, कई पलों बाद उसने जवाब दिया था। सच तो यह है कि

जवाब उसने दिया नहीं था, उसके मुँह से बेसाख्ता निकल गया था क्योंकि तभी उसकी आँखें अपनी-अपनी कोटरों से निकलकर पलँग पर गिर पड़ी थीं और वह उन्हें उठाने में लग गया था।

जब तक कि बंदा अपनी आँखें पहने, स्त्री पूरी तरह नंगी होकर उसके पलँग पर पहुँच चुकी थी।

मैंने देखा कि नंगी होकर वह औरत वैसी ही लग रही थी जैसी अक्सर विवाहिता स्त्रियाँ एक-दो बच्चे जनने के बाद लगती हैं। उसका बदन जिस परिमाण में भरा हुआ था, उसी परिमाण में पेट पर चर्बी चढ़ी हुई थी। वहाँ नाभ के नीचे नाखूनों से नकोड़े जाने जैसे निशान चमक रहे थे, हालाँकि ये गर्भधारण के पदचिह्न थे।

—पियोगी? उसने पूछा था।

—नहीं, मैं नहीं पीती। स्त्री ने बेझिझक जवाब दिया था—वह भी मुझे पीने को बोलता है लेकिन मैं····

—वह कौन?

—मेरा आदमी।

—क्या करता है?

—बाबू है।

—यहीं?

—नहीं, यहाँ से सौ मील पर एक तहसील है, लखनपुर करके।

—यहाँ कब आता है?

—महीना-पंद्रह दिन में। शनिवार-इतवार को। छुट्टी-वुट्टी में।

—तुम उसके साथ क्यों नहीं रहतीं?

—लेई नई जाता।

—क्यों?

—अब वोई जाने। बोलता है, घर नई मिलता करके।

—तुम्हारा नाम क्या है?

उसने अपना नाम बताया।

—घर कहाँ है?

उसने मुहल्ला बताया।

—अच्छा वो, बंदा चौंका था—तुम जानती हो, उस जगह से दो-दो मंत्री हैं, एक···

मैंने देखा कि पलँग पर नंगी-पुतंगी पड़ी स्त्री को इन बातों में बिलकुल

दिलचस्पी नहीं थी। पहले तो वह बेधड़क पड़ी हुई थी लेकिन फिर ऊबकर उसने करवट बदली और अपने कूल्हे पीछे कर लिए।

मैं देख रहा था कि बंदा सीधे उस स्त्री के चेहरे को देख रहा था और अपनी नजरों को स्त्री के निचले अंगों पर पड़ने से बचाए हुए था।

—घर पर और कौन-कौन हैं ?

—सास है, एक छोटी ननद है···

—बच्चे ?

—दो हैं—छोटे। पाँच की लड़की है। तीन साल का एक लड़का है।

—अभी उन्हें कहाँ छोड़कर आ रही हो ?

—बाहर खेल रहे हैं। फिर सास तो है।

—सास से क्या कहा था ? कि कहाँ जा रही हो ?

—कुछ भी। सिनेमा-उनेमा··· कहते हुए स्त्री ने उसका एक हाथ पकड़कर अपनी ओर खींचा। ज़ाहिर था कि इससे ज़्यादा बातें करने के लिए वह तैयार नहीं थी। बंदे ने भी समझ लिया कि और ज़्यादा वक्त लेना संभव नहीं है। उसने पहली बार स्त्री के नंगे बदन पर एक भरपूर नज़र डाली और उस पर टूट पड़ा। पहले वह उसके होंठ चूमना चाहता था, आदतन, लेकिन फिर उसने अपने-आपको रोक लिया। उसे याद आ गया था कि वे एक पेशेवर औरत के होंठ हैं। वह उस स्त्री की छातियों को कुत्ते की तरह चिचोड़ने लगा···

खेल जितनी जल्दी और एकाएक शुरू हुआ था, उतनी ही जल्दी खत्म भी हो गया।

फिर मस्ती और निढाल पड़े रहने के दौरान दोनों के बीच जो अधिकांश बातें हुईं, वे मेरे लिए निरर्थक थीं। जैसे स्त्री ने भी बंदे का नाम और शहर पूछा था और यह जानना चाहा था कि क्या वह उसे पसंद आई ? क्या वह फिर यहाँ आएगा ? क्या वह उसे दुबारा बुलाएगा या नहीं और अगर बुलाएगा तो अगली बार उस कुटनी को बीच में न लाए। वह बहुत कुत्ती है। उसी ने इसे बरबाद किया था वरना क्या वह ऐसी थी ? और अब उसके आधे से ज़्यादा पैसे हड़प जाती है। बंदे ने बेदिली से हाँ-हूँ किया था और ऊपरी तसल्लियाँ दी थीं।

मुझे सबसे ज़्यादा हँसी तब आई थी जब इस पाखंडी ने एकाएक सुधारक का बाना पहन लिया। कहने लगा—तुमने यह तो बताया नहीं कि तुम यह काम क्यों करती हो ?

—क्या ?

—यही सब···

—मैं कौन करती हूँ ! एक पल ठहरकर उसने जवाब दिया था—मैं नई करती जी। हाँ कभी-कभी चली जाती हूँ। जब आप-जैसा कोई साहब आए····

—फिर भी, बंदे ने कहा था—यह भी क्यों ? तुम्हारा घर-बार है, आदमी है, बच्चे हैं····

और यही वह वक्त था जब वह स्त्री पहली बार तमतमा गई थी। उसने एक पल बंदे को घूरकर देखा था फिर वह कोहनियों के बल उठी थी और फट पड़ी थी।

—क्यों, मेरा दिल नइ है ? शौक नइ होगा ? कपड़े-लत्ते मेरे को नइ चइएँ ! आदमी कभी पूछता नइ। बोलो तो मारता है। महीने में दो सौ रुपल्ली लाकर अपनी माँ को पकड़ा देता है। उससे तो पेट का ई गड्ढा नइ भरता····

बंदे का चेहरा एक बार फिर फर्श पर गिरा—ऐसे कि वह बड़ी देर तक उसे उठाकर पहनना ही भूल गया था।

तब उसे मालूम नहीं था कि थोड़ी ही देर बाद एक और हादसा होगा। हाँ, बस थोड़ी ही देर बाद कुटनी आई थी और अपना हिसाब-किताब ले करके स्त्री को लिवा ले गई थी। फिर पत्रकार दोस्त आया था, सीधे उसकी आँखों में देखता और मुस्कराता हुआ।

—कैसा रहा मामला ? उसने पूछा था।

—ठीक।

—ठीक यानी ?

—ठीक यानी क्या, सब ठीक। एक तजुर्बा था, हो गया।

—तजुर्बा ? दोस्त हँसने लगा था। बंदे ने उससे आँखें नहीं मिलाईं।

—मैं यह पूछने आया था कि तुमने सावधानी तो रखी थी न ?

—कैसी सावधानी ?

—वही यार, अपने बचाव के लिए मोजे-वोजे।

—कैसे मोजे, बंदा चौंका था। फिर एक पल रुककर समझते हुए उसने कहा था—नहीं तो। लेकिन उसकी क्या जरूरत थी ! वह औरत तो ठीक-ठाक थी न ?

—क्या पता।

—यह क्या बात हुई ? बंदे ने दोस्त का गिरेबान पकड़ लिया था—तुमने नहीं कहा था कि वह चालू औरत नहीं है, अच्छे-भले घर की है और····

—वह तो मैं अब भी चाहता हूँ, दोस्त ने बेफिक्री से जवाब दिया था— तुम्हें क्या मालूम कि तुम्हारे लिए मैंने उसे किस कब्र से खोद निकलवाया

था। फिर तुम्हारी अक्ल क्या घास चरने चली गई थी? लाख मैं कहूँ लेकिन जो औरत थोड़े-से पैसों के लिए किसी भी आदमी के पास चली जाए, तुम्हीं सोचो वह...

चटाख-जैसी आवाज़ के साथ बंदे का चेहरा चटखा था। फिर वह टूटकर गिरा, ढन-ढन करता हुआ फर्श पर उछला और सामने की बालकनी को फलाँगता हुआ नीचे, बहुत नीचे सड़क पर जा गिरा। मैं वहाँ भी था और यहाँ भी।

—अब क्या होगा? थोड़ी देर बाद बंदे ने पूछा था। उसका सारा शरीर पीला पड़ता जा रहा था और आवाज़ दहशत से काँप रही थी।

—होगा क्या? दोस्त का दो टूक जवाब था—वही जो ऐसी गलती के बाद हो सकता है।

—मतलब?

—तुम बच्चे नहीं हो।

—क्या तुम यह कहना चाहते हो कि मुझमें ज़ंग लग गया? वह थर्राया—बोलो....

दोस्त ने जवाब नहीं दिया। बस, मुस्कराता रहा।

—तुम बहुत बेमुरौव्वत हो, बंदे ने चीखकर कहा। उसकी आवाज़ ऐसी थी जैसी ज़िबह किए जा रहे बकरे के गले से निकलती है। उसका अंदाज अपने बाल नोंचने और कपड़े फाड़नेवाला था—तुम बेरहम शैतान हो, वह चिल्ला रहा था—तुम कमीने हो, तुम धोखेबाज हो, तुम...

उपसंहार

बाहर दिन का आखिरी सफेद डोरा रात के पहले काले डोरे से मिल रहा था। मँझोले शहर की गर्मी और धूल से भरी हवा का रंग लोहिया हो गया था। बाहर भी और होटल के उस कमरे में भी लेकिन बंदे ने बत्ती नहीं जलाई थी। वह उसी तरह और उसी जगह बैठा हुआ था जहाँ उसका दोस्त उसे छोड़ गया था।

—मुझे पहचानते हो?

मैंने धीरे-से उसके कंधे पर हाथ रखकर पूछा। मैं कभी का खुदा बन चुका था—चुपचाप, और मेरे हाथ में उसका चेहरा था।

बंदे ने मेरी ओर अपनी कातर आँखों से देखा। उसकी आँखें बेरंग और सूनी थीं और उनमें धूल उड़ रही थी।

—अब क्या होगा? उसने मुझसे पूछा।

—डरो मत, मैंने हमदर्दी के साथ कहा—कुछ नहीं होगा। आजकल ज़ंग छुड़ा लेना बहुत मामूली बात है।

—क्या मेरा मुँह काला हो गया है?

मैंने जवाब नहीं दिया।

—रूह की परछाईं होगी, वह एकाएक रोआँसा होकर बोला—मैं महसूस कर सकता हूँ कि उसमें फफूँद लग गई है, कब्र की फफूँद जो एक बार लग जाए तो फिर कभी नहीं जाती। वह रिज़क और ज़िंदगी दोनों छीन सकती है।

—कोहेतूर में एक बार, मैं उसे बताने लगा—मालूम है, मूसा ने अल्लाह से क्या माँगा था? सारी कायनात को रिज़्क बाँटने का ज़िम्मा। उस रात जब मूसा अपनी ज़िम्मेदारी से सुबुकदोश होकर कोहेतूर पहुँचे तो गैब से आवाज आई—सबको उनका निवाला मिल गया? जी हाँ, सबको। मूसा के जवाब देते ही वह चट्टान फटी जिस पर वे खड़े थे। उन्होंने देखा कि चट्टान में एक कीड़ा मुँह खोले पड़ा है। आवाज आई, इसे दिया? मूसा ने गर्दन झुका ली। हुक्म हुआ कि फौरन जाओ और फलाँ-फलाँ कब्रिस्तान के फलाँ दरख्त पर बैठ जाओ। मूसा ने वही किया। थोड़ी ही देर में वहाँ एक जनाज़ा आया। शहर की एक बहुत खूबसूरत और जवान लड़की मरी थी जिसे दरख्त के नीचे दफनाकर लोग चले गए। तभी मूसा ने देखा कि दूसरी ओर से एक आदमी तेज़ी से आया, जल्दी-जल्दी कब्र खोदकर उसने लड़की की लाश निकाली और उसके साथ मुँह काला करने लगा। गैब से पूछा गया—ऐ मूसा, क्या तुम इस शख्स को माफ करते हुए रिज़्क देते? गुस्से और शर्म से काँपते हुए मूसा ने जब साफ इनकार कर दिया तो गैबी आवाज ने कहा था—मैं इसे भी देता···

कहकर मैं रुका। मैं बंदे पर अपनी बात का असर देखना चाहता था लेकिन वह अँधेरे में लिपटा हुआ था। आगे बढ़कर मैंने उसके बदन को छुआ तो वह बर्फ हो रहा था।

—थक गया हूँ, तभी अँधेरे में डूबी उसकी आवाज सुनाई दी, ऐसे जैसे किसी बंद कब्र से आ रही हो।

—किससे? मैंने पूछा।

—पता नहीं, उसने रुँधे हुए कंठ से कहा—खुदा के लिए मुझसे कुछ मत कहो, कुछ मत पूछो। मैं कुछ नहीं जानता। सिर्फ इतना जानता हूँ कि मैं थक गया हूँ, बुरी तरह थक गया हूँ···

कहते हुए वह एकाएक रोने लगा।

बड़ी देर तक मैं वहाँ अँधेरे में खड़ा रहा। वह बिलख रहा था, बिना यह

जाने कि वह ऐसा क्यों कर रहा है और उसका कारण क्या है।

लेकिन मुझे क्या ! मेरा काम हो चुका था। मैं जानता था कि वह बंदे से मेरी सवारी बन चुका है। अब मुझे उसकी जरूरत नहीं रही। उसे मेरी जरूरत है और होती रहेगी।

धीरे-से दरवाजा खोलकर मैं बाहर आया, बालकनी से मैंने एक छलाँग लगाई और हवा में तैरने लगा—किसी नए बंदे की तलाश में !

●●●